国家社科基金项目成果

公共行政核心价值研究

杨冬艳 著

中国社会科学出版社

图书在版编目（CIP）数据

公共行政核心价值研究 / 杨冬艳著. —北京：中国社会科学出版社，2019.11
ISBN 978 – 7 – 5203 – 5717 – 3

Ⅰ.①公⋯　Ⅱ.①杨⋯　Ⅲ.①行政学—研究　Ⅳ.①D035

中国版本图书馆 CIP 数据核字（2019）第 259073 号

出 版 人	赵剑英
责任编辑	姜阿平
责任校对	胡新芳
责任印制	张雪娇

出　　版	中国社会科学出版社
社　　址	北京鼓楼西大街甲 158 号
邮　　编	100720
网　　址	http://www.csspw.cn
发 行 部	010 – 84083685
门 市 部	010 – 84029450
经　　销	新华书店及其他书店
印　　刷	北京君升印刷有限公司
装　　订	廊坊市广阳区广增装订厂
版　　次	2019 年 11 月第 1 版
印　　次	2019 年 11 月第 1 次印刷
开　　本	710 × 1000　1/16
印　　张	19.75
插　　页	2
字　　数	255 千字
定　　价	108.00 元

凡购买中国社会科学出版社图书，如有质量问题请与本社营销中心联系调换
电话：010 – 84083683
版权所有　侵权必究

前　言

　　任何社会、经济、政治、文化制度都有其特定的核心价值，公共行政作为政府根据公共意志、维护和增进公共利益的活动，其核心价值是实现和保障社会正义。在公共行政基本价值体系中，正义居于统领地位，体现了公共行政的本质，代表着公共行政所追求的目标。进行公共行政核心价值研究是为改变行政学目前面临的基础研究薄弱，以及存在着的学科"认同危机"的现状所必须进行的理论努力。对公共行政核心价值及其体系研究也是行政伦理学学科体系建设的必然要求。在实践层面，公共行政核心价值及其体系的确立有利于正确界定政府公共行政的职能体系，对公共行政目标的确立具有导向作用并直接影响到公共行政决策的制定与有效执行。公共行政核心价值的确立还对公共行政组织结构的变革产生积极影响，以适应快速变化的、复杂的环境挑战，对组织的管理层次和管理幅度进行协调与整合。公共行政核心价值对于塑造公共行政主体人格、营造良好的公共行政文化，促进社会和谐发展与人的自由全面发展都具有重要意义。

　　本书内容主要有六个部分：导论、公共行政核心价值的价值论、公共行政核心价值的要素论、公共行政核心价值的条件论、公共行政核心价值的实现论和结语。

1. 导论

此部分包括本研究的基础理论与研究方法。首先对课题中的核心概念"公共行政"与"正义"进行了界定与分析，对公共行政的理论与范式的历史演进以及正义概念的历史发展进行了回溯。这部分内容是为后面四章内容的展开而做的铺垫，是基础内容。

此部分的另一个重要内容是对课题研究方法的论述。公共行政理论的产生与发展是为了适应快速增长和工业化过程中的组织需要，官僚制组织理论甚至现代管理手段的出发点是追求效率，组织必须确保工具和技术理性，然而，公共行政的工具理性及其思维的局限性已经严重制约了公共行政理论与实践的发展。公共行政工具性推理的实质性转换为公共行政问题的解决、公共行政价值的实现提供了可供选择的思维方式与研究方法。公共行政的实质性推理方法的根本意义是实践理性的运用和实现，它更多的不是关注价值规范层面的说明与解释，而是从公共行政最为核心的价值出发，运用实践智慧在多种行为决定方案之中选择最为贴近行政核心价值的最佳方案，并最终实现公共行政的核心价值目标。

伦理学方法也是公共行政价值研究的重要方法，应该将伦理学方法作为表达公共行政价值的实质性内容的基本立场、维度和视野，不仅如此，在伦理学视域中，对于公共行政价值的研究必然与人类社会关系中最为重要的价值诉求——正义相联系，公共行政价值研究必须体现正义的主题。

2. 公共行政核心价值的价值论

此部分从价值论的角度，对公共行政价值的含义与特点、公共行政价值的意义进行了概述，通过对西方国家和我国公共行政价值演进与发展的分析，表明政府公共行政在本质上都内含着对价值的追求，公共行政行为都是围绕着对公共行政价值的认同和追求而展开的。而公共行政价值的生成是由公共行政自身的特殊性和本质特征决定的，本书认为，公共行政权力是公共行政得以存在与有效运作的前提与基础，公共行政权力从它诞生的那一刻起便承载着人们对于政府公共行政的期望与理想。公共行政核心价值实际上体现着公共行政权力的价值取向，公共行政权力的价值取向决定了公共行政的核心价值追求。而正义是行政权力从诞生起便被赋予的价值目标，公共行政的目的就在于以公共行政权力这种权威的方式实现正义，或者说，正义的要求应在一个国家政府公共行政的具体运行中得到广泛的实现。因此，公共行政正义是由公共行政权力的内在特征决定的，是公共行政权力的合法性和有效性的充分体现，是对公共行政权力公共性的张扬和私人性的抑制，是公共行政权力服务于公共利益，指向共同的善即正义的外在表现。

公共行政正义核心价值具有政治性和多元性的基本特征，在公共行政体系中，其价值包含多层面、多等级的价值目标和价值追求，根据价值在公共行政体系中的地位与作用不同，可以将公共行政价值分为工具性价值和目的性价值，并形成了一个以公共行政正义为核心的公共行政价值体系。

3. 公共行政核心价值的要素论

此部分首先分别对公共行政正义的三重伦理维度进行了分析，最后通过论证提出了"统一的公共行政正义"的结论。

公共行政权力合法性是建立在民众对普遍存在的且运转有效的依宪治理基础之上的公共权力的普遍赞同，只有具有合法性的公共行政权力才可能是正义的。因此公共行政发挥其民主政治功能而履行的责任构成了公共行政正义义务论伦理维度；政府公共行政权力的运作不仅要以追求社会公共利益为目标并将之作为行政人员不可推卸的职责，还必须在行政过程中最有效地行使公共行政权力，追求公共行政权力的有效性，实现社会公共利益的最大化。从这个角度来说，公共利益是公共行政存在的目的所在，也是公共行政正义目的论维度的具体体现；公共行政正义也是对公共行政主体行政道德的要求，这是由公共权力的公共性与私人性之间的内在矛盾决定的。只有当公共行政人员的行政行为贯穿了正义的道德精神，公共行政的正义价值才可能真正得以实现，这一致思路向表现为公共行政正义的德性论伦理维度。

公共行政正义核心价值是一个多维度统一的概念，只有将公共行政正义的义务论维度、目的论维度、德性论维度融合并统一起来，才能正确地理解和把握公共行政正义的内涵，任何单一维度的公共行政正义都不能全面表达公共行政所具有的正义性。

4. 公共行政核心价值的条件论

在人类社会发展的不同阶段，公共行政正义的多重伦理维度总会受到政治、经济、社会乃至文化观念等条件的深刻影响和制约。所以，公共行政正义必然是有限度的存在，其实现也要求行政系统不断地适应内外部环境的变迁。当今世界，人类社会正经历从工业社会向后工业社会的过渡，走向后现代的公共行政要在确立正义价值核心地位的同时，必须把握影响正义核心价值确立与实现的客观条件，适时做出相应的调整才能有效促进正义价值的实现。

公共行政正义的义务论维度的基本条件是民主行政，要求公共行政权力的自由裁量范围受到限制，要求政府依宪执政、依法行政，要求行政组织和人员保持对公民的回应性，实行政务公开，实现国家治理方式的法治化。公共行政正义的目的论维度要求审视公共利益及其实现方式，用公共利益的伦理取向去引导和约束公共政策的制定和执行过程。在这个过程中，公共行政正义目的论维度的实现条件实际上可以归纳为三个方面的问题：公共利益导向的确立、公共利益的确认和公共利益的有效供给。行政实践中存在的诸多道德冲突对公共行政德性正义的实现提出了严峻的挑战。制度作为一种外部控制的方式对于公共行政价值的实现至关重要，道德的制度设计是行政个体德性正义实现的基础。但正义的制度只有对拥有正义美德的人来说才可能有意义，而且是对于那些具备良好道德能力的人才能真正起作用。因此，对于公共行政人员而言，具备道德能力是其胜任本职工作的基本条件，更是其追求德性正义，成就其"最主要美德"的前提和必备的条件，而其对于"道德代理人"这一理想人格追求的实践和完善过程，也正是其道德能力不断提升的过程。

5. 公共行政核心价值的实现论

公共行政价值实现是指公共行政价值客体（行政）满足价值主体（个人或社会）需要的过程。公共行政正义核心价值是人们对于行政的目的与理想的追求，是公共行政历史演进中核心价值的必然反映，人类社会的行政实践活动不仅包含着对公共行政核心价值的认识，而且包含着为实现公共行政核心价值所采取的一切努力。公共行政正义核心价值如何得以实现，不完全是政府的事情，需要社会公众的认同与参与，需要通过与民众的对话与交流、理解与支持，并在达成一致的基础上共同努力才能实现。因此，正确认识和把握现实的人类社会，是我们理解公共组织与民众的关键，在理解公共行政组织与民众的基础上，创建一种通过参与、对话、分享利益等的民主进程，即公共行政的社会建构过程，并由此获得比政府独自行动多得多的解决问题的途径，从而促进正义核心价值的实现。

公共行政正义核心价值何以实现是一个需要在实践中不断探索的过程，但反思公共行政的理性建构及其局限性是寻找与探索核心价值实现路径的基础，只有厘清了公共行政理性构建与存在的局限性，才能避免在实践中将公共行政核心价值当作僵化的定律与衡准的标准，才能避免在追寻正义过程中的主观臆断与盲从，才能在不断的反思与互动中有效推进正义价值的实现。社会建构理论为公共行政核心价值实现提供了一种思路、一个框架、一种路径、一种方法。其中，行政伦理责任的履行是核心价值实现的关键，是公共行政正义实现的根本保障。

公共行政正义核心价值研究既是当前公共行政伦理学研究领域一个十分紧迫的前沿课题，也是公共行政实践中亟待解决的核心价值导向问题。本书从价值论的视角对以正义为核心的公共行政价值体系、公共行政核心价值的构成、公共行政核心价值实现的条件、公共行政核心价值的实现路径等方面进行了论证。这一研究成果是对目前公共行政学、公共行政伦理学领域缺乏对基础理论等核心问题关注这一现状的突破，也为社会转型过程中公共行政价值的确立与实现探寻了一种新的路径。

本书立足于公共行政理性转换与后现代公共行政价值重构的宏观视域，通过反思与批判公共行政理性建构的局限性，提出了公共行政核心价值实现的后现代性超越的实现路径，即公共行政核心价值与行政伦理责任的社会建构。这一研究与致思路向突破了以往传统的研究方法，是对行政学者或行政官员对核心价值自我描述与自我建构的超越，是将公共行政核心价值的实现看作政府与社会公众共同的实践行动，体现着对人类基于实践行动而形成的话语的尊重，是对人们在分享、互动基础上达成共识的尊重。通过本书，我们想表达这样一个观点，公共行政核心价值及其体系的建构及其实现是可能的，但必须突破价值研究的传统思维框架和实现路径，必须充分理解影响核心价值实现的现实的社会、文化和政治环境，必须依赖受到公共行政影响的民众的合作与参与，这既是公共行政发展的必然趋势，也是公共行政核心价值实现的必然选择。

本书也存在不足，还需进一步深入展开研究。本书提出了统一的公共行政正义核心价值的基本框架，但对公共行政正义的义务论、目的论与德性论三重伦理维度的融合与统一还需进一步深化，需要尝试对于三重维度之间的动态关系与平衡进行量化研究。另外，由于受选题与篇幅的限制，本书对于中国公共行政核心价值实现的适切性研究不够，需要在后续研究中加强对中国公共行政生态以及核心价值实现的具体条件与限制性因素进行研究，力求为中国公共行政核心价值的确立与实现提供可操作性的意见和建议。

  本书是作者不断学习与努力探索的结果，同时也是作者在研究过程中与本领域国内外学者广泛交流、对话，向他们学习的成果。价值研究中丰富的学术资源和前人富有知识的睿智与思辨都为本书研究成果的取得奠定了基础。另外，需要提及的是，我们以本书研究取得的阶段性成果为依托，在对国家级精品课程《行政管理学》教材进行修订时，专门增加了公共行政价值一章，并将行政价值作为第一章统领整部教材的编写。同时，为行政管理研究生和MPA学员开设了行政价值专题，在公务员行政伦理培训中也专门就公共行政价值进行专题讲座，结合公共行政实践在教育教学过程中探讨公共行政价值以及核心价值问题。丰硕的阶段性研究成果、广泛的学术交流以及与学生、学员互动的教学过程不仅大大拓展了本课题研究成果的社会影响，同时也在这一过程中不断促进了研究的深入和研究成果的进一步完善。在此，向在本课题研究中贡献智慧与意见的各位专家学者、学生学员表达诚挚的谢意。同时，也要由衷地感谢作者所在的院系和学校的哲学社会科学研究管理办公室以及全国哲学社会科学工作办公室，本书课题从立项到结项都离不开这些领导机构的大力支持与指导，离不开这些机构工作人员的辛勤劳动。在此，还要衷心感谢各位对成果进行匿名评审的专家，各位专家的指导意见与建议对本研究成果的完善与后续研究具有积极的指导意义和推动作用。

　　最后，还要由衷地感谢中国社会科学出版社姜阿平编辑及她的同事们，他们高度的敬业精神与高超的专业素养令人折服，正是他们卓有成效的工作才使得本书得以顺利出版，在此，向他们表达深深的谢意。

目 录

第一章 导论 ·· (1)
  第一节 公共行政：概念、理论与价值 ·································· (1)
    一 公共行政的概念界定 ··· (1)
    二 公共行政理论与范式的变迁 ······································· (5)
    三 公共行政的伦理特征与价值取向 ································· (10)
  第二节 正义：概念及其理论的历史回溯 ······························· (14)
    一 正义概念的语义分析 ·· (14)
    二 正义理论的历史回溯 ·· (16)
  第三节 公共行政工具性推理的实质性转换
          及其伦理学方法 ··· (21)
    一 公共行政工具性推理及其局限性 ································· (21)
    二 公共行政实质性推理及其基本类型 ······························ (28)
    三 公共行政价值研究的伦理学方法 ································· (34)

第二章 公共行政核心价值的价值论 ······································ (38)
  第一节 公共行政价值的含义与特点 ···································· (38)
  第二节 公共行政价值的意义 ··· (42)
    一 公共行政价值对公共行政自身的意义 ···························· (42)
    二 公共行政价值对社会的意义 ····································· (44)

三　公共行政价值对"人"的意义 …………………………（45）
　第三节　公共行政价值的演进 ………………………………（46）
　　一　西方国家公共行政价值的历史演进 ……………………（46）
　　二　我国公共行政价值的历史演进 …………………………（50）
　第四节　公共行政正义核心价值的生成 ……………………（57）
　　一　权力与公共行政权力 ……………………………………（58）
　　二　公共行政权力的基本特征 ………………………………（62）
　　三　公共行政权力与正义核心价值 …………………………（76）
　　四　公共行政正义的内涵与特征 ……………………………（79）
　第五节　以正义为核心的公共行政价值体系 ………………（90）
　　一　工具性价值 ………………………………………………（90）
　　二　目的性价值 ……………………………………………（101）

第三章　公共行政核心价值的要素论 ……………………（106）
　第一节　公共行政正义的义务论维度 ……………………（106）
　　一　公共行政权力合法性与依宪治理价值的
　　　　高度契合 …………………………………………………（107）
　　二　公共行政正义义务论维度的含义 ……………………（109）
　第二节　公共行政正义的目的论维度 ……………………（115）
　　一　公共利益的缘起与含义 ………………………………（116）
　　二　公共利益最大化——公共行政正义
　　　　目的论体现 ………………………………………………（123）
　第三节　公共行政正义的德性论维度 ……………………（126）
　　一　德性正义传统 …………………………………………（128）
　　二　正义是公共行政人员最主要的美德 …………………（131）
　第四节　统一的公共行政正义 ……………………………（134）
　　一　公共行政正义三重伦理维度统一的人性根源 ………（135）

二　公共行政正义三重伦理维度统一的实践论证……………（138）
　　三　公共行政正义是具有平衡功能的综合性价值…………（142）
　　四　"统一的公共行政正义"………………………………（145）

第四章　公共行政核心价值的条件论……………………（148）
第一节　义务论维度的公共行政正义条件………………（149）
　　一　民主：公共行政正义的条件……………………………（149）
　　二　民主行政的挑战…………………………………………（158）
　　三　走向自由裁量的公共行政正义…………………………（166）
第二节　目的论维度的公共行政正义条件………………（170）
　　一　社会分化与公共利益……………………………………（170）
　　二　公共利益的确立及其困境………………………………（179）
第三节　德性论维度的公共行政正义条件………………（189）
　　一　公共行政伦理冲突及其根源……………………………（189）
　　二　制度德性：德性正义的基础……………………………（193）
　　三　道德能力：德性正义的根本……………………………（201）

第五章　公共行政核心价值的实现论……………………（216）
第一节　公共行政价值实现的内涵与特征………………（217）
　　一　公共行政价值实现的内涵………………………………（217）
　　二　公共行政价值实现的特征………………………………（219）
第二节　反思与批判…………………………………………（223）
　　一　三个小孩与一支长笛……………………………………（223）
　　二　公共行政核心价值实现何以可能？……………………（228）
　　三　公共行政的理性建构及其局限性………………………（231）
第三节　公共行政核心价值实现的后现代性超越………（237）
　　一　后现代视域下的公共行政………………………………（237）

二　社会建构及其基本特征……………………………（242）
　　三　后现代公共行政价值的社会建构…………………（244）
　　四　公共行政社会建构与核心价值实现…………………（252）
第四节　公共行政伦理责任及其社会建构……………………（254）
　　一　公共行政伦理责任的内涵……………………………（255）
　　二　公共行政伦理责任冲突及其表现形式………………（258）
　　三　救治公共行政伦理责任冲突的伦理方法……………（261）
　　四　公共行政伦理责任的社会建构………………………（266）

结语　我国服务型政府的核心价值取向……………………（274）
第一节　我国政府公共行政的"双重任务"…………………（275）
　　一　超越传统行政，充分发展理性官僚制………………（276）
　　二　超越理性官僚制，建设服务型政府…………………（277）
第二节　我国服务型政府核心价值要求………………………（280）
第三节　以正义为核心价值的服务型政府建设………………（282）

参考文献………………………………………………………（287）

第一章

导 论

第一节 公共行政：概念、理论与价值

公共行政作为一门独立的学科，始于19世纪80年代，至今仅有100多年的历史。但从实践的角度来看，行政管理是伴随着国家的出现而出现的。"随着国家的产生，便出现了管理国家公共事务的政府；有了政府，也就有了管理社会公共事务的行政管理活动以及如何有效地进行这种管理活动的行政管理思想。"① 因此，行政管理模式也经历了从古代社会的统治行政、到近现代公共行政的历史演变。

一 公共行政的概念界定

人类社会早期的行政管理和国家同步产生，随着利益和阶级的分化，人类便有了维护统治阶级利益的需要，开始了对社会管理的统治行政时期。由于国家权力高度集中于君主一人身上，国家的行政职能难以独立地发挥作用，整个社会公共事务的管理模式主要表现为国家管理而不是政府管理。这一时期的行政管理带有鲜明的政治色彩和强制性，是为统治阶级的利益服务的，对统治秩序的维护

---

① 丁煌：《西方行政学说史》，武汉大学出版社2004年版，第12页。

是这一时期社会治理的核心价值。近代以来（工业革命以后）的行政管理开始与传统的统治管理有了很大的不同，政府从国家机器中分离出来，专门从事相对独立的国家意志的执行和社会公共事务的管理。虽然在许多领域还带有传统的统治性特征，但在越来越多的领域中趋向于民主与参与等方式，使行政管理拥有了更多的公共性，淡化了服务于政治统治的终极目的。19世纪末，伴随着西方主要资本主义国家向城市化、工业化的过渡，资本主义社会各种矛盾日趋复杂，原有的行政管理越来越不能适应时代的要求，为了适应政府行政从消极走向积极的转变，以缓和、解决各种社会矛盾，维持社会稳定并促进社会的发展，迫切需要有一门科学理论来指导政府行政管理活动以使政府更好地履行这一职责。1887年，美国学者伍德罗·威尔逊（Woodrow Wilson）《行政学研究》一文的发表标志着公共行政学的产生。之后，美国著名行政学家古德诺（Frank J. Goodnow）发表于1900年的《政治与行政》扬弃了传统的立法、行政、司法三分法，并对于"政治与行政二分法"做了进一步阐释："政治是国家意志的体现，行政是国家意志的执行"[1]，使威尔逊开创的公共行政学更加明确地从政治学中分离出来。马克斯·韦伯（Max·Weber）对官僚制的研究，以及20世纪初泰勒对科学管理原理和方法的创设，为威尔逊实现对公共行政的科学化、技术化管理提供了具体的组织安排和管理模式，标志着公共行政学作为一门独立的学科正式形成。

然而，如何定义"公共行政"却是一件十分困难的事情。在公共行政的创立之初，学者们主要是从行政与政治的区别上来说明什么是行政。因为在威尔逊之前，作为行政学研究对象的"行政"概念一直被认为是一个政治学的概念，威尔逊认为行政是不同于政治

---

[1] ［美］古德诺：《政治与行政》，王元译，华夏出版社1987年版，第12—13页。

的，行政管理是置身于"政治"所特有的范围之外的。行政管理的问题并不属于政治问题，行政管理的领域只是一个事务性的领域。但同时他又认为行政管理是政治生活的一个组成部分，它与政治学指挥所派生的经久不败的原理以及政治进步所具有的永恒真理是直接相关联的，行政科学是政治学在19世纪的一个最新成果。① 古德诺从政治与行政"二分法"的角度进一步强调了行政与政治在功能上的区别，他指出："政治与指导和影响政府的政策相关，而行政则与这一政策的执行相关。这就是这里所要分开的两种功能。'政治'和'行政'正是我们为表达这两种功能而选用的两个词。"② 美国著名公共行政学家尼古拉斯·亨利认为，威尔逊本人对于公共行政的定义存在着矛盾，他没能"详细说明公共行政研究涉及的领域，行政和政治领域的适当关系，以及行政学能否成为一个类似自然科学那样的抽象学科"，威尔逊的主要贡献在于对于"公共行政是值得研究的"这一主题的确立。③ 笔者认为威尔逊、古德诺的贡献不仅在于将公共行政从政治学中独立出来，而且也十分明确地确定了公共行政主体是政府，是国家的行政部分（即行政机构），并对"行政管理"这类概念的本质内容做了解释。如威尔逊认为"行政管理是政府工作中极为显著的一部分，它就是行动中的政府；它就是政府的执行，政府的操作，就是政府工作中最显眼的部分"④。虽然随着公共行政理论和范式的不断发展，引发了诸如"公共行政"与"公共管理"等概念的分歧，我们仍然能够从"公共行政"最初对于行政主体的确立中找到充分的证据以示这两者的区别。另外，虽然政治和行政"二分法"的观点并不是无懈可击

---

① [美]威尔逊：《行政学研究》（中译本），《国外政治学》1988年第1期，第44页。
② [美]古德诺：《政治与行政》，王元译，华夏出版社1987年版，第11页。
③ [美]尼古拉斯·亨利：《公共行政与公共事务》，项龙译，华夏出版社2002年版，第23—24页。
④ [美]威尔逊：《行政学研究》（中译本），《国外政治学》1988年第1期，第31页。

的，而且在现实中也暴露出了这个理论存在的矛盾并招致许多学者的批评，而且本书的研究正是基于对政治与行政二分的颠覆这一前提；但不能因为这些批评和否定而抹杀政治和行政"二分法"所具有的在特定历史条件下的价值，不仅因为政治与行政确实存有区别并奠定了行政学作为一门独立学科的学术地位，而且正是在政治与行政的对比研究中，更加明确了政府行使的是一种管理社会公共事务的一种国家职能。美国早期杰出的行政学家伦纳德·D. 怀特（Leonard D. White）认为："公共行政，就是公共事务的执行；行政活动的目的，则是使公共计划得以最迅速、最经济、最圆满的完成。"① 而政府执行公共事务的职能离不开组织与管理。美国行政学家德怀特·沃尔多（Dwight Waldo）在对"行政"（administration）这个词的意义进行了细致的分析之后指出，"行政是具有高度理性的人类合作努力的一种"，而行政的特性又是与"组织"和"管理"这样两个术语相从属的，"'组织'是一个行政系统中权威的和惯常的人际关系结构，'管理'是一个行政系统中试图获得理性合作的行动"。② 在任何一个现存的行政系统内，必然拥有作为结构的组织和体现为功能运行的管理，二者是相互依存的。而要进行行政的组织和管理，必须拥有行政性质的公共权力，离开了公共行政权力便无从理解公共行政。公共权力作为社会权力集中化的代表，在历史发展进程中都表现为国家管理社会公共事务的特殊的政治权力，不同行政范式或者同一行政范式下不同的行政模式，都与公共权力在公共行政中的地位与作用存在着密切的联系。分析家埃齐奥尼认为权力就是一切，"而且事实上组织的所有特点是由组织中权力的性质决定的"③。西奥多·洛伊（Theodore Lowi）将政府的功能

---

① 彭和平等编译：《国外公共行政理论精选》，中共中央党校出版社1997年版，第47页。
② 同上书，第187页。
③ [美] 尼古拉斯·亨利：《公共行政与公共事务》，项龙译，华夏出版社2002年版，第82页。

划分为管理、再分配、分配和区域构成四种功能，认为这四种不同的功能是从政府权力所具有的不同强制性得出的，政府权力的强制性可以是远期的，也可以是近期的，可以是直接的，也可以通过环境而发挥作用的。[①] 在依宪治理体制下，政府公共行政是以合法授予的权力——行政权力为依托的。作为政府公共行政基础的行政权力，是公共行政的基础和内在力量，是为执行公共权力意志而依据宪法原则对社会公共事务进行管理的一种能力，其目标是为社会提供公共物品和公共服务，维护公共利益。政府公共行政实质上是行政权力的外在表现，政府公共行政如果没有公共行政权力作为基础，只能是一种抽象的、空洞的概念。因此，对行政概念的研究，逻辑地要求必须对行政权力的概念有一个科学的认识。

通过以上分析，笔者认为，公共行政又称政府管理或行政管理，是指以政府为核心的国家行政组织运用公共权力，依法对社会公共事务进行管理，为社会提供公共物品和公共服务，促进公共利益的活动。相对于公共管理来说，两者的区别在于行为主体范围界定的不同，一般来说，公共行政的行为主体仅限于国家行政机关，公共管理的行为主体除了国家行政机关外，还包括非营利社会组织。准确把握公共行政概念，应注意五点：第一，公共行政的主体是以政府为核心的行政组织；第二，公共行政的客观基础是公共权力；第三，公共行政的对象是社会公共事务；第四，公共行政的主要职能是为社会提供公共物品和公共服务；第五，公共行政追求的目标是社会公共利益。

二 公共行政理论与范式的变迁

1887年威尔逊基于政治与行政二分的主张，将公共行政作为一

[①] Theodore Lowi, "Four Systems of Policy, Politics, and Choice", *Public Administration Review*, Vol. 33, July-August 1974, pp. 298–310.

个独立的研究领域从政治中分离出来，标志着公共行政学作为一门独立学科的诞生。威尔逊认为行政管理问题不是政治问题，行政管理领域是一种事务性的领域，与政治领域的那种喧嚣和冲突相去甚远。"行政学研究的目的在于发现政府能够适当地做什么，其次是政府怎样才能以尽可能高的效率和尽可能少的财力和物力来完成这些适当的工作。"① 威尔逊在 19 世纪末撰写这篇文章时，正值西方工业化社会生产突飞猛进的时期，"技术发明以及在美西战争中日益卷入国际事务，加上公众日益参与国内的行政管理，所有这些急切地需要一种扩大的、有效的公共服务"②。威尔逊的主张旨在克服资本主义建立之初"政党分肥制"所造成的政府内部腐败、无能、低效和政局不稳，以更好地适应工业化社会大生产的要求。与威尔逊同时代的马克斯·韦伯对官僚制的研究，以及 20 世纪初泰勒对科学管理原理和方法的创设，为威尔逊实现对公共行政的科学化、技术化管理提供了具体的组织安排和管理模式。官僚制和科学管理都将效率作为组织、管理的核心价值，都主张科学理性的管理模式，为公共行政效率的价值取向提供了有力的支持。这一时期的公共行政以行政效率作为其核心价值理念，正如罗伯特·A. 达尔（Robert A. Dahl）所指出的那样，那一时期的公共行政，效率就是基本的"善"，"行政科学的目的就是以最少的人力和材料消耗来完成手头的工作，因此，效率是行政管理的价值尺度中的头号公理，效率也是行政科学的大厦得以建立起来的价值基石"③。然而，这种效率至上的官僚制行政模式摒除管理中的人性化倾向，实行对行政

---

① Woodrow Wilson, *The Study of Administration*, in Selected Classic Readings of Public Administration, edited by Du Qaunwei, Fudan University Press, 2001, p. 7.

② [美] 理查德·J. 斯蒂尔曼二世编著：《公共行政学：概念与案例》（第 7 版），竺乾威、扶松茂译，中国人民大学出版社 2004 年版，第 6 页。

③ Robert A. Dahl, "The Science of Public Administration: Three Problems", Jay M. Shafritz and Albert C. Hyde (eds.), *Classics of Public Administration*, Moore Publishing Company, inc., Oak Park: Illinois, 1978, p. 123.

人员的非人格化管理；一味强调制度的硬约束，而对道德在公共行政中的作用持怀疑态度；对行政效率的过分推崇，对平等、公平、民主等其他价值的忽视或摒弃。对公共行政"工具性价值"的极端追求，而对公共行政"目的性价值"的极端轻视的行政模式在实践中导致了种种弊端：行政人员在行政过程中的人格冲突，官僚主义之风盛行，政府管理社会事务的能力和威信受到质疑等。20世纪60年代末与70年代初，以美国为代表的西方国家连续发生了一系列的经济、社会和政治危机，也使得这种效率至上的公共行政模式面临着严峻的挑战。

新公共行政理论便是在对传统行政价值观的反思与批判中，在要求行政改革以使公共行政更加"合法化"的呼声中诞生的。"新公共行政的观点源于60年代末与70年代初公众关于社会公平与人权的价值观。它认识到20世纪后半叶社会价值观念的转变以及政府积极地响应这些新的价值观的重要性。"[①] 1968年、1988年召开的两次密鲁布诺克（Minnowbrook）会议标志着新公共行政理论发展的历史进程。第一次密鲁布诺克会议，以沃尔多和弗雷德里克森（H. G. Frederickson）为代表的新公共行政理论批判了传统公共行政的理论基础，对政治与行政二分的原则提出了质疑，抨击了传统公共行政效率至上的价值追求，主张道德与其他价值观如社会公平、代表性、响应性和社会责任感作为新公共行政的价值基础，强调社会公平是公共行政的核心价值。新公共行政理论认为，公共行政是实现社会公平的阵地，公共行政的官僚制结构需要做出调整以鼓励这种新的思维方式，使行政人员能够在更大程度上控制他们自己的行为，树立公共管理者应当有的道德意识，时刻以公共利益为准绳，履行他们的誓言和民事责任，为公众提供公平的公共服务。第

---

① [美]康特妮、马克·霍哲、张梦中：《新公共行政：寻求社会公平与民主价值》，《中国行政管理》2001年第2期。

二次密鲁布诺克会议与第一次密鲁布诺克会议相比,"公共行政似乎在平和地加固自己的核心价值观、相关性以及目的。对民主价值观和社会公平的接受变得明朗"①。进一步明确了公平等民主价值观对于政府行政的意义,确信"信念的失败将使得任何民主都在权力的腐败面前显得脆弱"②,所以,霍哲认为,如果政府要成为加强社会的工具,那么公共行政就将需要重塑自身的能力以适应未来。"在社会公平成为所有公共行政与民主行动的基础和度量标准前,社会公平必须被定义、理解、接受和重视以使社会公平的价值超越资本主义的经济效率。"③

新公共行政批判传统的公共行政的工具理性,强调民主价值,倡导社会公平的核心价值观,但没有完全否定对行政效率的追求,认为效率只是公共行政的价值目标之一而受到其他价值如公平、责任的制约,只有建立在社会公平基础上的行政效率才有意义。新公共行政理论对西方公共行政实践的价值取向产生了重大影响,然而,如何在坚持公平的前提下兼顾效率,实现公平与效率的统一,无论在理论上还是在实践中都是一个难题。因此,从20世纪70年代至今,西方不少学者试图采用一些新的公共行政理论以克服传统公共行政的弊端。其中最具影响力的是新公共管理理论和新公共服务理论。新公共管理理论在试图超越传统公共行政官僚制弊端的论争中,从管理学的角度批判官僚主义,推崇私营机构的管理技术,认为分权、放松规制、委托等是医治公共管理机制僵化痼疾的组织原则。提出良好的公共

---

① [美]康特妮、马克·霍哲、张梦中:《新公共行政:寻求社会公平与民主价值》,《中国行政管理》2001年第2期。

② Hart, David K., "A Partnership in Virtue Among All Citizens: The Public Service and Civic Humanism", *Public Adiministration Review*, Vol. 49, March/April 1989, p. 101.

③ [美]康特妮、马克·霍哲、张梦中:《新公共行政:寻求社会公平与民主价值》,《中国行政管理》2001年第2期。

行政管理可以通过引进私营管理机构的良好的商业实践而实现，"让管理者来管理"。这一理论将传统的效率价值扩展为效率、效果和效能（即"三 E"）价值在内的全方位绩效，关注提供公共服务的质量和顾客满意的程度。新公共管理理论也强调责任、回应性、公众参与等价值目标，但这些价值都是置于效率、效果和效能这一核心价值之下的。这一理论及行政范式为欧美各国政府的改革实践起到了重要作用，但也招致多方质疑。一些学者不仅对作为这一理论精髓的企业家政府理论提出了尖锐的批评，也对新公共管理理论所倡导的价值观提出了疑义。

以罗伯特·B. 登哈特（R. B. Denhardt）为代表的新公共服务理论便是针对"新公共管理理论"所主张的行政管理的自由化和市场化，尤其是在对其中企业家政府理论的批判中建立的一种新的公共行政理论。新公共服务理论承续新公共行政的民主价值，将公共利益作为其核心价值，认为人的尊严、信任、归属感、关心他人、服务以及基于共同理想和公共利益的公民意识等应该处于公共管理的核心地位，倡导一种以公民为中心的，以公共服务为宗旨的全新的公共行政范式。它并不排斥传统公共行政和新公共管理理论对效率价值的追求，而是将公共利益、公正、公平、回应性、尊重和承诺等价值置于效率之上。正如登哈特所说："在民主社会里，当我们思考治理制度时，对民主价值的关注应该是极为重要的。效率和生产力等价值观不应当丧失，但应当被置于民主、社区和公共利益这一更广泛的框架体系之中。"[①]

新公共服务理论基于公民权、民主和为公共利益服务的价值理念，主张通过广泛的对话和公民参与来追求共同的价值观和公共利益，在一个多层次、复杂的民主体系中，公共行政必须以与此相应

---

① R. B. Denhardt, J. V. Denhardt, "The Public Service: Serving Rather than Steering", *Public Administration Review*, Vol. 60, No. 6, Nov./Dec. 2000, p. 549.

的职责、伦理和责任的方式来为公民服务，最大限度地实现社会公共利益。这一理论和范式适应现代公共行政的伦理要求，凸显公共精神，追求公共利益，体现为一种以伦理价值为轴心的管理模式。

公共行政理论和范式变迁具有以下特点：第一，公共行政核心价值伦理精神的凸显。由传统公共行政以工具性的效率作为核心价值，到新公共行政对公平、民主等价值的追求，再到新公共服务以公共利益为核心的价值取向，公共行政越来越趋向于对于伦理精神的诉求，伦理精神也越来越成为政府行政乃至整个社会治理体系的灵魂。诚如美国著名行政学家戴维·K.哈特（David K. Hart）所说："公共行政并非一项专业技能，而是一种社会实践道德的形式。"[①] 第二，任何公共行政理论和范式的价值都是多元的，表现为一个围绕着其核心价值的价值群。传统公共行政信守效率的价值趋向，但它也在行政内部要求责任、公平等价值。只不过它的责任、公平的价值是官僚制内部等级化管理所需要的"工具性"责任和"一视同仁"的平等，而不是"目的性"意义上的公平与责任。

三　公共行政的伦理特征与价值取向

公共行政是政府根据公共意志维护公共利益的行政，公共性是政府行政行为最主要的特征，其目的是要以公共利益的实现为目标，并以此有效地约束、引导社会各行政主体，在公共领域内通过规范化、秩序化、道德化的活动为社会提供公共产品，增进公共利益。在历史发展过程中，公共行政本身因其所处的时代和地域差别表现出不同的社会价值与功能，但本质上，其行政活动、行政主体以及行政手段等都内含着对公共行政价值的追求，公共行政行为都

---

① ［美］戴维·K.哈特：《善良的公民，光荣的官僚与"公共的"行政》，［美国］《公共行政评论》1984年第44卷第8期，第116页。

是围绕对公共行政价值的认同和追求而展开的。

第一，公共行政是实现特定价值目标的职能活动。从行政职能来看，公共行政是政府为实现一定的目标和完成一定的任务所进行的有组织的活动。从社会的有效运作来说，公共行政兼具政治统治职能、社会管理和服务职能以及意识形态职能，无论是哪种职能的履行，公共行政组织的目标和工作表现标准者通常具有模糊性、多样化，也存在多样性的冲突。正如海尔·G. 瑞尼所说，"公共领域必须处理特别困难的社会任务，而且常常处在来自立法机构的相对模糊的命令之下，公共组织必须同时追寻所有复杂目标——责任性、回应性、代表性、开放性、效率等"[①]。这些"复杂目标"本就是一系列相互冲突的伦理标准与道德选择，所以使得"由政府官员所制定的具体政策经常是在伦理上具有根本性的矛盾冲突的"。[②]因此，公共行政职能的实现，仅仅依靠公共管理方法和技术的科学化与现代化手段是不能完全解决的，还必须满足基于公共利益之上的伦理诉求；公共行政活动，也并不是单纯的管理社会公共事务的活动，而是承载着一定伦理价值的行政活动。公共行政的制度设计、机构的设置及其运行都要基于和体现公共行政的价值诉求，都应该以为社会提供优良的公共产品为目的，以实现社会公平和正义为旨归。只有在制度设计与运行中体现公平和正义的公共行政才具有道德合理性，才有可能实现为公共利益服务的伦理追求。正如保罗·阿普尔比所说，"政府的制度安排为坚持符合伦理的行政行为提供了最有效的保障"[③]。

---

① [美]海尔·G. 瑞尼：《理解和管理公共组织》（第2版），王孙禹、达飞译，清华大学出版社2002年版，第184页。

② [美] R. J. 斯蒂尔曼：《公共行政学》，李方等译，中国社会科学出版社1989年版，第415页。

③ [美]理查德·J. 斯蒂尔曼二世编著：《公共行政学：概念与案例》（第7版），竺乾威、扶松茂译，中国人民大学出版社2004年版，第749页。

第二，公共行政主体及其行为的道德选择是建立和实现公共行政价值目标的先决条件。政府作为公共权力行使的主体具有不同于其他私人组织的根本特征，具体体现在组织的代表性、行为的公务性、宗旨的公益性、权力的法定性等方面。公共行政主体在公共行政领域必须是公共性的人而不是具有私人性的"经济人"，在公共行政活动中，公共行政主体"公共人"的一面愈是突出愈是纯粹，他就愈合乎公共领域的要求，也就愈适宜于在公共领域中承担起维护公共利益的责任。① 尤其是公共行政主体行政自由裁量权的客观存在，对公共行政主体的道德自主性提出了更高的要求。因为行政事务不是法律所能完全规定的，需要公共行政人员根据公众福利和利益的要求自行处理。"甚至当某行为缺乏相应的法律规定指导时，行政人员仍可以求助于内心的伦理指导准则。"② 不仅如此，在切斯特·巴纳特看来，行政官员的能力和才干就"在于他或她有效地处理组织的道德复杂性，而不受强加的选择问题的迷惑"③。

第三，公共行政的手段——公共权力是体现公共意志、实现公共行政价值目标的保障。在依宪治理体制下，公共行政权力是一种公众权力，来自人民主权或人民权利，在本质上是一种凝聚和体现公共意志的力量。公众是权力的主体，是政府的委托人，政府只是公众实现利益与满足需求的工具，是公众代理机构。因此，政府公共行政权力体现着社会公共利益的"公意"，运行过程中必须服从公共意志，遵循授权者所规定的权力运作法则和具体工作细则。体现公共性、追求社会正义是公共权力的突出特性，决定了其运作的目的必须是为社会提供公共服务，维护公共秩序和实现公共利益。

---

① 张康之：《寻找公共行政的伦理视角》，中国人民大学出版社2002年版，第162页。
② [美]特里·L.库珀：《行政伦理学：实行行政责任的途径》（第4版），张秀琴译，中国人民大学出版社2001年版，第148页。
③ [美]理查德·J.斯蒂尔曼二世编著：《公共行政学：概念与案例》（第7版），竺乾威、扶松茂译，中国人民大学出版社2004年版，第749页。

另外,"在政府拥有的特权中,同时也包含着政府必须承担的责任"①。公共权力的行使必须与其行政责任联系在一起,这种行政责任不仅源于法律、组织机构、社会以及公众对于公共行政主体角色的合理期待,而且还源于公共行政主体出于信念、良知而对于自己角色责任的主观认同。但"责任行政与其说是由外力强制实施的,不如说是一种自然的流露"②。也就是说,对于从事道德的行为来说,其最强有力的责任体系来自主体自身的道德与信仰。

因此,一方面,公共行政的理论或范式取决于一个时代、一个社会现实的公共行政需求;另一方面,公共行政本身所蕴含的伦理价值特性,公共行政历史发展脉络所凸显的伦理趋势充分显示:公共行政作为政府管理社会公共事务的活动,无论是哪种理论指导下的行政范式都离不开社会伦理精神的导引,都是一定时代伦理精神的体现,因此有必要从伦理的角度对公共行政及其价值进行审视。20世纪70年代,伴随着新公共行政、新公共服务范式对行政价值的探讨,作为一门相对独立的价值学科——公共行政伦理学的产生,就是对公共行政伦理与价值进行研究这一要求的回应。然而,公共行政伦理学在总体上较为关注对行政实践问题的伦理探讨,缺乏对行政伦理的基础理论形而上的思考,尤其是对公共行政价值的研究显得尤为紧迫。因为价值是一个组织的黏合剂,只有基于共同的价值认同,组织才能建立、维系并有效地发挥作用。但是,学者们对于行政价值的研究,往往是基于各自不同的研究立场,尚未形成完整、统一的行政价值体系,而且学者们更多的是关注行政主体的伦理自主性,缺乏对行政自身价值内涵的挖掘。缺乏对基于公共行政价值客体本身、超越任何具体公共行政理论与范式而具有普遍

---

① [英]埃德蒙·柏克:《自由与传统——柏克政治论文选》,蒋庆等译,商务印书馆2001年版,第279页。

② [美]弗雷德里克:《公共政策与行政责任的本质》(英文版),[美]哈珀罗出版社1977年版,第333—334页。

意义的价值概念、公共行政首要的、核心的价值公共行政正义的系统研究。公共行政正义无论对于公共行政的合理性、合法性还是公共行政的工具性都具有基础性的决定作用，从而直接影响着公共行政的建立和有效运行。葛德文在他的《政治正义论》中强调，只有当理性和道德的原则在社会管理制度中占统治地位时，这个社会才能称作健康的社会，才能有政治上的公正。① 而价值表达的是善的优先性，这些善值得一定的团体去追求。② 只有坚持公共行政的正义价值追求，才能更好地促进政府行政职能的履行，也才能更好地实现整个社会的有效运作。

H. C. Triandis 在论述价值对于公共行政的作用时指出：价值可以帮助行政官员在理解的过程中做出选择，价值可以影响行政官员对某一事件结局的解释，价值可以为行政官员在选定目标时提供一般性的指导原则。③ 也就是说，公共行政价值的作用体现在行政官员对公共行政目标的理解、解释和行为中，主要表现为对行政主体决策行为的指导与影响。然而，笔者认为，公共行政价值不仅应该体现为对行政主体的决策指导，而且行政价值首先应该是对公共行政自身存在和运作的合理性与合法性的审视与思考。

第二节　正义：概念及其理论的历史回溯

一　正义概念的语义分析

正义一词与英语中的 Justice 相对应，Justice 来源于古希腊语中

---

① 参见［英］威廉·葛德文《政治正义论》，何慕李译，商务印书馆1997年版，"出版说明"。
② ［德］尤尔根·哈贝马斯：《包容他者》，曹卫东译，上海人民出版社2002年版，第66页。
③ H. C. Triandis, "Values, Attitudes, and Interpersonal Behavior", in H. E. Howe & M. M. Page, eds., *Nebraska Symposium on Motivation*, 1979: *Beliefs, Attitudes, and Values*, University of Nebraska Press, 1980.

的 Dike，而 Dike 来源于词根 Deiknumi（意指"我表明""我指出"），① Dike 则指划分、划定出来的东西。另一种说法是，英语中正义（justice）概念源于古罗马正义女神的名字禹斯提提亚（justitia），具有正直、无私、公道等语义，因此 Justice 与 Impartiality, Rightness, Fairness, Correctness 相近，可以表达为多种不同的含义，既有公正、正当之意也有公平、正确之意。汉语中的"正义"与公正、公道、公平含义相近，但在意义强弱、范围大小方面存有一定差异。相比较而言，正义是一种最高的道德价值，正义既包含有公正、公平的含义，又指一种理想的社会价值和符合一定政治和道德标准的行为。在实际运用过程中，正义也表现为一个更具抽象性和概括性特征的概念，包含着更多的有利于整体社会发展的价值内涵，体现为一种最高的善。

千百年来人类从未间断过对正义的解说，而且，不同的学者都对正义有着不同的阐释与解说。难怪当代美国哲学家阿拉斯戴尔·麦金太尔指出："自从荷马史诗第一次被译成英文以来，荷马史诗中的'dike'这个词便一直被译为'正义'（justice）。但是，在现代说英语的社会里，有关如何理解正义的问题已经发生了各种变化，这些变化使得这一翻译越来越容易引起误解。"② 麦金太尔在他的巨著《谁之正义？何种合理性？》中，通过对西方伦理学史上四大道德传统——古典的亚里士多德主义传统、《圣经》与奥古斯丁主义传统、以苏格兰启蒙运动文化为典型的奥古斯丁主义的基督教与亚里士多德主义共生互容的传统、现代自由主义传统的探究，指出，由于人们寄居于各不相同的历史传统之中，而每一种传统都有一种与其历史传统相对应的正义和实践合理性的解释，因而就形成

---

① ［美］阿拉斯戴尔·麦金太尔：《谁之正义？何种合理性？》，万俊人等译，当代中国出版社1996年版，第20页。
② 同上书，第19页。

了各种正义传统的根源和解释,正义也就因其在传统所揭示的社会背景中得到了阐述和论证。因此可以说,正义的性质和具体内容具有现实规定性,在不同的时代和社会有不同的含义和性质。恩格斯曾经深刻地指出:"希腊人和罗马人的公平观认为奴隶制度是公平的;1789年资产阶级的公平观则要求废除被宣布为不公平的封建制度。……所以,关于永恒公平的观念不仅是因时因地而变,甚至也因人而异。"① 因此,正义决不是如同怀疑论者所认为的那样,"正义观念完全是一个个人取向或瞬变的社会舆论的问题","社会正义秩序中的正义问题在相当广泛的程度上可以进行理性讨论和公正思考"。② 这一点可以从正义理论的产生及其演进中得以证明。

二 正义理论的历史回溯

正义理论最早产生于古希腊,它首先是作为一种调整自然与宇宙组成部分的平衡与协调的先验的宇宙原则出现的。罗素认为,早在哲学产生之前,希腊人就对宇宙有了一种理论,或者说感情,这种理论或感情可以称为宗教的或伦理的。希腊人对于自然规律与人世规律信仰的根据就源于此。③ 由于伯罗奔尼撒战争,希腊的城邦国家遭到了严重的削弱。诸多思想家对城邦国家的失败进行反思,从而诞生了最早的系统的西方政治思想学说——城邦政治学说。在城邦政治学说的产生发展中,诞生了三个伟大的人物:苏格拉底、柏拉图、亚里士多德,他们依次对城邦政治学说的基本范畴"正义"进行了分析,开创了西方系统的政治学理论。

苏格拉底在论及维护社会秩序的法律时,指出正义要求人们必须服从母邦的命令,认为违背法律和违背契约一样是不正义的行

---

① 《马克思恩格斯全集》第18卷,人民出版社1964年版,第310页。
② [美] E. 博登海默:《法理学:法律哲学与法律方法》,邓正来译,中国政法大学出版社2004年版,第268—276页。
③ [英] 罗素:《西方哲学史》,何兆武、李约瑟译,商务印书馆2005年版,第154页。

为，为了维护正义，应虽死不辞。苏格拉底以"正义"和美德来阐述自己的主张、思想观点，虽然并未形成系统的政治理论，但这些思想直接影响了他的学生柏拉图等人，而且对整个西方的政治思想都产生了深远的影响，因而苏格拉底被西方世界称为古代思想家中最伟大的人物。对于柏拉图来说，正义是可能想象得到的最好的国家的属性之一，在他看来，一个能使公民们道德上臻于完善的国家必须是一个正义的国家。而正义就在于人人都做自己的工作而不要做一个多管闲事的人，当城邦中的不同阶层各自做着自己的工作而不干涉别的阶级的工作时，整个城邦就是正义的。柏拉图通过理性的正义将个人正义与国家正义结合起来，主张只有当国家正义和个人正义都得以实现时，一个幸福、和谐的城邦才能由理想变为现实。作为古希腊思想的集大成者，亚里士多德继承和发展了柏拉图的正义论。在其《政治学》一书中亚里士多德论述了国家的起源和目的，讨论了个人的德行，城邦的善业或者善德，确定了什么是正义和善业。在他的《尼各马科伦理学》中专门用了 1 卷（第 5 卷）来讨论正义问题。在他看来，正义不是德性的一部分而是整个德性，正义不仅指正义的规则、秩序还指正义的能力、品德。对于城邦来说，正义的善更为重要，更为完满。罗马时期的思想家们主要是从法律的视角来思考正义，正义与法律概念有着紧密的联系。正义的经典定义被认为是由古罗马法学家乌尔庇安首创，并在查士丁尼《民法大全》中提出的。乌尔庇安认为："正义乃是使某个人获得其应得的东西的永恒不变的意志。"[①] 罗马早期的西塞罗则认为正义是自然法和理性的体现，正义只是隶属于理性的一个伦理标准，是使每个人获得其应得东西的人类的精神取向。

以奥古斯丁、托马斯·阿奎那为代表的中世纪神学家则把上帝

[①] ［美］E. 博登海默：《法理学：法律哲学与法律方法》，邓正来译，中国政法大学出版社 2004 年版，第 277 页。

的意志作为正义的基础，认为正义只有在基督教国家里才能实现。正义在奥古斯丁那里被归结为服从神的诫命，认为对个人来说，正义的根本在于每个人尽其天职，即"要使肉体归顺乎灵魂，灵魂归顺乎上帝"①。托马斯·阿奎那则认为正义是："一种习惯，依据这种习惯，一个人以一种永恒不变的意志使每个人获得其应得的东西。"② 近代以来的思想家大都把正义与政治、国家、社会直接联系起来加以阐述，自然法学派把正义与理性联系起来，从抽象的人性中引出正义原则。把自然法、自然权利作为法律和社会正义的基础，如洛克、霍布斯、卢梭等。霍布斯认为人类为了摆脱人与人之间像"狼与狼"一样的自然状态，寻求社会的和平与安宁，就必须依照自然法订立契约关系。正义就是要遵守契约，尊重他人的财产所有权。

休谟和边沁从功利主义出发，认为公共福利是正义的唯一源泉。休谟认为"正义的规则完全依赖于人们所处的特定状态和状况，它们的起源和实存归因于对它们的严格规范的遵守给公共所带来的那种效用"③。而边沁则将最大多数人的最大幸福作为判断是非的标准。威廉·葛德文在其《政治正义论》中系统论述了社会正义的各项原则，认为只有当理性和道德的原则在社会管理制度中占统治地位时，这个社会才能称作健康的社会，才能有政治上的公正。亚当·斯密指出："人只有在社会中才能生存……人类社会的所有成员都需要相互帮助，但也面临彼此伤害"④，故而社会需要正义，而且正义比仁慈更根本。康德从形而上的自由意志出发，认为正义就是善良意志，一个"好的意志"是至高无上的。他认为存在着一

---

① 周辅成：《西方伦理学名著选辑》上卷，商务印书馆1964年版，第357页。
② [美] E. 博登海默：《法理学：法律哲学与法律方法》，邓正来译，中国政法大学出版社2004年版，第278页。
③ [英] 休谟：《道德原则研究》，曾晓平译，商务印书馆2004年版，第39页。
④ [英] 亚当·斯密：《道德情操论》，余涌译，中国社会科学出版社2003年版，第92页。

个客观而普遍有效的自由法则，正义就是遵照这条普遍的自由法则，能与所有他人的意志并存，"外在地要这样去行动：你的意志自由行使，根据一条普遍的法则，能够和所有其他人的自由并存"①。在康德看来，正义行为所遵循的原则必须是普遍的自由法则，因为只有这样的自由才是合理的自由。

当代西方社会，由于正义对于当代民主政治具有重要意义而成为政治哲学理论与研究的主题，其中罗尔斯（John Rawls）的《正义论》是当代最有影响的著作之一。在《正义论》中罗尔斯提出了"作为公平的正义"，在罗尔斯看来，确立社会正义原则的基本目的，只在于保证使社会每一个成员的基本权利得以充分实现，使社会首要善得到公平分配。即所有的社会基本价值（或者说基本的善）——自由和机会，收入和财富，自尊的基础——都要平等分配，除非对其中一种或所有价值的一种不平等分配合乎每一个人的利益。为此罗尔斯提出了两条正义原则：平等自由原则、差别原则与机会公正平等原则，第一个原则优于第二个原则。罗尔斯《正义论》出版三年后，当代美国著名哲学家、伦理学家诺齐克出版了其代表著作《无政府、国家与乌托邦》一书，提出了与罗尔斯"正义即公平"理论相抗衡的"正义即权利"的主张。诺齐克反对罗尔斯的平等主义和福利国家理论，批评罗尔斯的"分配正义"，认为社会中的每个人都存在着差别，其持有各异，如果一个人对其持有拥有权利，则其持有就是正义的，国家对社会财富的分配完全取决于个人对其持有是否正义。诺齐克所强调的是人们获取和转让财富的权利，而个人权利是神圣不可侵犯的，即使是国家也不可用它的强制手段为有利于"最少受惠者"进行再分配，也不能用强制手段来禁止人们从事推进他们自己的利益或自我保护的活动。阿拉斯

---

① ［德］康德：《法的形而上学原理》，沈叔平译，商务印书馆1991年版，第41页。

戴尔·麦金太尔是另一位美国著名的哲学家，出于对当代社会道德状况的深切忧虑和对现代道德探究模式的不满，麦金太尔批判了当代自由主义的规范正义理论，并把目光转向过去，期冀从古典亚里士多德传统中找到解决问题的答案。认为自古以来正义有着两种不同但又相互联系的概念，即正义不仅表现为外在于人的规则和秩序，而且更重要的是体现着人的一种内在能力、品质和美德。麦金太尔强调建立在一种以共同体利益为指向的个体美德基础之上的制度正义才具有现实合理性与生命力，因为"只有对于拥有正义美德的人来说，才可能了解如何去运用法则"[①]。而对于那些毫无正义品德和正直秉性的人来说，即便是完全正义的社会制度也毫无意义。

通过对正义理论的历史概述，我们可以发现正义的确不是怀疑论者所认为的那样，是一个简单的个人取向或瞬变的社会舆论的问题，正义与人类社会的秩序紧密相关、体现为人类对一种和谐有序的社会理想的价值追求和制度安排以及个体的德性要求。历代思想家们对于正义问题如此广泛而深刻的探讨就是为了试图解决时代发展所带来的社会不稳定因素造成的社会动荡，试图从各自不同的立场构建一种适合于时代需要的社会秩序。因此，可以说正义是理想性与现实性的统一。在人类历史发展进程中，每一种正义理论的诞生都是基于特定时代的社会局限性和社会弊端，企图实现对现存社会秩序的超越，促进时代的发展。由于在不同的历史时期，人类社会的现实矛盾与社会实践的差异，以及人们所要达到的目的和实现目的的方式的不同，便会产生各种不同的正义观念和理论。然而历史的传承性又使得正义理论总是体现为对前人理论的一种承续与超越，在此意义上正义又是历史性与现实性的统一。

---

① [美] A. 麦金太尔：《谁之正义？何种合理性？》，万俊人等译，当代中国出版社1996年版，第9页。

第三节 公共行政工具性推理的实质性转换及其伦理学方法

一个社会的公共行政（政府对社会公共事务的管理与公共服务的提供）是一种现实的存在，是一个正在进行中并存在于社会、制度、行政知识和个体之间的辩证发展过程。公共行政不是一个孤立的实体，不能脱离开公共的社会世界，公共行政的存在与运作是由客观化的社会因素以及行政管理者的主观行为决定的。当今社会，公共行政过程中的个体、组织、社会之间的关系充满不确定性和碎片化，交织着各种价值、原则之间的冲突，甚至存在着潜在的紧张与危机。而现有的公共行政理论不能很好地说明并解决行政实践中存在的紧张与冲突，因为，公共行政理论的产生与发展是为了适应快速增长和工业化过程中的组织需要，官僚制组织理论甚至现代管理手段的出发点是追求效率，组织必须确保工具和技术理性。因此，公共行政理论研究惯用的是说明性的演绎思维模式，行政管理体制及其组织中的成员通行的是遵章执行的工具性推理形式和思维方法，公共行政的一切事务都可以因循既有的规则寻找到答案，在组织框架中都能依照现有的程序与原则选择出"绝对正确"的行政决策与行动。然而，公共行政的工具理性及其思维的局限性已经严重制约了公共行政理论与实践的发展。公共行政领域中的解释性实质推理和批判性实质推理为公共行政问题的解决提供了可供选择的思考与推理路径，为公共行政人员得到更为合适的解决公共行政问题的答案提供了新的、可行的思维方式，而伦理学研究方法则是实现这种实质性推理的具体方法之一。

一 公共行政工具性推理及其局限性

近代以来，政府从国家机器中分离出来，专门从事相对独立的国家意志的执行和社会公共事务的管理，政府行政管理与传统的统治管理有了很大的不同，但仍具有统治性和政治性的特征。19世纪末，为了缓和、解决各种社会矛盾，适应政府行政从消极走向积极的转变，迫切需要有一门科学理论来指导政府行政管理活动以使政府更好地履行这一职责。美国学者伍德罗·威尔逊于1887年出版《行政学研究》一书，威尔逊在该书中主张政治与行政分离、建立一门独立的行政学科，该书被认为是公共行政的奠基之作。美国著名行政学家古德诺1900年发表的《政治与行政》一文，进一步阐述了政治与行政之间关系，并对如何协调政治与行政之间的关系提出了自己的见解。他的著名论断"政治是国家意志的体现，行政是国家意志的执行"[①]，明确地划分了政治与行政之间的界限，使得公共行政学更加明确地从政治学中分离出来。政治与行政的分离，究其根源，直接受到20世纪初科学化思潮的影响。在科学主义与技术理性的影响下，不仅伦理学、政治学内部出现了"事实"与"价值"二元对立的格局，将公共行政学从蕴含价值目标的政治学中分离出来也是科学主义思潮影响的结果。公共行政学家们认为，政治体现的是国家政策的制定，在政策制定过程中，存在着价值判断与价值选择，并将体现政治的价值和道德目标；而政府公共行政与价值、理想无关，行政的过程只是执行已经制定好了的政策，是一个纯粹"技术性""形式化"的科学与"事实"的过程，如同威尔逊所描述的，行政管理只是一个"实用性的细节"、是"技术性职员的事情"。不仅如此，"组织理论之父"——德国著名的思想家、社会学家马克斯·韦伯于20世纪初提出的官僚制组织理论，也进一步形塑了公共行政的工具性存在。

韦伯从实证主义出发，把社会行为分为合理性行为和非理性行

---

① Frank J. Goodnow, *Politics and Administration: A Study in Government*, New York: Russell & Russell, 1900.

为，合理性行为又分为形式合理性和实质合理性，或称为工具合理性与价值合理性。在韦伯看来，实质合理性或价值合理性是价值判断的基础，它对行动的目的和后果做出价值评价，是一种关乎伦理主义或道德理想的一种合理性。这种合理性强调行动的社会道德评价，忽视行动的效率，是一种主观性的合理性，是传统社会的本质特征。而形式合理性或工具合理性是一种消解了价值判断、祛除恶魔的合理性，这种合理性以计算为手段，是一种科学高效、纯粹客观的合理性，是现代社会所需要的一种合理性。韦伯割裂形式合理性与实质合理性、工具合理性与价值合理性之间的关系，将其官僚制理论建立在"纯粹客观的"工具理性、形式合理性的基础之上。韦伯所建构的官僚制在形式合理性或工具合理性的原则下，片面追求行政责任的制度化设计，其官僚科层体系仅仅表现为行政官员按章程办事、受规则约束的运作体系，它遵循的是"形式主义的非人格化的统治"，它"不因人而异"。[①] 以这样的模式建立起来的行政官僚体制体现的是一种"形式合理性"，而不具有"实质合理性"，行政过程是一个不包含价值、信念的纯粹的技术过程，行政官员在这个体制和过程中只是一个工具，只对其所承担的岗位负责。因此，行政官僚的这种工具理性成为行政学家和公共行政人员持续不断的关注所在，按部就班的说明性研究和工具性推理成为理论家和行政人员惯常的推理形式，一切事务都可以因循既有的规则寻找到答案，在组织框架中都能依照现有的程序与原则选择出"绝对正确"的行政决策与行动。

在科学管理主义思潮、"价值中立"原则和理性官僚制理论的影响下，不仅公共行政领域中的研究与学术将说明性研究作为学术

---

① 参见（德）马克斯·韦伯《经济与社会》上卷，林荣远译，商务印书馆1998年版，第243—251页。

成就的标准化的理想，而且也将工具性推理应用于行政实践，并将基于理性与合理性的这种推理方法奉为最高准则，行政决策和行动均出自这种去除价值理性的逻辑推断。正如美国行政学者杰·D. 怀特（Jay D. White）所言："在这种理论中，如果遵循演绎推理的规则来估量实现既定目的的工具，则思想是合理的；如果遵循规定的规则来调整实现既定目的的工具，则行动是合理的。这种理性和合理性的形象似乎适合于行政人员，因为他典型地表现出把事情搞定（这是管理的全部）这一行动的特点。"① 公共行政领域说明性研究或工具性推理遵循当时主流的社会科学传统，实际上是对自然科学方法的借用。用伯恩斯坦的话来说，人们曾经认为，说明性社会科学和行政研究的逻辑与自然科学的逻辑只是程度上的不同而不是不同的类型。这就把社会科学和公共行政学直接置于实证主义的科学哲学传统之中了。在公共行政的研究与实践中也必然会遵循实证主义关于主观与客观、价值中立与价值偏向、定性研究（或称质性研究）与定量研究之类的二分法。② 在这样的理性指导下，公共行政的目的就是"通过运用显性的知识（explicit knowledge），而不是隐含的知识（tacit knowledge）来解释和预测社会现象"③。公共行政人员能够理性地预测其行政行为的结果，并且可以集中精力优化政策过程与政策计划的效率与效益，也就是说，他们可以通过科学与理性建立起来的推理工具来解决一切政策问题。然而，正如美国学者艾赅博（Guy B. Adams）、百里枫（Danny L. Balfour）所言："在大多数社会政策领域，作为问题解决的这一公共政策图景只是

---

① ［美］怀特：《公共行政研究的叙事基础》，胡辉华译，中央编译出版社2011年版，第55页。

② Bernstein Richard J., *The Restructuring of Social and Political Theory*, Orlando, FL: Harcourt Brace Jovanovich, 1976.

③ ［美］全钟燮：《公共行政的社会建构：解释与批判》，孙柏瑛等译，北京大学出版社2008年版，第36页。

一种空想。"①

　　行政实践中的这种工具性推理对于行政人员完成既定目标与任务，提高行政效率十分有效，然而我们生活在一个充满"悖论的时代"，我们很多美好的发展进步的愿望和提高人们生活质量的努力却带来了不可预期、意想不到甚至是对立的结果。② 当政策制定者强力推行一项富有争议的政策时，例如，将经济发展的偏好置于环境保护需要之上，将行政效率置于社会公平之上，将组织目标置于社会公共利益之上的时候，悖论与冲突就会出现。因此，这种过度强调科学理性工具性推理的公共行政模式已经无法适应不断发展的公共行政需要，不能解决现实的社会问题与冲突。20世纪后期西方各国出现的政府改革和各种"摒弃官僚制"理念的浪潮，表明人们已开始注意到公共行政的工具理性及其思维的局限性，开始了对公共行政工具性推理的反思以及超越工具性思维模式的思考。

　　公共行政工具性推理的局限性表现为：首先，工具性推理是一种理性模型，所关注的是实现目标的手段或遵循达到目标的规则，通过工具性推理能够合理、有效地推出结论，制定行动方案。这种理性模型是以公共行政人员的"理性"为前提的，行政人员必须是去除了价值与情感的"理性人"，行政人员的理想、信念、价值追求与情感由于不符合这种理性模型的结构和逻辑，而被排除在外并在推理过程中被忽略，他们通过理性推理而获得的决策与行动被认为是绝对正确和有效率的。然而行政人员是现实的、真切的个体，他们既有理性而又不乏情感与理想追求，他们并不是理性设计中的机器，理性的设计与现实有着巨大的差异，决定了这种理性设计的内在缺陷。

---

　　① [美]艾赅博、百里枫：《揭开行政之恶》，白锐等译，中央编译出版社2009年版，第149页。

　　② Handy C., *The Age of Paradox*, Boston, Mass：Harvard Business School Press, 1994.

其次，工具性推理体现的是科学理性，而科学理性的目的与任务是为了求"真"，这种科学性不仅体现在既定的目标上，还体现在方法和程序上。演绎推理是科学理性实现的基本方法，其基本特征是求真，表现为：只要遵循了既定的原则规范，通过严格的推理程序，由确定的事实必定能推出一个"真"的结论，在公共行政中体现为推断出一个行之有效的决策方案或行动计划。公共行政实际的情形则是，行政人员时常被卷入对于追求什么样的目的和运用什么样的手段进行决策的问题，而不是简单地遵循规则进行演绎推理而行事。例如，在公共行政实践领域充满了矛盾与冲突，以及不同的价值选择，尤其在价值多元的现代社会，公共行政充满了对什么是真或假、善或恶、对与错，以及对应该欲求什么的讨论、争辩、协商和论证。公共行政领域单纯地依靠工具性的演绎推理来实现行政目的，只是理性设计者的一个"理性"思维的结论而已。

最后，工具性推理还具有结构性局限。按照怀特的理解，行政决策一般按照理性决策模型来描述：当面对一个问题，决策者应该：（1）找出指导决策的目标、价值观念或目的；（2）把它们按照重要性排列；（3）找出处理问题的可供选择的做法和每种做法的后果；（4）权衡每一种做法及后果的成本及收益；（5）选择最佳的实现适当目标、价值或目的的做法。① 怀特认为，这是对理性决策逻辑的重构，在实际决策中，行政人员实际上很少能够亦步亦趋地遵循每一步骤，从而招致诸多批判。这种理性模型在公共行政学、经济学、政治学、管理学等领域广泛存在，有着深刻的思想渊源，在亚里士多德的三段论、托马斯·霍布斯的"现代理性"、古典经济学的"经济人"假设、西蒙的决策阶段论中都能找到其根源，这一模型在知识的快速增长与学科发展方面具有不可忽视的作

---

① ［美］怀特：《公共行政研究的叙事基础》，胡辉华译，中央编译出版社2011年版，第56页。

用，然而这种依据亚里士多德实践三段论基础上的推理模型却具有结构性的局限性。其逻辑形式是：

要追求的目的是 X；

Y 类行动往往实现 X；Z 是一个 Y 类行动；

因此，如果 X 是所期望的，那么，就应该做 Z。

将以上决策模型还原为一个三段论式：

大前提（行政的目标）；

小前提（能够实现行政目标的行为）；

结论（行政决策或行为选择）。

公共行政人员通过运用以上三段式推理形式，能够得到一个形式上完全正确的结论，但这个结论是否合适（right）却不得而知，因为其中所依据的大前提可能是不适当或者是错误的，"三段论的逻辑结构没有告诉决策者要珍视什么样的目的，或什么样的备选方案比其他备选方案的结果更值得珍视。这些判断必须在三段论之外按照其他推理模式作出"①。以三段论式演绎推理为主要形式的这种工具性推理，由于其所具有的这种结构性特征不能为决策者提供可供选择的行政目的与手段，从而也就制约了公共行政决策的合理性。

那么，应该如何在合理运用公共行政领域中的工具性推理的同时，避免其局限性，诚如怀特所言，通过运用解释和批判的逻辑重构可以拓宽公共行政领域的理性和合理性意向，而要把握这一点，其中一条途径就是通过法律推理的逻辑。怀特认为，法律推理的逻辑是解释性推理和批判性推理的有效范例，理解了法律推理，便能很好地理解公共行政中的解释性推理和批判性推理。在怀特看来，公共行政人员如同法官和律师一样，他们都必须超越工具理性的限制，都必须面对应该追求什么样的目的、应该采取怎样的行动之类

---

① ［美］怀特：《公共行政研究的叙事基础》，胡辉华译，中央编译出版社 2011 年版，第 59 页。

的问题，都会涉及真假、善恶、美丑、正义与非正义的选择。公共行政过程与法律适用一样，在其更为深层的意义上是以追求社会的公平与正义为目的的，而不仅仅体现为遵循工具理性原则追求单一的行政效率。行政人员与律师和法官处于同样的地位，他们超越工具性推理的限制，通过实质性推理并运用解释以确定应该追求什么目的、应该采取什么行动。像律师和法官一样，公共行政人员的事务是选择什么是真或假、善或恶。因此，由法律实质推理可以逻辑地推断公共行政领域中实质性推理（或辩证推理）存在与适用的必然性与可行性。行政组织制定同法律一样起作用的政策，行政人员被要求解释那些决定应该追求什么目的和应该选择什么手段的政策。"像法官一样行政人员会解释那些制定政策的人的意图。他们指望靠政策史来确定其目的与范围。然后，他们把他们对政策的解释应用于（具体）情况以确定它是否合适。"①

二 公共行政实质性推理及其基本类型

行政实践中，行政人员行政决策的制定与行政责任的实现常常与其行政行为的选择有着密切的关联。然而，由于行政价值的多元以及责任的多样性和复杂性，使得行政人员在进行行政行为选择时，总会面临着一定的选择困境，面对着种种冲突。当行政人员面临诸种准则或价值之间的冲突，即为了执行某一准则而将破坏另一准则的选择处境时，行政人员就陷入了一种推理困境，难以做出决断。如在决策时是对公共利益负责还是对公共组织负责？一般意义上，两者在根本上是一致的。然而，任何行政组织作为社会组织由于自身的存在与发展，不可避免地具有其特殊的利益追求，具有自利性的特征，因而也有可能出现偏离社会公共利益或者与公共利益

---

① ［美］怀特：《公共行政研究的叙事基础》，胡辉华译，中央编译出版社2011年版，第64页。

相冲突的可能。当行政组织的利益追求具有客观合理性时，行政人员对于所在的公共组织做出的决策就存在着这样的两难选择：执行政策将损害公共利益，不执行政策就意味着对组织的不忠诚。类似情形还有，是严格履行本位职责还是承担自己作为一名公务人员应该履行的社会职责等。通常行政人员不将这种困境视为伦理问题，而只把它当作实践问题。然而从根本上讲，这种困境涉及我们如何有意、无意地为价值观和原则排列顺序，然后进行推断、做出抉择。因此，行政人员所遭遇的既是实践问题也是伦理问题，是一个必须借助实质性推理解决问题的思维过程。

美国行政伦理学家特里·库珀教授将公共行政人员在处理或解决问题时进行的伦理思考方式分成四个层次：（1）表达层次。此时仅仅就一些问题或事情表达自己的情感，这些情感中包括好恶因素，但仅此而已，没有对问题进行深入分析并做出解答，或者说行政人员并没有将自己置于其中。（2）道德规则层次。针对具体问题，行政人员依据已有的成文或不成文的原则、规范，审查事件的真相并做出相应的决断。（3）伦理分析层次。当可利用的规则无助于解决具体问题，或各种原则、规范乃至价值观之间互相冲突时，行政人员则需要对各种规则、价值观进行基本的再思考。因为这些冲突的价值观所支配的是各种相互排斥的行为，行政人员必须对其的最终决断做出解释。（4）后伦理层次。这是一种更为深刻的寻找规则与价值的基础与意义的层次，体现了对世界观和对生活意义的思考。[①] 库珀虽然侧重于分析公共行政人员对待行政领域中伦理问题时的思考与行为选择，但实际上也在一定意义上反映了行政人员行政实践中进行决策与行动的几种情形：第一种情形，公共行政人员不是主要的决策者，没有将自己置于行政活动情景之中，不需要

[①] ［美］特里·L.库珀：《行政伦理学：实现行政责任的途径》，张秀琴译，中国人民大学出版社2001年版，第8—15页。

动用自己的认知与推理对事件做出判断与裁决，只是表明一种态度与情感。第二种情形，是一种典型的工具性推理形式，当公共行政人员面临各种问题时，只需遵循已有的原则与规范结合具体的行政实际做出推断即可。具体表现为三段论式的演绎推理，是一种惯常的形式推理或工具性推理。第三种情形包括伦理分析层次和后伦理层次，类似于法律实质推理（辩证法律推理），行政人员仅仅援引既定的规则不能解决问题进行决策，而要对各种相互冲突的价值与规则进行解释，甚至反思、质疑、对话，经过权衡、筛选、排序，最终做出抉择。因此，公共行政研究与实践除了应该运用工具性的形式推理，还不可避免地会运用到包含价值理性的解释性和批判性的实质推理。但行政实践中的实质推理一直被人们所忽略，人们很少关注行政人员做出的规范判断、政治判断和道德判断。但行政本身的发展在不断地衍生出对于价值理性与实质性推理的迫切需要。"1947 年，西蒙出版了《行政行为》，次年，瓦尔多出版了《行政国家》。两位学者及其著述凸显了公共行政学中两种学术旨趣之争：实证取向的公共行政学，还是价值取向的公共行政学？1952 年，西蒙与瓦尔多之间就此发生辩论。这场著名的'西蒙/瓦尔多之辩'正式结束了公共行政学强调技术理性的古典时期。自那以后，美国公共行政学就分裂成许多流派，由此进入一个长达近 60 年的范式分离和竞争。"[①] 1971 年美国政治哲学家约翰·罗尔斯的《正义论》公开出版，引发了学者对西方公共行政工具理性建构的批判，人们越来越多地关注公共行政领域中的价值追求与伦理关怀，为公共行政及其政策注入了价值理性，从而也为体现解释主义和批判性理论的实质性推理在公共行政研究与实践领域中的运用开辟了道路。

---

① ［美］艾赅博、百里枫：《揭开行政之恶》，白锐等译，中央编译出版社 2009 年版，前言。

(一) 解释性实质推理

如同解释性法律实质推理是在适用法律过程中,司法机关对法律的精神进行解释一样,行政实践中的解释性实质推理,也需要公共行政人员在进行决策和行动时必须斟酌所依循的理由,以一定的方法或标准进行推理论证来确定和阐明各种观点及其行为选择的解释方法。它的特点是不拘泥于各种价值与规范的字面含义,而是结合行政的目的,以及特定的社会、经济、政治、文化条件下,公共行政的目标以及公共行政的价值追求,结合利益平衡、效果分析等方法进行解释。这种推理性解释侧重于各种社会因素对价值、规范的社会目的和社会效益进行解释。这种解释有利于发挥行政的社会调整功能,可以适应社会的发展变化,在行政过程中制定出符合社会要求的决策。

"解释主义的观点是我们理解复杂社会现象的一种可供选择的途径,这种思维方式是建立在组织成员、利益相关人和公民各种观点的基础上,组织成员、利益相关人和公民凭借关注他们的经验、价值观、对话与话语系统,凭借对他们语言和故事的阐释形成了各种观点。"[①] 解释主义途径试图理解那些人们分享(虽然通常以隐含的形式)的假设,这些假设关乎在不同的情景下,事情为什么会那样发生,人们怎样采取相关的行动。因为任何一种原则或规范都有其特定的限度,价值与规范之间的冲突与矛盾往往来自我们不能严格划定的道德原则的适用范围。原则和规范虽然是普遍使用的,但它本身却不是绝对的而是相对的,只相对于一定的条件才能成立。"我们不要说谎"便不是一个绝对的行为规范,在有些特定的条件下是可以违背的。即"如果存在着条件 A,则我们不要说谎","如果存在着条件 B,则我们应该隐瞒事实"。在制定某项行政决策

---

① [美] 全钟燮:《公共行政的社会建构:解释与批判》,孙柏瑛等译,北京大学出版社 2008 年版,第 37 页。

时是应该坚持绝对的效率至上的原则，还是应该牺牲某种程度上的效率而秉持公平的价值原则，都需要决策者针对具体的情形做出解释与判断。行政人员借助罗尔斯的"反思的平衡"（reflective equilibrium），通过诠释理解那些相互对立的观点共存共荣带来的实质性意蕴，反复比较、修正，从而将不同的概念与思想编织整合为一个融贯的见解，以寻求共识性前提。共识性前提是推理的出发点，借助于解释一般事实和一般的原则，在一定的框架内对不同的价值与原则进行优先性排序是达成共识的有效途径。例如，罗尔斯提出的正义基本原则包含以下具体原则：（A）平等的自由原则；（B）机会平等的原则；（C）最不利者受惠原则。在罗尔斯的正义体系中这三个原则的重要性是按字典式进行排列的，如果用优先逻辑的符号（P 表示优先）来表示，罗尔斯的正义原则便具有如下排序：（APB）∧（BPC），通过这样排序能够解决不同价值与原则之间的冲突，从而为行政决策与行动找到可以依循的前提。

通过解释性实质推理寻求共识性前提，还必须实现程序上的共识，否则这种推理便会失去其存在的意义，而成为一种自说自话的推理论证。解释的实质性推理在某种意义上就是要否定工具性推理中隐含的独断的价值主张，旨在建立哈贝马斯"理想对话情势"条件下的商谈所达成的合意与主张。因此解释性实质推理的合法性是其价值共识与程序共识的统一，在寻求价值共识的同时不能忽略其程序共识。正如怀特所言：解释性推理是这样一种思想和行动类型，它们涉及理解什么手段和目的对决策者来说是可获得的，其合理性在于决策者之间的成功对话。[①]

（二）批判性实质推理

此类推理类似于法律适用中的衡平法律实质推理，衡平法律实

---

① ［美］怀特：《公共行政研究的叙事基础》，胡辉华译，中央编译出版社 2011 年版，第 56 页。

质推理是指以法律一般原则如公平正义原则为前提推出有关个别案件以不同于一般法律规定的特殊处理结论的方法，它是通过个别衡平来弥补成文法的缺陷而进行的法律实质推理。公共行政领域中的一些原则、规范以及各种政策法规，随着社会的发展，特别是社会生活的复杂性，其不足总是不可避免的。尤其在某些特殊的情形中，如果刻板地运用或援引可能造成明显违背社会公认的正义原则，产生不公正、不合理的结果，或者由于原则、规范自身的遗漏，对一些行政关系不予保护，或者不能提供适当的保护，便需要对这些政策、法规、原则、规范进行批判性反思，以实现公共行政的公平与正义。不仅如此，批判性理论的视角还可以通过批判性地审视公共机构、权力和权威的客观性、价值中立和理性等方面的问题，将公共行政的价值取向与现实社会的社会基础融合起来。

批判的实质推理在其根本意义上是实践理性的运用和实现，其终极标准是公共行政对于人类社会及其人的实质性的价值追求。公共行政人员在批判与质疑中，更多的不是关注价值规范层面的说明与解释，而是从公共行政最为核心的价值出发，运用实践智慧在多种行为决定方案之中选择最为贴近行政核心价值的最佳方案，并最终实现公共行政的终极价值目标。批判性实质推理中实践智慧的运用，不同于其他的推理形式，较之公共行政的外在利益（external goods）而言，更加注重其内在利益（internal goods）的实现。公共行政"内在利益"是公共行政的存在与运作对人类社会与人的存在和发展的本质需要的满足，是将行政的终极性价值追求与社会与人的全面发展紧密结合在一起。虽然在库珀看来，公共行政人员应该拥有的德性是公共行政实践中"内在利益"最终免遭组织的外部利益侵害的关键，但实际上，行政人员决策与行动中的批判性实质推理的运用也是在彰显公共行政的内在利益，不仅行政人员的德性，行政人员的思维活动（包括批判性判断与批判性推理）都有利于实现公共行政的内在利益。怀特认为批判性推理是一种需要在相互竞争的手段与目的之间进行选择的思想与行动，其合理性取决于所选定的行动方针是否会产生增长和发展的机会。① 也就是说，批判性推理对于公共行政而言，在于推动其终极价值的实现，是一种既植根于现实又超越现实，服务于人类社会和人自身发展与完善的终极价值追求的有效推理形式。

解释性实质推理和批判性实质推理对公共行政的贡献，表现在它们为公共行政问题的解决提供了可供选择的思考与推理路径，为公共行政人员得到更为合适的解决公共行政问题的答案提供了新的、可行的方法。比较而言，批判性实质推理的另一个重要方面的价值是，"它认识到多元解释途径的优点和局限性，因而，它批判性地把他们整合到一个更为广泛、更具包容性的解释框架中"②。这是一个寻求批判性综合的过程，其中包含有解释、阐明和理解相互对立和冲突的观点，有形与无形的事物，事实与价值等，以及人与自然之间的和谐共生等。即使在公共行政决策与行动中不可能达到批判性综合的目标，但至少可以超越单一的工具性思维，获得对价值多元、充满差异性的社会现实的更好的理解，从而制定更能彰显公共行政正义价值的行政决策。

三　公共行政价值研究的伦理学方法

20 世纪 70 年代以来，虽然伴随着新公共行政理论和新公共服务理论的兴起，公共行政学界越来越重视对于公共行政价值的研究，公共行政伦理学的应运而生就是对传统公共行政忽视价值研究的回应。然而，总体上来看，公共行政伦理学研究较为关注对行政

---

① [美] 怀特：《公共行政研究的叙事基础》，胡辉华译，中央编译出版社 2011 年版，第 56 页。

② [美] 全钟燮：《公共行政的社会建构：解释与批判》，孙柏瑛等译，北京大学出版社 2008 年版，第 41 页。

实践问题的伦理探讨，缺乏对行政伦理基础理论形而上的思考，对于行政价值的研究也往往是基于学者各自不同的学术立场，尚未形成完整、统一的行政价值体系。究其原因，主要是行政价值研究方法与行政价值研究内容之间的分隔。笔者认为，研究方法是存在于理论体系之中的，一方面理论体系通过方法来表达，另一方面方法本身也是理论体系不可分割的一部分。公共行政学、公共行政伦理学研究上的不足，究其根本原因就在于研究方法上的滞后与不完备。即使是公共行政伦理学，虽然关注公共行政价值的研究，但价值只是作为其研究内容被考量，缺乏用伦理学的方法去探究和建构公共行政价值体系的尝试。因此，无论是公共行政学对于价值研究的关注，还是公共行政伦理学基础价值体系的构建都不能忽略伦理学方法。充分利用人类历史上丰厚的伦理学资源，不仅要在公共行政研究中贯穿伦理精神，更应该将伦理学方法应用于现实的公共行政研究来表达公共行政本身的伦理特征，伦理学方法和路径选择是公共行政价值研究不可或缺的维度。

博登海默在他的《法理学：法律哲学与法律方法》一书的前言中说道，"对一般法律理论的实质性问题所作的论述，乃是以某些蕴含在我研究法理学问题的进路中的哲学假设和方法论假设为基础的"[1]。同样，对于公共行政价值的研究也应该将伦理学方法作为表达公共行政价值的实质性内容的基本立场、维度和视野。不仅如此，对于公共行政价值的研究必然与人类社会关系中最为重要的价值诉求——正义相联系，正如博登海默紧接着所指出的，"这些假设中最基本的一点也许是这样一种观点，即任何法理学专业论著都不应当回避或忽视那些与在人际关系中实现正义有关的重要问题，尽管任何企图用客观的标准处理这个问题的做法都会遇到困难。我

---

[1] [美] E. 博登海默：《法理学：法律哲学与法律方法》，邓正来译，中国政法大学出版社 2004 年版，第 11 页。

们认为，法律的功能乃在于促进这些人类价值的实现，因此，如果法律理论和法律哲学忽视这些人类价值，那么它们肯定是贫乏的、枯燥无味的"①。公共行政作为一个"与在人际关系中实现正义有关的重要问题"，公共行政价值研究必然是与正义价值紧密相关的一个研究领域，虽然形成客观的标准解决处理公共行政价值问题是有困难的，但伦理学方法必然成为公共行政价值研究的重要方法，而且公共行政价值研究必须体现正义的主题。也就是说，对于公共行政价值的研究，应该将"正义"作为其核心而展开，公共行政正义是公共行政首要的、核心价值。

伦理学是一门哲学理论科学，"伦理学研究社会道德现象不能停留在简单的道德事实的记录和单纯的描述上，而是要深入到道德现象内部去揭示其本质和发展规律"②。公共行政价值研究中伦理学方法的运用必须紧紧围绕公共行政产生、发展的客观基础——公共行政权力而展开，通过揭示公共行政权力的本质特征和内在矛盾，抽象出"公共行政正义"的一般概念。在此基础上运用伦理分析的工具进一步阐发"公共行政正义"的多元伦理维度。因为公共行政正义具有综合的品质，能够具体表达其他公共行政的重要价值，如效率、平等和公共利益等价值。公共行政正义作为公共行政首要的核心价值，它的功能是帮助官僚制通过普遍接受的和为统治政体价值所认可的合法的实践服务于社会正义的目的。也就是说，当官僚机构以追求正义的目标行动时，正义要求它们为那些表面上看起来有分歧的伦理和价值提供一种统一的分析视角，并在最终的价值追求上达成一致。公共行政正义不仅表征了行政本身的价值诉求，也体现了对行政主体的伦理要求，既体现了公共行政的工具性价值也

---

① [美] E. 博登海默：《法理学：法律哲学与法律方法》，邓正来译，中国政法大学出版社 2004 年版，第 11—12 页。

② 唐凯麟：《伦理学》，高等教育出版社 2001 年版，第 9 页。

是其目的性价值的体现，是公共行政正义的义务论、目的论和德性论三重伦理维度的有机统一。① 不仅如此，"伦理学是一门特殊的实践科学"②，对公共行政的伦理学阐释不能脱离开公共行政的实践本身，现实中公共行政正义的客观存在本身就是多重维度的，只有采用不同的伦理视角去关照才能够客观地反映其实际存在，充分运用解释性实质推理和批判性实质推理才能避免研究方法上的偏执并保持理论构建的完备性。公共行政正义作为行政伦理研究的一个重要内容，也是公共行政实践的核心价值要求，对于社会的发展具有举足轻重的作用。因此，对于公共行政价值研究的路径选择除了伦理学分析方法外，还必须克服西方有些学者在研究中基于各自不同的研究立场、各自为政的现象，必须对公共行政自身价值内涵进行深入挖掘，并整合公共行政正义不同维度的指向，形成以公共行政正义为核心的价值体系研究路向。

---

① 杨冬艳：《西方公共行政及其正义价值》，《伦理学研究》2007年第2期。
② 唐凯麟：《伦理学》，高等教育出版社2001年版，第12页。

第 二 章

公共行政核心价值的价值论

人类的活动都有一定的目的，公共行政作为国家有组织的活动也有它特定的目的和价值追求。公共行政价值随着时代的发展和社会的变迁有所不同。沃尔多曾指出："那种一方面把政府政治和政策制定过程作为价值表达，另一方面把行政作为单纯技术的和价值中立的政策执行的做法，是失败的。无论任何人，欲研究行政问题，皆要涉及价值之研究；任何从事行政实务的人，它实际上都在进行价值的分配。"[①] 价值是公共行政体系不可分割的组成部分，而且构成公共行政体系的核心内容。公共行政实践是人类特有的、社会化的存在方式和活动方式，公共行政价值是人类社会主体在满足自身生存与发展过程中产生和追求的众多价值之一，而公共行政核心价值则是公共行政价值体系中处于核心地位、具有主导作用的价值。

第一节 公共行政价值的含义与特点

"价值"是人类社会生活中被广泛使用的概念。在经济学领域，

---

① 转引自［美］乔治·弗雷德里克森《公共行政的精神》，张成福等译，中国人民大学出版社2003年版，第150页。

价值是指体现在商品里的必要劳动；在日常生活中，价值是指事物的用途和积极作用。马克思也曾对价值有过经典的表述："'价值'这个普遍的概念是从人们对待满足他们需要的外界物的关系中产生的"①，是"人们所利用的并表现了对人的需要的关系的物的属性"②。从马克思对于"价值"的概念界定中可以明确价值本质上是一个关系范畴：价值的形成源自于主体需要；价值形成的条件是客体具有满足主体需要的属性和功能；价值形成的实质是主客体之间需要与满足关系的不断生成。

马克思关于"价值"的论述，对于理解公共行政价值有着十分重要的指导意义。公共行政价值本质上也是一个关系范畴，是指公共行政对人类社会的积极意义和有用性，具体表现为行政活动和行为对社会的存在、发展与完善需要的满足。公共行政价值结构由三大要素构成：公共行政价值主体，即人类社会（包括个体的人以及由人构成的不同的群体和社会）；公共行政价值客体，即公共行政，具体指行政组织的行政活动和行政行为，其实质是公共行政权力的运用；公共行政价值关系，即行政活动和行政行为对社会需要的满足关系。

公共行政价值在人类行政活动中占有重要地位，公共行政价值渗透在行政主体的行政认识活动和行政实践活动中，并贯穿其始终。一方面，对于公共行政价值的追求是公共行政活动的根本目的和最终动因，因为，公共行政对于人类社会存在、发展与完善需要的满足，是现代公共行政合法性的重要来源，是人类社会成立政府并赋予政府以行政权力的重要依据。另一方面，由于人类社会利益需求的多元化，公共行政对于人类社会需要的满足，即公共行政价值的实现不可能表现为对社会中每一个体或任一群体需要的满足，

---

① 《马克思恩格斯全集》第19卷，人民出版社1956年版，第406页。
② 《马克思恩格斯全集》第26卷第3册，人民出版社1974年版，第139页。

而是在总体上体现为对人类社会需要的满足。

公共行政价值具有以下特点：

第一，主体性。公共行政价值的主体性是指行公共行政满足人类社会的程度，直接受到社会主体需要的影响和制约。离开了社会主体需要，没有社会主体的选择活动，就不会有公共行政，也就不会形成公共行政价值关系；在公共行政价值关系中，衡量和评价公共行政价值的尺度只能是社会主体的需要，公共行政作为价值客体不能成为衡量和评价公共行政价值的尺度；随着社会主体自身需要的发展变化，社会主体会自觉调整和改造公共行政，促使公共行政形成新的属性和功能，从而更好地满足自身的需要。

第二，客观性。公共行政价值的客观性，是指公共行政价值是一种不以人的意志为转移的客观实在的东西，普遍存在于社会生活领域之中。公共行政作为人的生存与发展的客观条件，具有满足人的物质、文化、生活需要的属性和功能，这是公共行政本身所固有的，是不以人的主观意志为转移的，它们客观地存在于人的主观意志之外，与公共行政同存亡。公共行政的属性与功能是公共行政价值形成的客观基础，是影响和制约公共行政价值有、无、大、小的内在因素。

第三，实践性。公共行政价值的实践性，是指公共行政价值是在具体的行政实践活动中实现的。没有具体的行政实践，就没有公共行政客体与人类社会主体之间的主客体关系及其相互作用。公共行政价值主客体之间的相互作用包括两个方面：一方面，公共行政客体对社会主体的作用和影响，表现为社会主体对公共行政的感受、反映、接纳以及对公共行政本性和规律的认知与遵从；另一方面，社会主体对公共行政客体的作用和影响，表现为社会主体对公共行政的选择、建构、改造并使它为自己服务，满足自己生存、发展与完善的需要。在行政实践活动中，这两个方面相互制约、互为条件，并统一于具体的行政实践活动中。

第四，相对性。公共行政价值的相对性，是指公共行政价值是具体的、有条件的，是一定的公共行政属性与功能相对于一定的社会主体需要而生成、发展和变化的。同一公共行政的属性与功能相对于不同社会主体需要，具有不同价值；不同的公共行政属性与功能对于同一社会主体需要，具有不同价值；同一公共行政属性与功能对于同一社会主体而言，因时空条件不同，其价值也不一样。

第五，社会性。公共行政价值的社会性，是指公共行政价值受社会生产方式、政治制度、经济制度和社会文化等因素的影响和制约，体现了一定的社会关系和社会性质。一方面，公共行政价值主体存在于一定的社会中，必然受社会环境的制约，打上社会烙印。社会主体需要是一种社会需要，它只能在一定社会关系中产生，也只能在一定社会关系中得到满足，同时社会主体需要也会受到一定的社会关系、生产力水平和社会文化等因素的制约。同时，行政实践过程和方式的社会性，决定社会主体需要及满足社会主体需要方式的社会性，进而决定公共行政价值的社会性。另一方面，公共行政价值活动及其内容只有符合社会的要求，才能实现或创造丰硕的公共行政价值成果，从而更好地满足人类社会生存、发展的需要。

第六，历史性。公共行政价值的历史性，是指公共行政价值会随着社会历史的变迁而变迁，其历史性是由公共行政的属性与功能、社会主体需要的历史性决定的。公共行政的属性与功能及社会主体需要，并不是一成不变的，公共行政价值也不是一成不变的。随着公共行政属性与功能的变化，随着社会主体对公共行政的认识和利用能力的提高，随着社会主体需要的不断变化，旧的公共行政价值将不断消逝，新的公共行政价值将不断产生。

第二节 公共行政价值的意义

价值是公共行政体系不可分割的组成部分，而且构成公共行政体系的核心内容，决定着公共行政的范式与行为模式，并最终决定着公共行政的效果。长期以来，公共行政价值在公共行政体系中的地位与作用被遮蔽，人们更多地关注公共行政的实证分析而忽略对于公共行政价值的研究，20世纪70年代以后，公共行政学经历了一场前所未有的"认同危机"，其中一个根本原因就是公共行政学基础理论研究存在着根本性缺陷的结果，使得公共行政学研究失去了其特定的对象性，失去了自身研究的独特性与存在价值，从而陷入所谓认同危机。对于公共行政价值的重新认识与研究就是为解决这一基础理论缺陷而产生的，也是尝试着对公共行政学学科建设的一种理论创新。在实践层面，公共行政价值对于确立公共行政的性质、指导公共行政的目标与决策、塑造公共行政主体人格、营造良好的公共行政文化、推动公共行政变革与发展都具有重要意义。尤其对于正处于转轨时期的我国政府体制改革，公共行政价值的确立与研究对于实现政府职能转变、提高政府能力具有更为深远的意义。公共行政价值不仅对于公共行政价值客体自身的存在与发展意义重大，而且对于行政价值主体的意义更为深远。

公共行政价值的意义可以概括为以下三个方面：

一 公共行政价值对公共行政自身的意义

公共行政价值是公共行政价值主客体相互作用中客体对主体的积极效应，是公共行政价值客体对主体生存、发展、完善需要的满足，在本质上表现为公共行政对社会主体的发展完善的效应。公共行政价值本身作为公共行政的一整套价值标准、评价体系和行为模式而存在，它在现实中对政府公共行政的理论和实践都起着非常重要的作用。

(一) 公共行政价值对公共行政职能的决定作用

公共行政价值主体由不同的社会利益集团和个体构成，他们有着不同的需要、动机、社会关系背景，以及受不同社会生产方式的制约，有着不同的价值取向，因而受其支配的公共行政必然表现出不同的价值追求和职能设定。公共行政价值在一定程度上表示政府存在的必要性，一定公共行政价值指导下的公共行政职能设定必须能够实现公共行政价值的精髓。如政府的"服务"职能就是公共行政的"服务"价值决定的，是服务价值的外在表现形式。

(二) 公共行政价值对公共行政目标的导向作用

公共行政的一个很重要的任务就是使整个公共行政组织协调一致完成活动，努力达到组织的目标。公共行政价值在公共行政中就像一只"看不见的手"，时刻操纵和制约着公共行政主体中的所有人，朝着大家一致认同的组织目标的方向协调一致地行动。公共行政价值也作为公共行政的"软件"，在公共行政目标实现的各个环节中发生着核心作用。

(三) 公共行政价值对公共行政决策的指导作用

公共行政决策是一切公共行政行为的前提条件和中心环节，而公共行政决策离不开公共行政价值的指导作用。不同的价值理念或价值观念指导下会形成不同的公共行政决策；不同的价值取向直接影响到公共行政决策的有效执行；坚持不同的价值标准就会形成不同的公共行政决策反馈、评估和监督机制。

(四) 公共行政价值对公共行政变革的推进作用

根据马克思主义的社会存在与社会意识辩证关系原理，社会意识能对社会存在产生巨大的反作用，而且积极的、进步的和先进的社会意识往往对社会存在产生推动作用。因此，公共行政价值如果顺应社会发展和历史发展的潮流，遵循社会发展和历史发展规律，体现社会进步的时代精神，那么其对公共行政的变革将会产生很大的推进作用。如公共行政价值能对公共行政组织结构的变革产生影响，以适应快速变化的、复杂的环境挑战，表现为对组织的管理层次和管理幅度进行协调与整合。

二　公共行政价值对社会的意义

马克思认为，人与动物的根本不同就在于人能够制造和使用生产工具进行有意识的生产劳动，改造自然、创造社会环境求得生存和发展。尽管社会是由个人组成的，但社会生活毕竟不是个人生活，因个人与社会之间的利益冲突带来的社会问题或矛盾不是个人所能解决的，这些社会问题或社会矛盾主要包括：一是社会的维持和稳定问题，二是社会的延续和发展问题。所以，社会问题或矛盾的解决必须依靠公共权力机构即国家和政府实施公共行政，而公共行政的实施是以一定的价值为依据，并以追求特定的公共行政价值作为人类改造自然与社会的一种精神工具，其功能在于有意识地指导人们行动，指明目标方向，使人们由自发行为变为自觉行为，由分散行为变成统一行为。公共行政不仅仅在于解决社会生活中的现实问题、维持现有的秩序，它还肩负着建立新社会秩序、颁布新行为规范、实现理想的社会蓝图的使命。具体而言，公共行政价值对社会的意义包括：第一，引导功能。公共行政价值是人们描绘的一幅理想社会的蓝图，公共行政价值目标必然体现为一套制度规则，它要为人们展示一个更为合理更为美好的社会前景，并把实现此种前景作为自己奋斗的目标，以取得人们的拥护和支持。第二，规范功能。公共行政价值指导和规范各种公共行政活动，公共行政价值作为一种上层建筑，通过价值取向和价值评价来影响人们社会行为的性质、类型和倾向，把人们控制在一定的秩序之内。第三，调节功能。当个人或组织行为不符合公共行政体制的价值要求时，公共行政的共同取向将实际地产生对个人或组织的压力，要求适当地调整其行为，使各种主观选择达到更大一致性，个人和组织行为处在经常性的变化中，而这种变化往往是通过公共行政价值取向对社会行为的调整来完成的。

三 公共行政价值对"人"的意义

公共行政价值离不开"人"，是以"人"的参与为核心的，并以"人"为归属和目的。离开了对"人"的价值考量，公共行政价值也就不可能存在。

人类社会的发展与进步就其根本意义来说，是以人的需要的满足为动力的，尽管人的需要是多维度、多层次的，社会的形态也多种多样，其历史、作用和功能也不断丰富和发展，但在最终意义上，人的自由而全面的发展是社会发展的最高目标，也是一切社会管理活动的最高目标。可以说，人的需要是社会形成的本源，社会是人的需要的派生之物，社会在根本意义上应视人的需要为自身的最高责任。唯有如此，社会发展才不会迷失方向，才能为人类社会对自身的管理活动提供目的上的支持。人类社会发展的历史也不断揭示和证明人类在把握自身命运的历程中，价值及其观念形态的价值观念对于社会发展的目标或目的所具有的本质性、决定性的意义。

公共行政价值的终极目标就是对人的需要的满足，实现人的自由而全面的发展。公共行政中的"公平""正义"等价值都要以"人"的发展为落脚点。要实现这样的目标，必然在对社会中的人的管理中体现出对人的尊重与关怀。现代公民社会是一个凸显公民价值与权利的社会，是倡导公民参与意识、责任意识的社会。公民社会最根本的特征，就在于它是突出每一位作为个体的公民的民主社会，每位公民的权益、需求、意愿与价值都得到前所未有的尊重。公民社会奉行坚持尊重公民的自主意志的原则即尊重自由的价值，这种价值首先必须由社会公共行政管理提供，没有政府公共行政创设这样一种自由宽松的外在环境与条件，人类就根本无法体现其作为个体的、有自我意识的、负责任的行为主体地位。自由是一切人类创造的约束、规范、规则及其主导理念的前提与出发点，也是公共行政价值的最高追求。公共行政价值体现越充分，对国家的需求就越小，公民的自由就越多，公民社会越完善。在公民社会，管理、控制、强制将让位于尊重、权利平等和服务。我国公共行政价值变革中对"以人为本"的倡导，使"人"的权益有望得到更好的维护，"人"的利益关系可以得到更加公正的调节，"人"在社会中的地位有可能得到更大的提升，"人"与社会的和谐发展以及"人"自身的全面发展都将成为21世纪公共行政最根本的价值追求。

第三节　公共行政价值的演进

人类社会先后经历了农业社会、工业社会，一些发达国家已经步入了所谓的后工业社会。相应地，人类社会的治理模式已经实现了从农业社会时期的统治行政到工业社会时期的公共行政的转型，在一些国家服务行政的出现则意味着政府公共行政发展到了一个更高的阶段。随着公共行政模式的演进，公共行政价值的取向也会发生相应的变化，并随着公共行政模式的变化而变化。

一　西方国家公共行政价值的历史演进

西方近代以来（工业革命以后）的公共行政与传统的统治管理有了很大的不同，虽然在许多领域带有传统的统治性特征，但在越来越多的领域中趋向于民主与参与等方式，使公共行政拥有了更多的公共性，淡化了服务于政治统治的终极目的，在自身的发展过程中，追求公共行政相对于政治统治的独立性，把传统的凌驾于整个社会之上的管理模式转化为深入到社会之中的相容性管理模式，即公共行政模式。

西方公共行政阶段的公共行政价值诉求主要经历了效率至上的公共行政价值阶段、对公平价值的强调阶段、公共行政价值追求的多元化阶段，这种价值诉求的演变与发展既表现在公共行政学理论研究中，也表现在公共行政实践活动中，对西方公共行政系统产生了十分重要的影响。

（一）效率至上的传统公共行政时期

19世纪末至20世纪30年代中期被称为传统公共行政时期，它是公共行政学正式诞生并开始形成之后的第一个发展阶段。美国著名的公共行政学家、政治学家伍德罗·威尔逊于1887年发表的《行政学研究》一文，标志着公共行政学作为一门独立学科的诞生。威尔逊基于政治与公共行政二分的主张，将公共行政作为一个独立的研究领域从政治中分离出来。他认为公共行政问题不是政治问题，公共行政领域是一种事务性的领域，与政治领域的那种喧嚣和冲突相去甚远。与威尔逊同时代的马克斯·韦伯对官僚制的研究，以及20世纪初泰勒对科学管理原理和方法的创设，为威尔逊实现对公共行政的科学化、技术化管理提供了具体的组织安排和管理模式。官僚制和科学管理都将效率作为组织、管理的核心价值，都主张科学理性的管理模式，为公共行政的效率价值取向提供了有力的支持。这一时期的公共行政以公共行政效率作为其核心价值理念，效率成为这一时期公共行政最基本的"善"。正如沃尔多所指出，传统公共行政学建立在政治—公共行政二分的理论假设基础之上，持二分法观念的学者不承认公共行政及其研究存在价值问题，因为它在概念界定中就已经被排除在公共行政之外。①

(二) 以公平为核心价值的新公共行政时期

以效率至上的官僚制公共行政模式摒除管理中的人性化倾向,实行对公共行政人员的非人格化管理;一味强调制度的硬约束,而对道德在公共行政中的作用持怀疑态度;对公共行政效率的过分推崇,对平等、公平、民主等其他价值忽视或摒弃;对公共行政"工具性价值"的极端追求,而对公共行政"目的性价值"的极端轻视的公共行政模式在实践中导致了种种弊端。20世纪60年代末70年代初,以美国为代表的西方国家连续发生了一系列的经济、社会和政治危机,也使得这种效率至上的公共行政模式面临着严峻的挑战。

1971年罗尔斯《正义论》的发表,为当时促使公共行政从科学领域向价值领域回归提供了重要的公共行政哲学基础。新公共行政理论便是在对传统公共行政价值观的反思与批判中,在要求公共行政改革以使公共行政更加"合法化"的呼声中诞生的。其兴起的标志是1968年密鲁布诺克会议的召开。在这次会议上,以沃尔多为代表的西方公共行政学者对传统公共行政学的政治—公共行政两分法、公共行政学者的价值中立态度等进行了反思,主张在公共行政学研究中重新引入伦理和价值问题,主张公共行政学研究者重新关注社会现实,思考现实问题、解决现实问题。主张道德与其他价值观如社会公平、代表性、响应性和社会责任感作为新公共行政的价值基础,强调社会公平是公共行政的核心价值。

(三) 价值多元化的新公共管理时期

20世纪80年代以后的西方公共行政学研究一般被学界称为新公共管理时期,从公共行政价值的角度来看,这一时期是西方公共

---

① Dwight Waldo, *The Study of Public Administration*, New York: Random House, Inc., 1967, p. 60.

行政核心价值诉求的多元化时期。一是公共行政核心价值诉求在种类上的多元化；二是公共行政主体及社会公众对公共行政机关所应具备的价值的认知或理解上的多元化；三是公共行政体系对社会价值诉求的分化和多样化状况的认可、默许及推动。新公共行政理论对西方公共行政实践的价值取向产生了重大影响，凸显了"公平"的价值主张。然而，如何在坚持公平的前提下兼顾效率，实现公平与效率的统一，无论在理论上还是在实践中都是一个难题。因此，从20世纪70年代至今，西方不少学者试图采用一些新的公共行政理论以克服传统公共行政的弊端。其中最具影响力的是"新公共管理理论"和"新公共服务理论"。

新公共管理理论在试图超越传统公共行政官僚制弊端的论争中，从管理学的角度批判官僚主义，推崇私营机构的管理技术，认为分权、放松规制、委托等是医治公共管理机制僵化痼疾的组织原则。新公共管理理论将传统的效率价值扩展为效率、效果和效能价值在内的全方位绩效，关注提供公共服务的质量和顾客满意的程度。新公共管理理论也强调责任、回应性、公众参与等价值目标，但这些价值都是置于效率、效果和效能这一核心价值之下的。这一理论及公共行政范式对欧美各国政府的改革实践起到了重要作用，但也招致多方质疑。一些学者认为这一理论很可能会损害诸如公平、正义、代表制和参与等价值。

以罗伯特·B. 登哈特为代表的新公共服务理论便是针对"新公共管理理论"所主张的公共行政的自由化和市场化，尤其是在对其中企业家政府理论的批判中建立的一种新的公共行政理论。新公共服务的基本内涵是指政府作为公共组织，应该做到：（1）服务于公民，而不是服务于顾客；（2）追求公共利益；（3）重视公民权胜过重视企业家精神；（4）思考要具有战略性，行动要具有民主性；（5）承认责任并不简单；（6）服务，而不是掌舵；（7）重视人，而不只是重视生产率。新公共服务理论承续新公共行政的民主价值，将公共利益作为其核心价值。认为人的尊严、信任、归属感、关心他人、服务以及基于共同理想和公共利益的公民意识等应该处于公共管理的核心地位，倡导一种以公民为中心的，以公共服务为宗旨的全新的公共行政范式。它并不排斥传统公共行政和新公共管理理论对效率价值的追求，而是将公共利益、公正、公平、回应性、尊重和承诺等价值置于效率之上。新公共服务理论基于公民权、民主和为公共利益服务的价值理念，主张通过广泛的对话和公民参与来追求共同的价值观和公共利益，在一个多层次、复杂的民主体系中，公共行政必须以与此相应的职责、伦理和责任的方式来为公民服务，最大限度地实现社会公共利益。这一理论和范式适应现代公共行政的伦理要求，在秉持公平、正义、代表制和参与等民主价值的同时，更加凸显公共精神，强调公共利益，体现为一种以伦理价值为轴心的管理模式。

二 我国公共行政价值的历史演进

1949年新中国成立，标志着一个崭新的社会主义国家的诞生。我国的社会主义制度决定了我国政府的性质是"人民的政府"，我国宪法明确规定：国家的一切权力属于人民，人民行使主权的机关是人民代表大会和地方各级人民代表大会，中央政府和地方各级政府只是权力机关的执行机关，它们对权力机关负责并报告工作。这一规定不仅表明政府的权力来自人民，而且表明政府对社会的管理是为了实现社会公共利益，是为人民服务。在我国的不同发展阶段，实现公共利益、全心全意为人民服务都是贯穿于我国公共行政价值发展的一条主线，是新中国成立后我国公共行政的总体价值追求。但在不同的发展阶段，由于受到经济发展水平的制约、受到传统文化方面的影响以及由于治国经验的缺乏等多方面的原因，不同发展时期的价值选择有所不同。

新中国成立后，百废待兴，中国的政治稳定和经济发展成为中央政府的首要任务。只有提高生产力水平，促进经济的全面发展、改善人民的生活，新生的政权和国家局势才能得以稳定，社会主义的各项事业才能够开展起来。因此，从新中国成立至"大跃进"之前这一时期，经济建设是政府公共行政的主要任务，政府通过高度集中的政治与经济体制对社会生活进行全面的干预与管理，并通过国家政权的强制性作用使得社会高度一体化，从而促进社会主义经济建设的快速发展。这一价值选择在当时的情况下是必要而且也具有一定的合理性。实践证明，在大力发展经济的思想指导下，我国的社会主义建设取得了辉煌的成绩，提前完成了社会主义改造。但这一时期的公共行政价值取向容易导向以权力为中心的价值倾向，并造成一些负面的影响，例如，在相当长的时期内我国政府在制度安排和治理实践中呈现出"政府本位"色彩，即把政府的意愿、利益、期望和要求作为政府管理的出发点和归宿。1958年的"大跃进"直至改革开放前，我国政府公共行政价值出现了严重的扭曲与异化，体现为以牺牲效率为代价的平均主义价值倾向。"平均主义"不是真正的公平，而是一种原始、低水平的平等，这一价值选择不仅不利于社会生产力的发展，而且对于人们社会生产的积极性、主动性和创造性也起到了抑制作用，制约了社会经济的发展。

改革开放后，邓小平对于社会主义本质的科学概括统一了效率与公平这对相互矛盾的价值。政府的任务就是要把"解放生产力，发展生产力"与"消灭剥削，消除两极分化，最终达到共同富裕"统一起来，把市场经济优化资源配置、提高经济效益的功能与社会主义公有制维护社会公平、促进共同富裕的目标结合起来。这既是我国社会主义建设的根本任务，也是这一时期政府公共行政的核心价值追求。然而，在如何正确认识和处理效率与公平的关系问题上，在凸显政府公共行政的价值追求上，我国政府也经历了一个不断变化、发展的过程。

（一）"效率至上"的价值取向时期

从十一届三中全会确立了把党和政府的工作重点转移到社会主义现代化建设上来之后，中国社会开始了由传统农业社会向现代工业社会、高度集中的计划经济体制向社会主义市场经济体制、封闭型社会向开放型社会的快速转型。为了迅速打破平均主义吃"大锅饭"的低效率局面，党中央提出要优先强调效率，先后在全国掀起了以"效率优先"为指导思想的改革浪潮。在效率优先的价值导向下，政府在收入分配制度中引入了市场的竞争机制，打破了计划经济时代的"平均主义""大锅饭"等思想观念，合理地拉开了收入差距，鼓励一部分地区、一部分人先富起来，以先富带动后富，允许多种经济成分共同发展，社会主义的按劳分配原则得到了更好的贯彻和体现。我国的改革开放路线和社会主义建设的发展战略，决定了市场经济条件下，政府的目标要向效率一方倾斜，但在实践中"效率优先"的价值取向极易滑向"效率至上"，将效率作为公共行政的最核心的价值。在这种价值导向下，短短十几年我国经济建设就取得了举世瞩目的伟大成就，社会面貌发生了极为深刻的变化，人民群众的物质文化生活水平得到了很大的改善和提高。然而，社会的转型，社会的利益结构、权力结构以及权威地位的变化，导致了社会效率与公平价值之间的矛盾与冲突，甚至失衡。由于收入差距过大而导致的"马太效应"及社会不稳定等问题成为制约我国经济发展与社会全面进步的重要因素。

（二）"效率优先，兼顾公平"的价值追求时期

随着改革开放的迅猛发展，社会主义市场经济的建立，我国社

会的基本状况发生了巨大的变化。在新的发展形势下，党的十四届三中全会的《中共中央关于建立社会主义市场经济体制若干问题的决定》中提出了"效率优先，兼顾公平"原则，相应地，公共行政的价值导向也发生了重大的变化，由过去单纯的效率至上逐渐向效率与公平兼顾转变。"效率优先，兼顾公平"反映了我国在社会主义初级阶段，经济建设是其首要的任务，意味着公共行政最主要的目标是发展生产力，意味着政治、文化包括经济本身的全方位社会转型。在这个时期，效率之所以"优先"是因为效率和生产力水平的低下程度仍然是我国生存和发展最紧迫和最根本的问题。而效率和生产力水平的提高是解决我国社会诸多问题的物质前提，所以"效率优先，兼顾公平"的公共行政价值，实际上意味着公共行政仍然是以效率为首要价值。但是"效率优先，兼顾公平"的公共行政价值是以实行按劳分配和共同富裕的原则为前提的，讲求效率必须尊重公平的规则和标准。然而，客观上，作为发展中国家，为加速现代化进程，政府公共行政价值的偏好常常是经济增长，容易忽略社会公平。同时人们对"效率优先，兼顾公平"的认识也存在着误区，认为生产力决定生产关系，要发展生产力就应着重效率。对"效率优先，兼顾公平"价值认识和执行上的把握不一，导致了政府在公共行政实践中单纯强调经济增长甚至经济利益的倾向。这种以牺牲公平为代价的效率优先，造成了不同利益群体之间的严重分化，损害了人民群众的利益，也给我国的公共行政改革带来了很大的负面影响，不利于我国建立社会主义市场经济与社会全面发展目标的实现。

（三）以公平、正义为价值导向时期

2002年党的十六大的召开，标志着我国进入全面建设小康社会的时期。党和政府首先在分配领域强调要"注重社会公平"，中共十六届六中全会则进一步明确提出要"更加注重社会公平"，强调

"社会公平正义是社会和谐的基本条件，制度是社会公平正义的根本保证，必须加紧建设对保障社会公平正义具有重大作用的制度"。公平、正义成为这一时期政府公共行政的价值导向。这一时期党和国家的中心任务是要注重经济社会的协调发展，加快发展社会事业，更加注重人的全面发展。科学发展观的提出、社会主义和谐社会的构建都将实现社会公平、正义作为政府公共行政的首要价值导向。这是我国政府在新形势下做出的正确选择，是社会主义制度的本质要求，是实现党和国家的根本宗旨的基础，也是社会主义政权合法性、社会和谐的基石。2007年2月26日，时任国务院总理温家宝发表题为《关于社会主义初级阶段的历史任务和我国对外政策的几个问题》的重要文章，首度定义我国社会主义初级阶段的两大任务是实现公平正义和发展生产力，强调要让"正义成为社会主义制度的首要价值"。大力发展社会生产力，实现建设中国特色的社会主义现代化仍然是当前的目标。但是，社会主义社会的发展必须始终坚持将人民的根本利益作为政府公共行政的出发点和归宿，为社会公平、正义的实现创设条件、提供保障，使全体人民共享改革发展成果。因此，公平、正义的价值并不是不讲求效率，而是体现了对公平与效率的双重要求，凸显公平正义的价值取向，是为了实现公平和效率的动态平衡，更好地促进社会的现代化发展。温家宝指出："我们国家的发展不仅是要搞好经济建设，而且要推进社会的公平正义，促进人的全面和自由的发展，这三者不可偏废。集中精力发展生产，其根本目的是满足人们日益增长的物质文化需求。而社会公平正义，是社会稳定的基础。我认为，公平正义比太阳还要有光辉。"[①]

（四）以公平、正义为核心价值追求的新时代

党的十八大以来，以习近平同志为核心的党中央十分注重

[①] 2010年3月14日，时任国务院总理温家宝在人民大会堂会见中外记者并答记者问。

公平、正义问题，一再强调公平正义是中国特色社会主义的内在要求，将促进社会公平正义、增进人民福祉作为全面深化改革的出发点和落脚点。《中华人民共和国国民经济和社会发展第十三个五年规划纲要》（2016—2020年）提出了创新、协调、绿色、开放、共享的发展理念，其中共享的发展理念就是要解决社会发展中的不公平问题，使全体人民在共建共享发展中有更多获得感。习近平总书记指出："如果不能给老百姓带来实实在在的利益，如果不能创造更加公平的社会环境，甚至导致更多不公平，改革就失去意义，也不可能持续。"①党的十九大提出中国特色社会主义进入新时代，新时代的一个主要特征就是社会主要矛盾已经发生转化，转化为人民日益增长的美好生活需要和不平衡不充分的发展之间的矛盾。人民美好生活需要日益广泛，不仅对物质文化生活提出了更高要求，而且在民主、法治、公平、正义、安全、环境等方面的要求日益增长。党中央关于我国社会主要矛盾发生转化的判断，基于新时代取得的成就和面临的问题。经过改革开放四十年来的奋斗，中国已经相继实现温饱、总体小康等阶段性目标，具备了实现全面小康的物质条件，但依然存在着发展不平衡不充分造成的公平、正义、安全、环境等方面的问题，解决社会主要矛盾的过程就是促进社会公平正义的过程，就是全面建成小康社会实现中华民族伟大复兴的过程。

党的十八大以来，习近平总书记针对在经济发展、深化改革、制度建设、司法公正等方面促进社会公平正义作了一系列重要论述，这也是新时代我国维护和促进社会公平正义的重点、难点和着力点。习近平总书记指出，"把促进公平正义作为核心价值

---

① 《十八大以来重要文献选编》（上），第552—553页。

追求"①,将公平正义核心价值追求贯穿于治国理政的全方位、全过程,要求各级政府必须进一步完善公共服务体系,保障群众基本生活,不断满足人民日益增长的美好生活需要,不断促进社会公平正义,形成有效的社会治理、良好的社会秩序,使人民获得感、幸福感、安全感更加充实、更有保障、更可持续。实现社会公平正义是由多种因素决定的,其中最主要的是经济社会发展水平。经济发展水平决定社会物质财富,并从根本上制约着社会的公平正义。促进社会公平正义,就要从最广大人民根本利益出发,牢牢抓住经济建设这个中心,进一步把"蛋糕"做大,为促进社会公平正义奠定更加坚实的物质基础,力争让人民感受到更有质量的发展水平,力争在更高水平上获得公平正义。进一步深化改革是促进社会公平正义的动力源泉,习近平总书记指出,要把促进社会公平正义、增进人民福祉作为一面镜子,审视我们各方面体制机制和政策规定,哪里有不符合促进社会公平正义的问题,哪里就需要改革;哪个领域哪个环节问题突出,哪个领域哪个环节就是改革的重点。要通过改革转变政府职能,消除垄断现象,破除各种特殊利益集团,给每个人都创造能够靠自己的努力和才能实现梦想的平等机会。实现社会公平正义是个系统工程,根本的还是要靠制度来保障。努力做到"使我们的制度安排更好体现社会主义公平正义原则,更加有利于实现好、维护好、发展好最广大人民根本利益"。② 必须在全体人民共同奋斗、经济社会发展的基础上,加紧建设对保证社会公平正义具有重大作用的制度,逐步建立社会公平保障体系。通过建立以权利公平、机会公平、规则公平为主要内容的社会公平保障体系,努力营造公平的社会环境,保证人民平等参与、平等发展

---

① 习近平:《习近平谈治国理政》,外交出版社2014年版,第147页。
② 《十八大以来重要文献选编》(上),第554页。

的权利。实现社会公平正义，还必须完善有利于公平正义的法治基础，防止因权力滥用造成的社会不公，深入推动司法公正进程。司法公正对社会公平正义具有重要引领作用，司法不公对社会公平正义具有致命破坏作用。习近平总书记指出，从一定意义上说，公平正义是政法工作的生命线，司法机关是维护社会公平正义的最后一道防线。政法战线要肩扛公正天平、手持正义之剑，以实际行动维护社会公平正义，让人民群众切实感受到公平正义就在身边。实现公平正义还必须全面从严治党，加大对权力的制约与监督，建设一支作风优良、风清气正的执政队伍，始终坚持以人民为中心，贯彻全心全意为人民服务根本宗旨，以党内的公平正义带动政府和整个社会的公平正义建设，确保公平正义在全社会的普遍实现。

第四节　公共行政正义核心价值的生成

　　公共行政核心价值是公共行政所特有的价值，而且是公共行政价值体系中居于核心地位具有主导作用的价值，这一价值的产生一定是由公共行政自身的特殊性和独特特征决定的。公共行政权力是公共行政得以存在与有效运作的前提与基础，因为，公共行政权力与公共行政相伴而生，政府对社会公共事务的管理和公共服务的提供必须借助公共行政权力才能实现，公共行政权力从它诞生的那一刻起便承载着人们对于政府公共行政的期望与理想。可以说，有什么样的公共行政权力便有什么样的政府公共行政，因此，对于公共行政核心价值的分析与研究必须从公共行政权力及其基本特征中寻找根据，公共行政权力是公共行政核心价值生成的基础与客观前提。

一　权力与公共行政权力

公共行政权力是公共权力（国家权力）的一部分，政府公共行政的过程是公共权力在公共行政中运行的过程。公共行政正义价值生成的基础离不开公共行政得以成立和有效运行的客观基础——公共行政权力。

（一）权力

权力是与社会不可分离的现象，渗透于人类社会的各个方面，是社会的一个重要组成要素。在社会科学文献中，关于权力的定义有成百上千种。如霍布斯把权力定义为"获得未来明显利益的当前手段"，伯特兰·罗素认为，权力是"预期结果的产生"，①狄骥认为权力是"一个人或一部分人具有强加于他人的一种强制权力"②，罗伯特·达尔认为，权力是 A 影响 B 在某些方面改变自己的行为或倾向的能力。③正如丹尼斯·朗所言：持有不同价值观、不同信仰的人们肯定对它们（指权力）的性质和定义的意见不一致。而且在现实生活中，"权力是一个人人使用而无需适当定义的字眼"，"它既被视为个人、群体或更大社会结构拥有的一种品质或属性，又被视为个人或集体参与者之间主动或互动过程或关系的指标"。④ 因此，要给权力下一个确切的定义不是一件容易的事情。

权力成为政治学的一个核心概念源自西方的文化传统，虽然西语中的权力概念难以定义，但大体上可以分为以下几种：（1）能力说。朗在分析了相隔三个世纪的两位英国著名哲学家托马斯·霍布

---

① ［英］伯特兰·罗素：《权力论》，吴友三译，商务印书馆2012年版，第26页。
② ［法］狄骥：《宪法论》，转引自《西方法律思想史资料选编》，北京大学出版社1983年版，第631页。
③ ［美］罗伯特·达尔：《现代政治分析》，王沪宁、陈峰译，上海译文出版社1987年版，第36—37页。
④ ［美］丹尼斯·朗：《权力论》，陆震纶、郑明哲译，中国社会科学出版社2001年版，第三版引言第1—2页。

斯和伯特兰·罗素的权力定义后指出,"权力是某些人对他人产生预期效果的能力"①。这一权力概念既包含了强制性权力也包含了非强制性权力,突出了权力所具有的有意性、有效性、潜在性、非对称性和权力产生效果的性质。朗对权力的定义较为接近西语中的权力的语义。(2)意志说。以马克斯·韦伯为代表,马克斯·韦伯认为,一般地说我们把"权力"理解为:一个人或一些人在社会行为中,甚至不顾参与该行为的其他人的反抗而实现自己意志的机会。②(3)利益说。最早可以追溯到16—17世纪的霍布斯,把权力定义为获得未来明显利益的当前手段。(4)关系说。这种理论主张,政治权力是一个关系范畴,这种关系就是政治秩序中的控制与服从的关系。"所谓权力,指的是对公众具有权威的人们之间,或这些人与广大民众之间的控制关系。"③

以上对于权力概念的界定是从不同角度出发的,但从上述对于权力的不同界定可以发现,无论是"个人权力"还是"公共权力",权力都是具有一定强制性、排他性、竞争性特点的意志体现,其意志背后是各种利益关系的博弈与平衡。

(二)公共(行政)权力

现代行政学研究中,较早地提出公共权力问题的是诺顿·朗(Lorton Long),他在《权力和行政管理》这篇论文中尖锐地批评了当时理论界在研究行政问题时忽略权力的现象。随着行政社会学、行政伦理学研究的不断深入,人们越来越关注公共行政权力问题。

西方学者一般是从契约论出发阐述公共权力的,在他们的设想

---

① [美]丹尼斯·朗:《权力论》,陆震纶、郑明哲译,中国社会科学出版社2001年版,第3页。
② Max Weber, *Economy and Society* (*Three Volumes*), edited by Guenther Roth and Claus Wittich, New York: Bedminster Press, 1968, Volume Tow, p. 926.
③ [美]汉斯·J. 摩根索:《国家间的政治》,杨岐鸣等译,商务印书馆1993年版,第140页。

中，公共权力无论是名义上还是实质上都来源于自然权利的让渡。西方许多杰出的政治家都一致认为国家的一切权力来源于人民，人类权势中最大的是大多数人根据自愿同意的原则联合起来，把自身的权势总合在一个自然人或社会法人身上的权势。这种权势就是"公共权力"。英国思想家霍布斯认为，为了摆脱自然状态，人们在理性指引下共同约定，"把大家所有的权力和力量付托给某一个人或一个能够通过多数的意见把大家的意志化为一个意志的多人组成的集体"①。洛克则指出，为了使天赋的权利得到可靠的保护，就需要一种既凌驾于每个个体之上，又能代表每个个体意志的公共权威来裁决和调整人与人之间的利益冲突关系。这种权威就是国家，它"起源于契约和协议，以及构成社会的人们的同意"②。卢梭继承了洛克的自然状态理论，认为主权体现着人民的意志，是公意的运用。"政府就是在臣民与主权者之间所建立的一个中间体，以便两者得以互相适合，它负责执行法律并维护社会的以及政治的自由。"③ 总之，社会契约论者的基本精神是一致的，即从自然权利出发，经过社会契约这个环节，最后推导出公共权力不是天然的，更不是神授的，而是来源于公众自愿结成的社会，来源于公众的同意和授权。社会契约论是针对封建神学这种荒谬的理论而进行的强有力的批判，把公共权力从神意中解脱出来，而努力从社会本身探索其来源及合法性。从这个角度来说，社会契约论对公共权力的理解无疑是有着重要的进步意义的。但是它把公共权力看成是公意的化身，无疑抹杀了国家的阶级性质，把国家视为超阶级的人民的国家。而在马克思主义者看来，公共权力的实质既不是天赋人权的神意安排也不是社会契约的虚幻场景，公共权力是随着阶级和国家的

---

① ［英］霍布斯：《利维坦》，黎思复等译，商务印书馆1985年版，第131页。
② ［英］洛克：《政府论》下篇，叶启芳、瞿菊农译，商务印书馆1964年版，第105页。
③ ［法］卢梭：《社会契约论》，何兆武译，商务印书馆1980年版，第72页。

出现而出现的，是国家本质的体现。

根据马克思和恩格斯的分析，原始社会是氏族血缘社会，氏族成员平等地享有平等地管理共同事务的权力，这种权力是与共同抵御外来风险、宗族内部的秩序分配、共同的宗教巫术活动等相关的。是一种纯粹道德性的、非强制性的手段。公共秩序依靠历来的习俗维系着，不需要压迫性、强制性的暴力机器，公共事务管理所体现出的公共性是与氏族全体成员的利益直接相一致的。随着生产力的发展和生产关系的变化，随着私有财产和阶级的产生，人们为了获得利益和生存资源而引发的阶级矛盾和冲突日益频繁和激烈。为了防止社会由于内部矛盾和冲突的不断激化而导致整个社会的毁灭，就需要有一种特殊的社会力量。这种社会力量通过集中化的、常设的、专门的机构来行使，它的作用在于缓和冲突，把冲突控制在"秩序"的范围内。以国家为表现形式的公共权力正是适应这种需要应运而生的。在阶级社会中，公共权力一方面为统治阶级所掌握；另一方面，公共权力又是以社会整体的名义来行使并管理公共事务的。但从根本上讲，社会管理职能是为统治阶级服务的，同时，这种职能的执行和实现，必须依靠国家权力，所以它又是与政治统治密切联系在一起的。在这个意义上讲，一方面，政治职能是社会职能的前提；另一方面，政治职能又必须以社会职能为基础，因为，国家只有有效地实现社会管理职能，政治统治才能得以持续，政治统治也才能稳固。因此，公共权力的政治职能与社会职能是相互依存、密不可分的，正如恩格斯所指出的，"政治统治到处都是以执行某种社会职能为基础，而且政治统治只有在它执行了它的这种社会职能时才能持续下去"[①]。随着人类历史的发展和社会的进步，国家的消亡将使国家权力复归社会，公共事务管理将完全依

---

① 《马克思恩格斯选集》第3卷，人民出版社1995年版，第523页。

靠社会自身的力量来完成，公共权力便完全成为一种普遍的社会性的权力。

本书是在政府公共行政意义上探讨公共权力，因此公共权力又可以称为公共行政权力。在统治行政时期，公共权力必然以其政治性为主要特征实现其统治职能。但在现代管理行政时期，公共行政的社会管理职能不断得以加强，公共行政权力更多地体现为公共意志、追求公共利益。确切地说，公共行政权力是基于社会共同体成员的同意或认可，并有效管理其中的公共事务，维护公共利益而形成的一种支配、影响和调控该共同体的特殊权威力量。即它是适应社会公共需要，处理公共事务而产生、服务于社会公共利益的过程。以政府为主体的公共行政，只有在公共行政权力的运行过程中才能实现其核心价值追求并有效地管理社会事务，为社会提供公共物品和公共服务。

二　公共行政权力的基本特征

公共行政权力是以管理公共事务，维护公共利益为基本价值取向的权力，它起源于维护社会公共利益和社会公共生活秩序的需要，在本质上是一种凝聚和体现公共意志的力量，是人类社会和群体组织有序运转的指挥、决策和管理能力。与一般的权力相比，公共行政权力具有以下三个基本特征：

（一）公共行政权力的合法性

公共权力的合法性，大多数情况下指的是人们对公共权力的认可和服从。《布莱克维尔政治学百科全书》对合法性的解释是"任何一种人类社会的复杂形态都面临一个合法性的问题，即该秩序是否和为什么应该获得其成员的忠诚的问题"[1]。这里所指的合法性，

---

[1] ［英］戴维·米勒：《布莱克维尔政治学百科全书》，邓正来等译，中国政法大学出版社1992年版，第408页。

关注的是人与自己所处秩序的关系问题，被视为人们对国家的政治权力的一种认同与信仰。

那么，什么样的公共权力值得公众的信仰与遵从？是不是被公众认同与服从的公共权力就具有合法性？伊安·夏皮罗在他的《政治的道德基础》一书的开篇中问道：在什么情况下我们应该对政府忠诚，又在什么情况下我们应该拒绝效忠于它？"作为德国纳粹党的中层官员，艾希曼的动机和行为无不体现了对那个在表面上具有合法性的政治威权的服从。然而，他把成千上万的人押送入纳粹集中营的行为，表明了对任何政府的合法权威都必须有所限制。"① 人类对于这一问题有着不同的回答，有的人从功利主义出发，把政府的合理合法性与政府使幸福最大化的意愿和能力联系在一起，然而功利主义在"幸福"问题上又有着不同的理解，其中以边沁"政府应该满足最大多数人的最大幸福"的观点最具影响力（参见边沁 *Introduction to the Principles of Moral and Legislation*（《道德与立法原理导论》）。马克思主义传统（Marxist tradition）把剥削的概念视为判断政治合法性的基准。任何政治制度只要它允许剥削，它就不具有合法性；反之，如果它致力于提高剥削的反题——人类自由——它就拥有了合法性。社会契约理论家则认为：国家政权的合法性根植于契约的理念（agreement），被统治者的一致赞同（通过某种方式能被解读出来）(the consent of the governed) 是国家政权合法化的来源。如果国家政权体现了我们所一致赞同的，那么，我们就负有对它忠诚的义务；反之，我们有反对它的自由。② 伊安·夏皮罗认为以上三种传统各自对政治合法性有着独特的关注点，也有许多共同之处。主要是因为启蒙运动对它们所具有的决定性影响。"启

---

① ［美］伊安·夏皮罗：《政治的道德基础》，姚建华、宋国友译，上海三联书店2006年版，第1—2页。

② 同上书，第3—4页。

蒙运动旨在通过科学的原则（scientific principles）使得我们的社会生活变得理性化（rationalizing social life）。其关于个人权利（individual rights）的政治学说描述了人类自由的理想状态，为人们严肃认真地考虑人类自由（的理想）提供了一个强大的规范性的原动力（normative impetus）。"①

然而，启蒙运动的批评者却对政治通过科学的途径来实现理性化这一目标表示怀疑，对启蒙思想家将人类自由作为最重要的政治价值这一理念也持怀疑态度。他们更倾向于给予因袭的规范性的社会准则和实践以更多重视。他们把政治体制的合法性与其是否很好地体现了共同体价值联系在一起。如泰勒所言：个人自身的来源被视为根源于其所属和相关的体系。这些体系早于个人出现并会在个人之后仍然存在，影响并形成了个人对政治合法性的期望。②哈贝马斯将公共权力的合法性理解为是符合价值规范基础上的支持与忠诚。他认为"合法性意味着某种政治秩序被认可的价值——这个定义强调了合法性乃是某种可争论的有效性要求，统治秩序的稳定性也依赖于自身（至少）在事实上被承认"③。

公共行政权力与合法性之间存在着高度相关性，公共行政权力合法性是建立在民众对普遍存在的且运转有效的依宪治理基础之上的公共权力的普遍赞同。具体来说，公共行政权力的合法性包括两个基本要素：（1）公共行政权力必须体现一国之依宪治理价值。（2）公共行政权力必须赢得民众的普遍赞同。

现代民主社会，公共行政权力是一国宪法之产物，公共权力的组织形式、权力架构、职责范围和运行机制，是基于依据人民的意

---

① ［美］伊安·夏皮罗：《政治的道德基础》，姚建华、宋国友译，上海三联书店 2006 年版，第 4 页。
② 同上书，第 5 页。
③ ［德］尤尔根·哈贝马斯：《交往与社会进化》，张博树译，重庆出版社 1989 年版，第 184 页。

志制定的宪法及在宪法框架下制定的，公共权力的良性运行必须符合依宪治理的价值理念。宪法是国家的根本大法，自1787年美国宪法作为世界上第一部成文宪法诞生之后，目前世界各国基本都制定了宪法，并以宪法的形式确立人民主权、确认公民的基本权利、确保公民的基本权利和自由免遭国家和政府公共权力的侵害。新中国第一部宪法于1954年颁布实施，至1982年宪法及其修正案，我国宪法顺应社会发展与实践的需要，经历了一个逐步完善的过程，不断彰显维护人民主权、保障公民基本权利、制约公权力、推进法治建设的价值取向，有力地促进了改革开放和社会主义现代化建设，有力推动了社会主义法治国家进程。1999年我国宪法修正案正式将依法治国写入宪法，2004年的宪法修正案进一步确立公民权力地位和人权思想，明确对公民权利的保障和对政府权力的限制，进一步凸显了我国宪法的价值追求。党的十八大之后，以习近平为总书记的党中央高度重视宪法在治国理政中的基础性地位，以全面推进国家治理体系和治理能力现代化和全面推进依法治国的战略布局为契机，及时和系统地提出了以"依宪治国""依宪执政"为核心要义的依宪治理思想，形成了依宪治理的思想体系，从理论与实践两个方面有机结合的角度为加强宪法实施、维护宪法权威、充分发挥宪法作为根本法在建设中国特色社会主义法律体系和中国特色社会主义法治体系中的核心作用提供了明确的理论指引和行动纲领。[①]习近平依宪治理思想全面和系统的表述集中体现在习近平总书记2012年12月4日在首都各界纪念现行宪法公布施行30周年大会上的讲话中，习近平总书记指出："依法治国，首先是依宪治国；依法执政，关键是依宪执政。新形势下，我们党要履行好执政兴国的

[①] 莫纪宏：《习近平依宪治理思想的形成及其特征》，《法学杂志》2016年第5期。（作者为中国社会科学院法学研究所副所长、研究员、国际宪法学协会副主席，中国宪法学研究会常务副会长，北京市法学会副会长，北京市法学会立法学研究会会长。）

重大职责，必须依据党章从严治党、依据宪法治国理政。"① 依宪治理的根本宗旨在于尊重和维护宪法权威，维护宪法权威，就是维护党和人民共同意志的权威。捍卫宪法尊严，就是捍卫党和人民共同意志的尊严。依宪治理的首要任务是要保证宪法实施。宪法的生命在于实施，宪法的权威也在于实施，保证宪法实施就是要充分体现依宪治理的价值理念，切实保证人民根本利益的实现。在我国，依宪治理、依宪行政是国家治理能力现代化的必然要求，公共行政权力与依宪治理在价值层面的关联表现为现代服务导向型的公共行政权力是体现依宪治理基本价值理念并承继和超越工具性公共行政价值追求的，因而其价值生成必须从依宪治理价值理念中去寻找合法性基础。脱离依宪治理价值的发生母体，就不可能有合法性的公共行政权力，公共行政正义便成为无源之水、无本之木，公共行政也就难以为继或失去了其存续的必要性。只有承载依宪治理所要求的价值理念，才能真正建立起服务导向型的公共行政，才能凸显政府行政的公共性、服务和效益的本质。

公共行政权力必须赢得民众的普遍赞同。哈贝马斯认为，"合法性意味着，对于某种要求作出正确的和公正的存在物而被认可的政治秩序来说，有着一些好的根据，一个合法的秩序应该得到承认"②。哈贝马斯对权力合法性的界定是重建性的，是对经验主义合法性理论和规范主义合法性理论的一种综合。是将经验主义合法性理论对能否获得大众的认同与规范主义合法性理论对价值的关注结合起来的合法性理论。当代法国政治学家让－马克·夸克也十分注重赞同对于合法性权力的作用，将赞同、规范与法律看成是合法性定义三个密不可分的基本要素。本书认为赞同是公共行政权力合法

---

① 习近平：《习近平谈治国理政》，外文出版社2014年版，第141—142页。
② ［德］尤尔根·哈贝马斯：《交往与社会进化》，张博树译，重庆出版社1989年版，第184页。

性的必要条件，赞同使得公共行政权力得到承认，使处于公共行政主体地位的个体与组织和处于服从地位的对象之间的关系具有效力，这也就是通常所说的，一个政府拥有"合法性"。离开人民的认同与服从而奢谈合法性，无异于天方夜谭。而民众对于权力行使者的信任则是对这种赞同的具体表现，"在权力移交和权力行使中，也就是说，就其合法性而言，社会的信任起着决定性的作用"①。孔子所谓"民无信不立"之说就是强调民众对于国家信任的作用，如果民众不信任国家，国家就无法生存下去，这种信任甚至比粮食与军事装备还要重要。人类历史上的第一个人权宣言——美国1776年的《独立宣言》指出：为确保这些权利，政府只能由人民设立，政府的权力仅仅来源于人民的同意。当一个政府是建立在赞同的基础上，那么以集体的名义对特定的个体行为采取限制就成为可能。② 赞同是公共行政权力合法性的必要条件，但不是充分条件。因为事实上，虽然政治合法性使得处于服从地位的个体之间的这种关系具有效力，但是它却并不能建立在赞同的基础之上。赞同必须"引入了一个程序"，而对该程序的执行预示着其内容应予以参照并预先取得共识。这就是为什么，虽然赞同对于政治合法性的建立是至关重要的，然而，这种赞同的建立"只能按照构成权利与义务实质内容的价值来进行"③。也就是说，赞同并不足以产生权力的合法性，还应该重视那些保证基本规范发生作用的价值。我国依宪治理强调执政党和政府行政权力在依据宪法法律治国理政中的各项行为的正当性基础，将各种公共权力纳入到宪法所确立的国家权力体系之中，坚持党的领导、人民当家作主和依法治国的统一，充分体现宪法精神与社会主义核心价值观，体现人民的意志，代表了人民的利益，得

---

① [法]让-马里·科特雷、克洛德·埃梅里：《选举制度》，商务印书馆1996年版，第1页。
② [法]让-马克·夸克：《合法性与政治》，佟心平、王远非译，中央编译出版社2002年版，第18页。
③ 同上。

到人民高度赞同与拥护。因此，公共行政权力的合法性一方面必须与依宪治理价值高度契合，同时还必须得到民众的普遍赞同，只有具有这样的合法性的公共行政权力才是正义的。

（二）公共行政权力的有效性

丹尼斯·朗认为，"权力的有效性看来如此明显地成为检验权力存在的标准，因此不需要作进一步讨论"①。丹尼斯·朗的观点实质上是将权力的有效性作为检验权力存在的标准，而且对于这一问题应该是有着广泛共识的。即便如此，对于公共权力的有效性，政治学家及学者们还是曾从不同的角度进行过探讨。如利普塞特（Lipset, Seymour Martin）认为："有效性是指实际的政绩。"② 亨廷顿（Samuel P. Huntington）认为："各国之间最重要的政治分野，不在于它们政府的形式，而在于它们政府的有效程度。"③ 阿拉嘎帕认为："有效性是政治权力在为提高共同体和集体利益时的有效运作。"④ 从总体上说，这些定义所表达的是，公共行政权力的有效性就是政府公共权力实际运作的业绩和功效。从词义上看，有效性与英文中的两个词相对应，effectiveness 和 performance。effectiveness 强调的是效率，是从形容词 effective（有效率的）引申出来的，而 performance 则主要指在做一件事情时所取得的绩效。因此公共行政权力的有效性从词源上说应该包括效率、绩效两个含义。而在公共行政权力的实际运作过程中有效性的内涵十分丰富，它直接与政府运用公共行政权力的能

---

① ［美］丹尼斯·朗：《权力论》，陆震纶、郑明哲译，中国社会科学出版社 2001 年版，第 6 页。

② ［美］利普塞特：《政治人：政治的社会基础》，刘钢敏、聂蓉译，商务印书馆 1993 年版，第 53 页。

③ ［美］塞缪尔·P. 亨廷顿：《变化社会中的政治秩序》，王冠华译，生活·读书·新知三联书店 1989 年版，第 122 页。

④ 转引自戴木才《政治文明的正当性：政治伦理与政治文明》，江西高校出版社 2004 年版，第 134 页。

力、效率和所取得的效果相关。

　　政府能力是政治学研究的一个热门话题，各国学者也都从各自不同的立场出发对之进行了研究。如美国学者阿尔蒙德（Gabreal A. Almond）等从系统论的角度强调政府接受环境挑战的能力，所以在他的视域中，政府能力就是政府能否成功地适应环境挑战的能力。① 也有学者将政府能力看成是一个国家中央政府的能力，即中央政府通过一定的行为将自己的意志、目标转化为现实的能力。② 施雪华先生认为，政府能力就是"为完成政府职能规范的目标和任务，拥有一定公共权力的政府组织所具有的维持本组织的稳定存在和发展，有效地治理社会的能量和力量的总和"③。这一定义较为综合地反映了政府能力的政治性、管理性、服务性、整体性和层次性，是目前国内对政府能力较为权威的定义。本书认为关于政府能力的认识不能脱离政府建制的基础，即依据宪法建立的政府必须是有能力履行其实现公共利益职能的组织，如果只是一个结构完备、装备精湛的组织，其"工具性"能力越强，则越有悖于公共权力本身所具有的服务于公共利益的价值取向。

　　效率则与速度、数量等概念相联系，考虑的主要标准是一定时间界限内的投入产出比。所谓行政效率就是指政府在对公共事务进行管理过程中根据效率的原则来为公共利益行使行政权力，就是指行政官员在行使公共权力时不仅运用经济手段，而且还运用综合的手段获得了较好的效果。所谓"经济的手段"就是指许多学者所说的"机械性效率"，即行政官员以最小的投入取得最大的产出。"综合的手段"与社会性效率属于同一语，即行政官员以经济手段获得的效果只有与个人价值、平等自由、情感和公

---

① Gabreal A. Almond and G. Bingham Powell Jr, *Comparative Politics: A Development Approach*, Boston: Little, Brown & Co, 1966, p.29.
② 王绍光、胡鞍钢：《中国国家能力报告》，辽宁人民出版社1993年版，第6页。
③ 施雪华：《政府权能理论》，浙江人民出版社1998年版，第309页。

平等社会价值观念结合起来时才有意义。也就是说，一个真正有效率的政府，只有在政府公共政策或管理行为的价值取向合乎公共行政价值目标的条件下才是真正有意义的。另外，经济和效率低下的行政决策即使能增进公共利益，也不会是一项"好的"或"善的"决策，即正义的决策。① 因此，政府行政采取什么方式行使公共行政权力对于公共行政的有效性具有十分重要的意义。

效果通常是指政府行使公共行政权力所产生的社会后果，是政府运用公共权力实现既定目标的实际状况和程度。实际上是指政府行使公共行政权力所产生的有益效果，是政府公共权力所创造的最大的公共事业效益。作为衡量政府绩效的主要标准，效果更注重由政府的行为而造成的事实价值含义，即政府行为的是与非、对与错、好与坏。② 与政府能力和效率相比较，效果更能体现政府目的，更能体现公共权力价值的实现程度，因而更应成为衡量公共权力有效性的价值标准。显然，效果在概念的含义上与有效性最为相近，两者都十分强调政府行使公共权力的价值取向和社会后果，但有效性毕竟是一个更为抽象和宏观的概念，也就是说，政府公共权力有效性既体现为政府向全社会公众提供优质的公共产品和公共服务的能力，即政府运用科学手段，在整合利用社会资源中以最小的投入，所获得的公共事业和公共利益方面的最大产出，又体现为社会全体成员生活质量和公共利益最大限度的提高与实现。因此，政府公共权力的有效性是对政府公共权力效益本质的抽象。本书认为：政府公共行政权力有效性的本质就是建立在相对公共权力价值基础上的公共利益的最大化，是对政府公共行政权力目的和基本原则内在发展要

---

① 李文良：《西方行政伦理的正义论》，《中国行政管理》2000 年第 10 期，第 47 页。
② 陈文申：《政府有效性：理论涵义与现实途径》，《北京行政学院学报》2000 年第 3 期，第 8 页。

求的反映。因为，权力背后最根本的价值就是利益，无论是经济利益还是社会利益，无论是物质方面的利益还是精神方面的利益，舍此，任何权力的运行都将毫无意义可言。政府公共行政权力的目的性归根结底也在于获得一定的利益，其有效性必然以社会公共利益的最大化为标准。

政府公共行政权力的有效性与其合法性之间存在着密切关系。一方面，公共行政权力的有效性与其合法性之间具有内在关联；另一方面，公共行政权力的有效性与其合法性呈正相关。弗里德里奇将有效性与宗教信仰、哲学的正义观、传统观念、程序观念作为构成政治合法性的五大信仰基础。韦伯认为，政治权力如果"没有带给被统治者以幸福安康，那么他的魅力型权威的机会就会消失"[①]。托克维尔对此也有独到的见解，他在论及这一问题时指出："每个人都因贫困而指责政府，连那些最无法避免的灾祸都归于政府；连季节气候异常也责怪政府。"[②] 因此当权者一般都会去谋求社会经济发展，以此来提高普通民众的物质文化生活水平，以增强自身统治的政治合法性，从而延长其统治。因此，公共权力的合法性无论在古代还是在现代，都主要依赖于公共权力运用的有效性，有效性的降低或衰落都将会导致公共权力合法性水平的降低或合法性的丧失。在政治统治和专制政治统治时期，公共权力的有效性与统治者的魅力权威相关联，统治者为了增强自身政治合法性，主要通过意识形态上的灌输和主观上努力追求有效性，来加强自身统治的政治合法性。所以，在过去一方面"传统、宗教、君权神授和社会依附为非民主的统治提供了合法性"[③]，另一方面，"如果一个政治制度

[①] [德]马克斯·韦伯：《经济与社会》上卷，林荣远译，商务印书馆1997年版，第270页。
[②] [法]托克维尔：《旧制度与大革命》，冯棠译，商务印书馆1992年版，第109—110页。
[③] [美]亨廷顿：《第三波——20世纪后期民主化浪潮》，刘军宁译，上海三联书店1998年版，第55页。

长时期地缺乏有效性，也将危及合法制度的稳定"①。在近现代民主政治中，公共权力的有效性与合法性的内在关联与正相关都是建立在现代宪法基础之上的，都表现为对社会民主价值的遵从，以此为前提，公共权力运作的有效性将极大地提高其合法性。长期的有效性亏空与不足也会削弱公共权力的合法性，出现合法性危机。从价值原理上理解，政府公共权力有效性作为一种客体，具有满足权力主体需要的属性，即满足人们追求公平、追求生活质量提高和人们日益增长着的物质文化生活水平的需要。因此公共权力有效性必须始终坚持追求社会公共利益的价值目标。

（三）公共行政权力的公共性及其内在冲突

"公共性"是与私人性、个体性相对应的概念。"公共"具有公众、共同、大家、公有、公用等含义，凡具有社会性、公众性的事务包括国家的或集体的，皆属于公共的范畴。国家便是以一种与全体固定成员相脱离的特殊的公共权力为前提的，在《家庭、私有制和国家起源》中恩格斯进一步指出，政治权力一经产生就具有公共性，并被冠以"公共权力"的名义。公共权力最基本的属性就是其"公共"性。在近现代民主体制下，公共行政权力是一种公共权力，来自人民主权或人民权利，在本质上是一种凝聚和体现公共意志的力量。公众是权力的主体，是政府的委托人，政府只是公众实现利益与满足需求的工具，是公众代理机构。因此，政府公共行政权力体现着社会公共利益的"公意"，政府不仅将公共行政权力作为公共行政的依托和基础，更为重要的是要体现其公共性，运行过程中必须服从公共意志，遵循授权者所规定的权力运作法则和具体工作细则。公共行政权力是公共行政的客观基础，追求公共性是公共行政权力的本质特性，公共行政权力运作的目的必须是为社会提

---

① [美]利普塞特：《政治人：政治的社会基础》，刘钢敏、聂蓉译，商务印书馆1993年版，第53页。

供公共服务，维护公共秩序和实现公共利益。

公共行政权力公共性的内涵具有三层含义：首先，从价值层面上讲，公共性是一种体现共同体生存价值的先验的普遍权利。① 这一含义源自康德对"公共性"的论述。康德指出："从公共权利的全部质料之中（就国家之内人与人的或者还有各个国家相互之间各种不同的由经验所给定的关系）进行抽象，那么就只剩下公共性这一形式；这种可能性是每一项权利要求中都包含着的，因为没有它就不会有正义（正义是只能被想象为可以公开宣告的），因而也就不会有权利，权利仅仅是由正义所授予的。"② 在康德看来，公共性是全体公民都有资格享受他们的普遍权利，公共权力必须无条件地维护公民的权利。康德的公共性概念是在价值层面上强调对公民权利的维护，当然在康德那里这种公共性是先验的，但康德对于公共性的理解毫无疑问从宏观的层面限定了公共权力的界限，要求公共行政权力的运用必须遵循公共行政权利的先验原则。

其次，在利益取向上，公共性表明公共行政权力产生及运作的目的是公共利益。人们之所以需要权力，是由于出现了公共利益、集团利益（阶级利益）和个人利益的划分与冲突，就是因为人们面对的问题不是特定个人的私人领域问题，而是共同体的普遍问题，或公共性问题，特别是有关公共利益、集团利益和个人利益的问题。用公共权力来调整或协调这些利益，保证公共利益的维系和增进，即保证共同体成员的共同生活得以维系和增进。③

最后，从公共行政权力的运用上，公共性要体现为人民主权和政府权力的合法性，体现为社会成员之间的互动或共同参与。公共

---

① 刘圣中：《从私人性到公共性——论公共权力的属性和归宿》，《东方论坛》2003年第1期。
② ［德］康德：《历史理性批判》，何兆武译，商务印书馆1990年版，第139页。
③ 王熙东：《政治文明视野中的权力问题研究》，中国社会科学出版社2006年版，第109—110页。

权力的运作不是僵化、孤立地进行的，公共性内涵亦体现在公共权力的运行过程之中。其一，这一过程需要有公民的积极参与，每一个人都有平等的机会就共同关心的事务表达自己的意愿。其二，这一过程应是公开的。强调公共权力的公共性，必然要求增强其公开性，公开性是"公共"的应有之义。只有具备了一定的公开性，社会成员在公共行政权力运行中拥有广泛的参与权与话语权才可能促进公共行政权力运行的合法性，满足社会公共利益的要求。

然而，对公共行政权力公共性的界定是从公共权力起源的理论上来说明的，它有一个重要的前提性假设，就是公共行政权力所追求的目标以及作为实现目标的具体手段与总体性意义上的公共行政的价值目标相一致。国家、政府的公共权力不过是一种抽象的存在，代表国家和政府行使权力的都是具体的个人。这种公共权力与个人主体的相关性就是公共权力的私人性。理论的探讨和实践的经验都证明公共权力除了公共性的属性外，也毋庸置疑地存在着公共权力执掌者自身的利益，具有私人性。罗素认为在人类无限的欲望中，居首位的就是权力欲和荣誉欲，对于从事公共事业的人来说，这两者可以视为同一的东西。因此，罗素一方面主张政府是必需的，因为没有政府，只有很少一部分人有望继续生存，而且只能生活在一种可怜的贫困状态中。但另一方面，他认为政府也会带来权力的不平等，并且那些拥有极多权力的人会利用这种权力来满足他们自己的欲望，而这些欲望是与一般人的欲望截然对立的。① 因此，任何权力的获取最初都与潜藏于人类内心深处的自足性欲望和占有本能相关联，因而它总是包含着一种自利倾向和占有逻辑。恩格斯在马克思《法兰西内战》导言中也曾十分深刻地揭示了权力"异化"的可能性："以往国家的特征是什么呢？社会为了维护共同的

---

① ［英］伯特兰·罗素：《权力论——一个新的社会分析》，靳建国译，东方出版社 1988 年版，第 164 页。

利益，最初通过简单的分工建立了一些特殊的机关。但是，随着时间的推移，这些机关——为首的是国家政权——为了追求自己的特殊利益，从社会的公仆变成了社会的主人。"① 于是"就单个官僚来说，国家的目的变成了他的个人目的，变成了他升官发财、飞黄腾达的手段"②。无论何种公共权力，从其产生起，就不可避免地存在着私人性的一面，并时刻构成了一种否定权力公共性的异化力量，成为人们追逐私利的重要手段。

公共行政权力的公共性与私人性决定了公共行政权力既可以成为服务社会、实现社会公共利益的权力形式，也可以成为个人或组织专权、滥权，谋取私利的通道。公共权力的这种双重倾向是与国家权力相伴而生的，只要有国家、政府的存在，公共权力的这种内在冲突就不会消失，即使在社会主义国家也是难以避免的。对此，必须对公共权力进行限制，将公共权力的行使严格限定在公共领域，并确保政府公共行政权力的运行符合和有利于社会公共利益，一旦权力失去限制与正确的目标，权力就会走向非公共性的运作，并最终丧失其存在的基本依据。博登海默认为不受制约的政治权力乃是世界上最具动力的、最肆无忌惮的力量之一，而且滥用这种权力的危险也是始终存在的。博登海默还援引德国历史学家弗里德里希·迈内克（Meinecke）对权力的论述，指出一个被授予权力的人，总是面临着滥用权力的诱惑，面临着逾越正义和道德界限的诱惑，"人们可以把它比作附在权力上的一种咒语——它是不可抵抗的"③。柏拉图也曾告诫世人："绝对的权力对行使这种和服从这种权力的人，对他们自己和他们的子孙及其后裔，都是不好的；这种

---

① 《马克思恩格斯选集》第3卷，人民出版社1995年版，第12页。
② 《马克思恩格斯全集》第1卷，人民出版社1956年版，第302页。
③ Meinecke Transl D. Scott, *Machiavellism*, New Haven, 1957, p. 13, 转引自［美］E. 博登海默《法理学：法律哲学与法律方法》，邓正来译，中国政法大学出版社2004年版，第376页。

企图无论是以任何方式都是充满灾难的。"① 因此，权力需要制约，历史和现实都曾证明这是一条永恒的真理。权力的自利性及其制约要靠依宪治理来严加防范，这是各国民主实践所证明了的，然而这种通过建立健全权力的监督机制对公共权力加以限制的方式并不是万能的，"监督制约机制必然会使权力运行陷入公正与效率的二律背反"②，因此，要较为彻底地解决公共行政权力运行中的内在冲突，还必须从公共行政权力主体的内在德性入手，在行政过程中通过抑制权力行使者的私人性从而有效地促进公共行政权力公共性的实现。

三　公共行政权力与正义核心价值

公共行政核心价值的确立，不是一种主观的任意，不仅有着深刻的社会基础与实践根源，还有着深刻的理论依据和历史渊源。公共行政本身因其所处的时代和地域差别表现出不同的社会意义与功能，但本质上，其公共行政主体、公共行政活动以及公共行政手段等都内含着对公共行政核心价值的追求。公共行政行为都是围绕对公共行政核心价值的认同和追求而展开的，而公共行政核心价值的确立来自公共行政得以存在的前提公共行政权力。

公共行政权力是公共行政得以存在的前提条件，同时又是公共行政的实质和核心，公共行政作为公共行政权力的社会表现形式，公共行政的产生和运行都体现着对公共行政权力的内在价值追求。因此，公共行政权力构成了公共行政核心价值的逻辑起点和客观依据。公共行政核心价值实际上体现着公共行政权力的价值取向，公共行政权力的价值取向决定了公共行政的核心价值追求。因为人们

---

① ［古希腊］柏拉图：《法律篇》，商务印书馆1965年版，第644页。
② 张康之：《论行政人员的道德价值》，《东南学术》2001年第1期。

在设置政府、将自己的权利让渡出来交由那些拥有公共行政权力的人执掌的时候，便为公共行政权力注入了正义的内涵，希望公共行政权力的占有与运作必须以实现正义为目的。而人们在衡量政府公共行政所提供的社会秩序是否正当时，也往往以公共行政权力正义的实现与否作为标准。可以说，公共行政的目的就在于以公共行政权力这种权威的方式实现正义，或者说，正义的要求应在一个国家政府公共行政的具体运行中得到广泛的实现。因此，为社会提供公共利益，促进社会和谐有序的政府公共行政必须体现公共行政权力的正义性，并以公共行政正义作为其应然的、核心的价值。也就是说，正义作为公共行政权力具有的本质特征和应然的价值，决定了正义必然成为公共行政权力运作——政府公共行政的应然的、核心的价值。反之，正义是公共行政权力的本质属性，是公共行政权力最基本的美德或品格，公共行政权力只有合乎正义的要求才是合法正当的。

公共行政正义可以从公共权力正义的产生中找到历史渊源。这一问题也就是一个权力的道德基础问题，即人类为何需要公共权力来管理社会事务。关于这个问题，最具有代表性的是亚里士多德的"政治动物说"和霍布斯的"自我保存说"。在亚里士多德看来，正义是政治学的核心，人类所不同于其他动物的特性就在于对善恶和是否合乎正义以及其他类似观念的辨认，人类志趋善良而有所成就，成为最优良的动物，如果不讲礼法、违背正义，人类就会堕落为最恶劣的动物。在亚里士多德那里，政治正义代表着权力，代表着法律，它体现的是人们政治交往的准则，调整的是同等地位的人们之间的关系，保护的是公民的共同利益，树立的是国家的政治秩序，正义实际上成为城邦立国的原则和社会安定的基石。所以，"城邦以正义为原则。由正义衍生的礼法，可凭以判断（人间的）

是非曲直，正义恰恰正是树立社会秩序的基础"①。而"正义的观念是同国家的观点相关的，因为作为正义标准的权力是调节政治交往的准绳"②。在这里，权力就是政治正义的标准，是人类作为优良动物的根本，没有这种权力正义便不可能建立起正义的城邦秩序。而在霍布斯看来人就是狼，是最具掠夺性、最狡诈、最凶猛、最危险的动物，人在自然状态下是一种"狼与狼的关系"。为了长远计算，为了保全自己长久的平安，自由状态下的人必须缔结契约建立一个强大的可以制约人的无限欲望的"公共权力"即政府，以为社会带来秩序和安宁。正义就是"自我保存"，公共权力如果不以正义为基础，即无助于维护和平，保护人类，它们就是没有价值的，就应该坚决摒弃。

以上这两种观点，一种是从"性善"出发，另一种是从"性恶"出发，虽然分析的角度不同，但得出的结论却是一致的，即政府因为其公共目标而成立，由此得出了相同的需要——正义的公共权力。正义性之所以成为善与恶这两种对立的道德价值共同的追求，是源于人类对正义价值的共同诉求，"正义是合于义、归于正、显为直、本于中的行为与措施。正义亦可说为人性之理与事物之理之谐和为一致，而为做人处世、治国平天下之根本原则，亦即天下之大本大经，不容稍有偏者也"③。离开了这种体现正义的公共权力，政府就从根本上失去了存在的必要性和合法性。因此，无论公共权力产生的初衷如何，其基本目的在于调整或维持整个社会生活的基本秩序，是为了社会的共同需要而存在的，并承担着整合不同的利益主体之间的利益冲突的社会职能。从以上有关政府的起源和特性的观点看，正义自始至终是政府的根本属性和政府发展的基本逻辑。

---

① ［古希腊］亚里士多德：《政治学》，吴寿彭译，商务印书馆1965年版，第9页。
② 转引自［苏］涅尔谢相茨《古希腊政治学说》，商务印书馆1991年版，第192页。
③ 成中英：《文化、伦理与管理》，贵州人民出版社1991年版，第223页。

这表明，正义不只是公共行政的工具性价值，从根本上说，或者更重要的是公共行政本身的价值，是公共行政自身的正当性与合理性的体现。公共行政之所以能维护并促进正义，是因为公共行政自身具有正义的属性和核心价值追求，否则无法实现正义的目的与目标。公共行政的目的就在于以公共行政权力这种权威的方式实现正义，反之，正义的要求应在一个国家政府公共行政的具体运行中得到广泛的实现。因此，以为社会提供公共利益，促进社会和谐有序的公共行政必须关注公共行政权力，并以公共行政权力的内在特征作为公共行政价值的本源。公共行政权力是构成公共行政正义的客观前提和价值基础，公共行政正义是由公共行政权力的合法性、有效性及公共性决定的，公共行政正义只有从公共行政权力的角度才能得以深刻的说明。

四 公共行政正义的内涵与特征

（一）公共行政正义内涵的确立

本书认为，公共行政正义是由公共行政权力的内在特征决定的，公共行政正义是公共行政权力的合法性和有效性的充分体现，是对公共行政权力公共性的张扬和私人性的抑制，是公共行政权力服务于公共利益，指向共同的善即正义的外在表现。如果公共行政不能体现公共行政权力的这种内在价值，公共行政便会失却其正义性，公共行政权力也将不复存在。英国近代著名政治哲学家威廉·葛德文认为，人们在社会生活状态中的非正义行为和暴力行为产生了对于政权的要求，能够表现出合乎功利和正义要求的政权才是合法的政权，"只要集体稍一超越正义的界限，它的正当权力也就马上结束"[1]。也就是说，拥有权力的政权必须合乎正义的要求才是合

---

[1] ［英］威廉·葛德文：《政治正义论》第 1 卷，何慕李译，商务印书馆 1980 年版，第 150 页。

法的，才具有正当性。公共权力的产生与发展表明，为了避免权力的强制性、排他性、竞争性给社会带来危害，人类就一直在努力寻找价值给政治注进了一个目的和基本原理，以此来协调和均衡各种不同的排他性权力，实现社会的稳定和发展。而在各种不同的价值观念中，"有一种东西，对于人类的福利要比任何其他东西都更重要，那就是正义"[①]。

正义作为公共行政应然的、核心价值并不必然在公共行政实践中得以体现，人类对于公共行政核心价值的探索与实践是一个漫长、曲折的过程。一方面，权力正义价值在人类公共行政历史发展的不同阶段中体现为不同的意义与内涵；另一方面，正义的核心价值地位在公共行政演进的不同理论与范式中，在不同程度上会被疏离或者搁置，但其演进的历史表明正义核心价值在逐渐地得以复归。

"正义"在不同的社会历史形态中有着不同的含义与体现，主要表现在公共权力的产生与价值体现上。原始社会，氏族主要依靠社会风俗习惯来维持，随着氏族利益的分化与国家的出现，产生了和大众相分离的公共权力，以其强制力进行社会资源的分配并推行其不平等的道德规范。从原始社会后期开始到近代社会出现以前的整个历史阶段，公共权力由特定的与整个社会相对立的阶级或阶层所掌握的，是统治阶级意志的体现，公共权力行使的正义性是为了实现对社会的统治与控制。近代以后的公共权力作为国家和社会治理的工具，仍然具有很强的政治色彩和强制性特征，其正义性仍然表现为对统治集团利益和统治秩序的维护，但这一时期已具有了一定的公共性。现代公共行政是政府根据公共意志运用公共权力、维护公共利益的公共行政，这一时期公共行政的正义性更多地体现为

---

① 周辅成：《西方伦理学选辑》下册，商务印书馆1987年版，第534页。

对于社会公共利益的追求，并以正义的实现为其最终目标。

中西方公共行政价值发展的历史告诉我们：一方面，公共行政本身所蕴含的核心价值追求会在不同的理论与范式中不同程度地被遮蔽，公共行政的一般价值如效率、效益、公共利益、公平、平等、美德等在不同的理论和范式中会被作为公共行政的核心价值而居于首要地位。但中西方公共行政价值发展的脉络表明，从单纯推崇效率发展到对公共利益、公正、公平等价值的追求，以及公共利益、公平公正与效率的协调统一，表现出对于正义核心价值的一种复归，是对公共行政核心价值认识上的不断接近。另一方面，公共行政正义不是一种单一的价值，而是具有多元特征的一个综合性价值。公共行政正义既体现了民主社会自由、平等、公正的价值追求，也蕴含着公共行政本身所具有的对公共利益、效率、效益的价值取向，同时也是公共行政人员德性的体现，公共行政正义是对公共行政一般价值的高度概括与凝练，是对这些价值的统一与均衡。正义作为公共行政的核心价值是基于公共行政价值客体本身、超越任何具体公共行政理论与范式存在的一种应然价值，公共行政正义无论对于公共行政的合理性、合法性还是公共行政的公共性都具有基础性的决定作用，从而直接影响着公共行政的建立和有效运行。所以，无论中国还是西方国家，无论传统公共行政还是现代公共行政，正义的核心价值地位都是毋庸置疑的，只是在不同社会形态以及不同社会发展历史阶段中正义核心价值的表现会有所不同，或者由于各种原因正义核心价值地位会有所疏离，在公共行政领域中分别表现出对效率、平等、德性等一般价值的偏移，但任何单一维度的价值追求都不能真正表达公共行政的本质要求，只有以高于一般价值的公共行政正义作为核心，统一各种公共行政价值取向，并在具体的公共行政生态中有效地均衡各种价值的维度，才能既避免各种价值之间的冲突又最大限度地实现公共行政的各种价值要求，从而最大限度地实现公共行政正义。

(二) 公共行政正义的基本特征

公共行政权力是公共行政赖以存在的前提条件,同时又是公共行政的实质和核心,公共行政作为公共行政权力的社会表现形式,公共行政的产生和运行都体现着公共行政权力的内在价值追求。因此,公共行政权力也是公共行政核心价值的客观依据。对政治权力的占有和行使以及它所提供的政治秩序是否正当的根本性追问就是政治正义问题。[①] 公共行政的目的就在于以公共行政权力这种权威的方式实现正义,反之,正义的要求应在一个国家政府公共行政的具体运行中得到广泛的实现。现代公共行政只有充分体现公共权力合法性和有效性,有效地消解公共权力的内在冲突与矛盾,实现公共权力对公共利益的价值追求,才能实现公共行政正义。这一时期的政府公共行政正义具有显著的政治性与多元性特征。

1. 公共行政正义的政治性

从公共行政的层面来看,公共行政虽然是基于政治与公共行政二分法而独立出来的,但从公共行政独立出来的那一刻起,公共行政都没能抹去其政治色彩,正如公共行政的创始人威尔逊在肯定公共行政的独立性的同时又承认"它与政治学智慧所派生的经久不败的原理以及政治进步所具有的永恒真理是直接相关联的"[②],公共行政具有鲜明的政治性,公共行政的正义价值也成为最为重要的政治价值。这一特征具体表现在以下几个方面:

第一,正义是最高层次的政治价值。

不仅公共行政的产生与运行都与政治相关,具有政治性,而且作为公共行政价值的正义也是社会和个人政治行为的准则,即正义

---

① 麻宝斌:《政治正义的历史演进与现实要求》,《江苏社会科学》2003 年第 1 期。
② 〔美〕古德诺·威尔逊:《行政学研究》(中译本),《国外政治学》1988 年第 1 期,第 44 页。

本身就是一种最高层次的政治价值。亚里士多德曾指出城邦以正义为原则，正义是树立社会秩序的基础。约翰·罗尔斯认为"正义是社会制度的首要价值，正像真理是思想体系的首要价值一样"[①]。奥特弗利德·赫费认为，正义"在政治的应用意义上，第一层次的正义涉及的是某一部门的单个行为，即一个公告、一个法令或一份法庭判决。在公共行为不仅偶然和出于幸运，而且在一般情况下，并且本质上是正义的地方，可以在第二层次的政治的正义性意义上，总体地把政治部门和机构，乃至整个法和国家看作是正义的"[②]。显然正义在其实质上是一个国家法和政治的正义性的体现。正义是规定政治关系、政治制度和政治行为的总的道德要求，正义是政治生活的首要价值，超越并影响权利、自由、平等、民主、安全、秩序等具体的政治价值，是社会和个人政治行为所必须遵循的基本准则。正如阿德勒所指出的，自由、平等和正义是我们处理社会、政治和经济事务的行动依据。正如在进行判断的真、善、美观念中，"真理至上"左右着我们对善与美的看法；在讨论自由、平等和正义时，我们也必须看到正义至上这一点。正义影响着我们对自由和平等的看法，因为，在自由、平等与正义这三者中，只有正义是无限制的好事，自由和平等都是需要限制的，正义是自由与平等的不可超越的限制。[③] 因此，对于正义而言，其政治性是毋庸置疑的。

第二，公共行政产生及其基础的政治性。

首先，公共行政作为一个独立的学科是在政治学的大厦中诞生，在政治学的后院里被抚养长大的，公共行政科学是政治学在19世纪的一个最新成果。政治学作为公共行政学的母学科对其性质有

---

① ［美］约翰·罗尔斯：《正义论》，何怀宏等译，中国社会科学出版社1998年版，第1页。
② ［德］奥特弗利德·赫费：《政治的正义性——法和国家的批判哲学之基础》，庞学铨、李张林译，上海世纪出版集团2005年版，第35—36页。
③ ［美］莫蒂默·阿德勒：《六大观念》，陈德中译，重庆出版社2005年版，第141页。

着深远的影响。① 目前，公共行政学在学科分类上也是隶属于政治学的，公共行政的产生与学科归属决定了公共行政与政治的相互关联，作为公共行政核心价值的正义也必然具有政治性特征。

其次，公共行政价值生成的宪法基础也决定了公共行政正义应契合依宪治理的价值理念，体现政治性。依宪治理是当代民主政治发展的产物，是基于依据人民的意志制定的宪法及在宪法框架下制定的法律法规所确定的相应的制度安排和制度实施，确立公共权力的组织形式、权力架构、职责范围和运行机制，并依据这样的源于根本法的规制实施公共权力的良性运行。其中，人民主权和民主政治理念是依宪治理的基本价值理念，限制和制约公共权力和法治理念是依宪治理的核心价值理念。宪法的实施要求必须建构一套体现正义原则的制度体系，这种正义原则就是公众期待并普遍认可的人民主权、民主和平等。同时还必须把公共权力纳入宪法和法律的严格控制之下，限制和制约公共权力尤其是政府权力构成了依宪治理的基本精神，也是依宪治理的核心。作为一种专门为公共领域服务的公共行政是以创造和维护正常的公共生产和生活所必需的条件为目的的，人民的主权实现是政府及其管理活动合法性的唯一来源和运作的前提，公共行政的正义性必须契合这一依宪治理价值理念。

第三，公共行政官僚机构是政治系统运行的基本工具。

这种观点超越了不同的政治系统在政治意识形态、政治文化和政治风格等方面的差异，已经成为人们的一种共识，很少会有例外。称职的官僚机构在发达政治系统中的重要性是不存在什么争议的，如果没有一个以这种或者那种形式存在的"现代"政府官僚机构，那么一个政治系统就不可能培育出一套高水平的内部规则、权

---

① ［美］尼古拉斯·亨利：《公共行政与公共事务》，项龙译，华夏出版社2002年版，第33页。

力分配方式或者人员选拔办法。①

第四，公共行政在其实际运作中也日益凸显出其政治意义。

学者们一致认为国家政治中涉及的组织数量已经显著地增加了，其中有许多使得公共行政决策变得错综复杂的因素，其动机并不是直接的经济上的考虑，而是与意识形态上的信念等因素相关。威廉·F. 韦斯特引用 Hugh Heclo 和 Daniel McCool "影子政府"（"Sub-goverments"，指对正式政府或组织施加相当影响的非正式团体或机构）的概念来描述美国公共行政管理政治环境的变化，"政策实施过程中不断加强的竞争性、不稳定性和不确定性使得有关群体去寻求参与机会和追求公共行政行为的正当性"②。其结果不仅是公共行政的政治环境变得更加多元化了，也使得公共行政在实际运行中的政治性日益增强。

由 "公共行政的政治性" 和 "正义的政治性"，我们可以逻辑地推断出 "公共行政正义的政治性"，即公共行政正义是一个真命题。这不仅是一个逻辑上的推断，而且也是历史演进的真实写照，公共行政得以产生和发展的客观基础——公共权力本就是政治权力在公共行政领域的具体体现，公共行政正义价值则是政治权力的合法性、有效性与公共性在公共行政领域的充分体现。而且公共行政的历史演进日益凸显其价值也是与一定国家、社会的政治环境紧密相关的，并且是以一定国家和社会的政治作为基础的。

2. 公共行政正义的多元性

公共行政正义的多元性是指公共行政正义具有不同的指向，可以从不同角度、不同层面来体现，是具有多向度的。公共行政正义的多元性最早在亚里士多德那里便有所论及。在亚氏看来，城邦正

---

① 参见 [美] 费勒尔·海迪《比较公共行政》（第6版），刘俊生译校，中国人民大学出版社 2006 年版，第 482—487 页。
② [美] 威廉·F. 韦斯特：《控制官僚》，张定淮、白锐译，重庆出版社 2001 年版，第 16—17 页。

义是以"公共利益"为旨归的,然而城邦正义具有多元性。一方面从公民与城邦相互关系的角度出发,亚氏肯定城邦正义是一种"民主正义",即只要拥有"自由民"身份就能获得"比值"上相等的正义,这种"比值"以其对城邦的贡献大小来决定。① 另一方面,亚氏又在设计城邦结构时从效能的角度强调城邦正义,为了实现人们过上更加优良的集体生活和政治生活,城邦政府应由分工合作的不同组织构成,并应用法律来确保其正义性,一个人人尽其所能、轮流执政的政治体系有利于达到城邦正义的目标。对于亚氏来说,正义同时还是一个人类的"主要的美德",是一切德性的总汇。

  以后的学者更是从不同的角度和层面来论述政府正义,政府正义的历史沿革,使得公共行政正义的多元性有着深厚的历史延续性。伊安·夏皮罗在其《政治的道德基础》中指出,"从苏格拉底到马丁·路德再到托马斯·莫尔,无不告诉我们政府的美好醇厚;而相反,无论是瓦茨拉夫·哈维尔,还是纳尔逊·曼德拉,抑或昂山素季却都强调政府永不停息的暴力。他们是道德上的楷模,因为他们鄙视非正义的政治权威"。② 在伊安·夏皮罗看来,政府可以有不同的形式,但必须是正义的。伊安·夏皮罗以启蒙运动的价值体系为背景,论述了功利主义、马克思主义传统、社会契约论三种传统各自对政治合法性的独特的关注。在这里,政治的合法性的表现形式就是正义的政府,而功利主义、马克思主义传统、社会契约论分别代表了三种不同的政府正义取向。

  以边沁为代表的功利主义者把政府的合理合法性与政府使幸福最大化的意愿和能力联系在一起,政府的正义性就是使整个社会最多数成员获得最大幸福。马克思主义把无产阶级利益看成是全人类

---

① [古希腊]亚里士多德:《政治学》,吴寿彭译,商务印书馆1983年版,第140—235页。
② [美]伊安·夏皮罗:《政治的道德基础》,姚建华、宋国友译,上海三联书店2006年版,第1页。

的共同利益，并从这一立场来定义政府正义的立场。对社会契约传统理论家来说，如果国家、政府体现了民众的一致赞同，那么它就是正义的，反之则是不正义的。这三种传统各自对政府正义虽有着独特的关注点，但它们均来自启蒙运动对它们的决定性影响。正如伊安·夏皮罗所言："启蒙运动旨在通过科学的原则（scientific principles）使得我们的社会生活变得理性化（rationalizing social life）。其关于个人权利（individual rights）的政治学说描述了人类自由的理想状态，为人们严肃认真地考虑人类自由（的理想）提供了一个强大的规范性的原动力（normative impetus）。"① 这三种传统的政府正义实际上反映了他们各自对启蒙运动科学和个人权利价值观的不同理解。

　　公共行政正义的多元性不仅有着政府正义历史沿革的渊源，而且现代社会的价值多元性也使得现代公共行政正义不可避免地呈现出多元性的特征。亚当·斯威夫特在《政治哲学导论》中对正义概念进行了分析，展示了三个对正义概念富有影响而且为大多数人所认可的见解：罗尔斯作为公平的正义（Justice as Fairness）、罗伯特·诺齐克的作为权利的正义（Justice as Entitlement）以及作为应得的正义（Justice as Desert）。这三种不同的正义见解决定了三种不同导向的公共行政正义理论。罗尔斯正义的核心是原初状态（original position）和无知之幕（veil of ignorance）。对于罗尔斯来说，社会应该被理解为一个自由和平等的公民之间合作的公平组织，原初状态塑造或者表现了这一理解。在无知之幕后面的正义原则具体表现为以下两个原则：第一原则是平等的基本自由的原则；第二原则关系到社会和经济的不平等，它自身分为两个部分：（1）差异原则，（2）机会均等的原则，后者优先于前者。而且第

---

① ［美］伊安·夏皮罗：《政治的道德基础》，姚建华、宋国友译，上海三联书店2006年版，第4页。

一原则优先于第二原则。一个正义的政府应该将这些原则聚合在一起构成一个正义的社会——要给予它的每一个成员相同的基本自由或者权利,它们包括言论自由、宗教自由、结社自由和职业自由等。假如存在着社会和经济的不平等,它将保证所有的公民享有过程中的机会均等,通过这个过程,所有人都有平等的机会获得大致平等的教育和成就前景。最后,它只允许这样的不平等存在,即使社会最贫困成员的状况最佳化。① 罗伯特·诺齐克是罗尔斯正义理论最尖锐的批判者,诺齐克认为"正义不是通过想象我们不知道在自然的或者社会的偶然状态中如何幸运或不幸达成的意见一致的公平原则。正义是尊重人们私有权和拥有财产的权利,同时让人们用他们所拥有的东西自由地决定自己的所作所为"②。一个正义的政府不是随意干预社会资源的分配,以制造一些人为的理想的公平分配。因为,在他看来,政府的干预总会牵涉到对民众合法持有的财产权的侵犯,政府正义应该体现为确保民众个人权利免遭他人的侵犯,一个拥有财富的人是否将其财产给予穷人是财产所有者个人的自愿选择,而不是一个正义的政府对于个人财富的强制性再分配。

　　罗尔斯与诺齐克两人的观点针锋相对,然而正如亚当·斯威夫特所评价的那样,"罗尔斯没有严肃地对待人的差异,以及人对自身的拥有;诺齐克没有否认人对天赋才能的占有(像他们出身的社会阶层)是一种运气"③。因此,两人对于政府公共行政正义也就根本对立了。另一种正义是作为应得的正义,即公共行政正义就是给予人们他们应该得到的东西,拒绝给予他们不应该得到的东西。这里的关键是如何理解"应得"。所谓"应得"有两层含义:在常识观念中,应得既包括赏也包括罚,它是一个人行为的后果;在哲

---

① [英]亚当·斯威夫特:《政治哲学导论》,萧韶译,江苏人民出版社2006年版,第27—28页。
② 同上书,第33—34页。
③ 同上书,第42页。

学家的观念中,"应得的"与一个人"自身的"和"属于自身的"东西属于同一个范畴。这两层含义是统一的,也就是说,赏或罚是由于一个人自身的行为而属于它自身的。应得的就是有权利要求得到的。① 应得取决于每个人所具有的权利,权利构成应得的根本和界限。应得的权利是神圣的,不可逾越、不容侵犯的。因此,尊重、维护应得的权利就是正义,侵犯、破坏应得的权利就是非正义。政府公共行政正义不仅体现为这种维护应得的实质性正义,还表现为"怎样给每个人以其所应得"的程序正义。"一方面,正义同规则和程序相关,公正地对待人民意味着以正当的方式运用有关规则。另一方面,它与结果有关,即人民应当关心他们所获得或需要的任何东西。"② 实质正义与程序正义是不可分的,并内在地统一于现代政府的公共行政正义之中。

以上三种对于政府公共行政正义的不同理解是由现代社会的价值多元性特点决定的,不仅如此,公共行政正义的多元性特征还是由公共行政本身的复杂性决定的,这种复杂性使得任何单一向度的研究都不可能对公共行政正义获得全面而深刻的认识。在公共行政伦理理论发展相对成熟的当代美国,学者已经越来越关注研究的视角和途径,并主张多视角、多途径的研究取向。如当代美国著名的公共行政学家罗森布鲁姆便提出了公共行政研究的管理、政治和法律三条不同的研究途径,每一条途径都有着自身的独特性,只有将这三条途径综合起来考虑才能获得对公共行政的整体认识和把握。然而遗憾的是在罗森布鲁姆的"多元公共行政观"中忽略了伦理的维度,作为对这一缺憾的弥补,他又强调每一种途径中的价值观、组织结构、公共行政责任与公共行政伦理等方面都有着自身的独特

---

① 周文华:《正义:"给每个人以其所应得"》,《哲学动态》2005年第11期。
② 邓正来主编:《布莱克维尔政治学百科全书》,中国政法大学出版社1992年版,第382页。

性，从而表达了他的"多元"理论的伦理性。实践也证明，公共行政的复杂性决定了对于公共行政正义的伦理学解读必然是多元的。随着公共行政实践的发展，公共行政学界和实务界已经认识到，今天的实务人员和学者所面对的不应该是在多样性的视角中进行选择，而是要找到更为全面的一条途径，以便理解这些表面上看来分歧的伦理和价值视角，并提供一个系统性综合和批评性考察的视角。①

第五节 以正义为核心的公共行政价值体系

在公共行政体系中，其价值包含多层面、多等级的价值目标和价值追求，这些不同层次、不同等级的价值目标和价值追求在一个完善的价值体系中可以相互说明、相互支持、相互补充，但这些价值在价值体系中的地位是不同的，根据价值在公共行政体系中的地位与作用不同，可以将公共行政价值分为目的性价值和工具性价值，并形成一个以公共行政正义为核心价值的公共行政价值体系。

一 工具性价值

公共行政的工具性价值是作为实现目的性价值的手段所具有的价值，主要由秩序、效率、公共利益、公平、正义等价值构成，其中正义在工具性价值体系中居于核心地位，而其他工具性价值处于从属价值的地位。

（一）秩序

在汉语中，秩序由"秩"和"序"组合而成。在古代，"秩"

---

① Anthony G. Cahill and E. Sam Overman, "Contemporary Perspectives on Ethics and Values in Public Affairs", in James S. Bowman & Frederick A. Elliston (eds.), *Ethics, Government, and Public Policy: A Reference Guide*, New York: Greenwood Press, 1988, p.12.

"序"二字，和英文的 order 一样，都有"次序、常规"的含义。从广义上来讲，秩序与混乱、无序相对，指的是在自然和社会现象及其发展变化中的规则性、条理性。从静态上来看，秩序是指人或物处于一定的位置，有条理、有规则、不紊乱，从而表现出结构的恒定性和一致性，形成一个统一的整体。就动态而言，秩序是指事物在发展变化过程中表现出来的连续性、反复性和可预测性。秩序是人类生存与社会发展的基本条件，是人类社会一切活动不可或缺的必备条件和价值追求。任何社会都是在一定的秩序轨迹上运行，各种社会形态的变迁与更替，归根结底是人们对社会秩序所做的一种自觉的或强制的调整与创新。从根本目的来看，秩序有利于人类社会的发展，是人的自由全面发展的保障。

秩序包括社会秩序和非社会秩序两类：社会秩序是指人们交互作用的正常的结构、过程或变化模式，是人们在共同的社会性生产和生活过程中行为的有规则的重复性和再现性，是人与人之间形成的社会关系的制度化和规范化，包括经济秩序、政治秩序、文化秩序，乃至生产秩序、工作秩序、教学秩序、科研秩序和生活秩序等；非社会秩序是指事物的有序位置所在、正常的结构状态和变化模式，是一个独立于人类行为之外的秩序系统，主要是指自然界物质运动、变化和发展规律的直接体现。公共行政管理追求的秩序价值，主要是指一种社会秩序。

秩序是政府公共行政管理的基础性价值，是其他更高层次价值得以实现的前提和基础。人类社会由于利益的分化必然导致社会冲突，而控制社会冲突、维护社会秩序又是社会共同体存在与发展的需要。只要存在社会冲突，以及社会冲突不断扩大或激化的可能性，社会秩序就会受到威胁，社会成员就会处于普遍的不安全感之中。人类创建政府的目的就是能够有效地控制社会冲突，为人类的生存与发展创造一个安定、和谐的环境。没有稳定的社会秩序，人们自由、平等、发展的要求永远也难以实现。建立、维护和巩固为特定社会制度所需要的社会秩序，也历来是各国政府或国家政权的基本职能和价值追求。正如哲学家博登海默指出的："从最低限度来讲，人之幸福要求有足够的秩序以确保诸如粮食生产、住房以及孩子抚养等基本需要得到满足；而这一要求只有在日常生活达到一定程度的安全、和平以及有序的基础上才能加以实现，而无法在持续动乱和冲突中予以实现。"①

（二）效率

效率最初是一个物理学概念，是指投入的能量与产出的能量之比。19世纪开始，效率概念被引入管理科学领域，指的是从一个给定的投入量中获得最大的产出，即以最小的资源消耗取得同样多的效果，或以同样的资源消耗取得最大的效果，也就是常说的价值最大化或以价值最大化的方式配置和使用资源。

公共行政效率，是指公共行政组织和公共行政人员从事公共行政管理工作所投入的各种资源与所取得的成果和效益之间的比例关系。这里所说的各种资源，是指人力、物力、财力和时间以及其他各种有形无形的资源；这里所说的成果，是指管理成果，它既可以是有形的物质成果，也可以是无形的精神成果；这里所说的效益，既是指社会效益，也是指经济效益，但主要是指社会效益，实现公共利益的程度是衡量社会效益的主要标准。追求高效是政府公共行政的内在要求和价值诉求，效率化是公共行政管理现代化的重要标志。公共行政效率一般可以从"内部效率"与"外部效率"两个方面来理解：内部效率体现的是从微观层面对于政府公共行政内部在为社会和公众提供服务过程中所付出的人力、财力和物力等资源的高低；外部效率体现的则是从宏观层面对政府公共行政促进社会

---

① ［美］博登海默：《法理学：法律哲学与法律方法》，邓正来译，中国政法大学出版社1999年版，第293—294页。

和人的发展的进程与速度方面的动态状况。效率价值是这两个层面的相互统一，在理论研究和实证分析时，我们可以分别从不同方面进行探讨，但作为公共行政价值而存在的效率必须是这两个方面的统一，忽视或过于强调某一方面都会导致对于效率价值的误读。

从公共行政权力的视角看，公共行政效率则是指政府在对公共事务进行管理过程中根据效率的原则来为公共利益行使公共行政权力，是指公共行政人员在行使公共权力时不仅运用经济的手段，而且还运用综合的手段获得较好的效果。所谓"经济的手段"是指"机械性效率"，即公共行政人员以最小的投入取得最大的产出。"综合的手段"与社会性效率相联系，即公共行政人员以经济的手段获得的效果只有与个人价值、平等自由、情感和公平等社会价值观念结合起来时才有意义。也就是说，一个真正有效率的政府，只有在政府公共政策或管理行为的价值取向与其他公共行政价值目标相一致时才是真正有意义的。另外，经济和效率低下的公共行政决策即使能增进公共利益，也不会是一项"好的"或"善的"决策。因此，政府公共行政采取什么方式行使公共行政权力对于公共行政的效率价值的实现具有十分重要的意义。

（三）公共利益

公共利益概念最早源自古希腊社会，特殊的城邦制度造就了一种"整体国家（城邦）观"，与这种观念相联系的是具有整体性和一致性的"共同善"，它代表了城邦整体的共同利益。亚里士多德以此作为划分政体的标准，认为"凡照顾到公共利益的各种政体就是正当或正宗的政体；而那些只照顾统治者们的利益的政体都是错误的政体或正宗政体的偏离"[①]。到了17世纪末，公共利益开始取代"共同善"成为讨论政治共同体善的关键词，但这一时期社会公

---

① [古希腊] 亚里士多德：《政治学》，吴寿彭译，商务印书馆1965年版，第132页。

共利益的实质是对个体私人利益的促进和保护。19 世纪以后，资产阶级政府逐渐认识到政府应对社会成员的经济活动进行调整和限制，并在坚持个人有权追求自我利益和个人自由的基本立场的同时，考虑作为个人自由条件的公共利益，这时的公共利益在很大程度上体现为社会公共秩序。20 世纪以来，西方对于公共利益概念的认识随着社会的发展发生变化，公共利益既不是个人利益的简单相加，也不是抽象的整体利益，而是更多地表现为一种介于个人与社会之间的动态的、相对的关系。因此，公共利益概念的内涵具有复杂性、动态性以及历史性等特点。美国公共行政学家罗伯特·B.登哈特将众多学者对于公共利益的不同理解归纳为四种模式：(1) 公共利益的规范模式；(2) 公共利益的废止论模式；(3) 公共利益的政治过程模式；(4) 公共利益的共同利益模式。① 在这四种模式中，除了废止论模式，公共利益或被认为是一种价值观念和行为规范，或被认为是个人利益和集团利益的一种平衡和聚合。也就是说，公共利益既是精神的抽象物，也是实体的客观物。

综合目前对公共利益的理解，我们把公共利益定义为：公共利益是一个与私人利益相对应的范畴，它不是个人、或社会团体、或特定组织、或少数人组成的群体所涉及的利益，而是各社会主体共有、共需、共享的利益。在一定社会条件下，公共利益实质上是由社会成员所共同拥有和共享的、不具有排他性、竞争性和营利性的共同利益。公共利益不是个人利益的简单相加，也不代表特定的团体或部分人的利益，而且这些利益客观地影响着社会共同体整体的生存和发展，尽管它们中有些可能并没有被共同体成员明确地意识到。

一般来说，公共利益具体体现为两种形态：价值形态和现实形

---

① ［美］珍妮特·V·登哈特、罗伯特·B. 登哈特：《新公共服务：服务，而不是掌舵》，中国人民大学出版社 2004 年版，第 14 页。

态。公共利益作为一种价值内核，与人类行动的"目的合理性"和"价值合理性"密切相关，因为，价值标准是一种更具有普遍性、根本性和长远性的利益。[①] 在现实层面上，公共利益与社会共同体的生产力相关，是每个社会成员都有可能获得的公共物品的供给，包括公共安全、公共秩序、公共教育、公共文化、基础设施、生态环境等。公共利益同时也是社会成员正当权利和自由的保障和合理的社会公共制度的体现，包括政治、经济、文化、法律等方面的制度规范。公共行政管理的公共利益价值是公共利益的价值形态与现实形态的统一，既要为社会提供一种精神层面的价值追求与导向，也要在现实层面为社会提供具体的公共物品与公共服务。公共利益是公共行政管理应然的价值追求，是公共行政管理公共性特征的核心理念和评价标准。

公共利益价值追求是政府公共行政管理的"应然"，但不是公共行政管理的"必然"。因为公共利益在现实生活中表现出的多样性和社会共享性及相对普遍的影响力，在诉诸公共利益价值追求时，如何界定公共利益、如何建立一种科学合理的机制保障公共利益的价值实现，从而避免公共利益内容发生变异，避免公共利益沦为少数人或者政府侵害公众利益的利器和工具，成为实现社会公共利益的关键。

第一，公共利益的社会价值性。公共利益价值实现总是和一定社会群体的存在和发展所必需的社会价值有关，或者说是一定社会群体存在和发展的前提，这是公共利益正当性的基础。

第二，公共利益与一个国家的政治、经济发展密切相关。公共利益的内涵在不同历史时期会有不同的变化，是与一个国家一定历史时期的根本任务紧密相连，并随着国家根本任务的变化而发展

---

① 马德普：《公共利益、政治制度化与政治文明》，《教学与研究》2004 年第 8 期。

变化。

第三，公共利益最重要的社会价值在于促进社会资源的合理利用和社会的可持续发展。公共利益具有层次性和阶段性，在做出某项公共利益决定时，应该对局部公共利益和整体公共利益，短期公共利益与长期公共利益加以权衡比较，应该对公共利益实现的不同方式加以比较，以公共利益最大化和社会的可持续性发展作为公共行政的目的。

第四，公共利益与个人利益是对立统一的关系。对公共利益的追求不可避免地要与保护公民权利相联系。作为公共行政管理者应当尊重建立在个体基础上的个人权利，保护个人利益。公共行政管理应成为那些已经受到不公平待遇的或正在受到不公平待遇的个体权利的保护者。

第五，公共利益的实现必须克服公共行政管理主体天然的本位利益倾向。政府在理论上"应该代表"社会公共利益，但并不意味着一旦赋予其公共行政权力，公共利益就会自动实现。公共行政组织及其成员在管理社会事务的过程中也一定会受到其自身利益的影响。这就决定了任何国家的制度设计都必须将公共行政管理者置于一定的监督机制之下，防止出现公共行政管理者以实现公共利益之名谋取公共利益以外的利益。

(四) 公平

公平指处理事情合情合理，不偏袒任何一方。西方早在古希腊罗马时期，就把处理人与人之间关系的基本准则纳入公平范畴，梭伦为了调整社会关系避免两极分化，主张在穷人和富人之间不偏不倚。孔子也有"有国有家者，不患寡而患不均，不患贫而患不安"的思想。但中西古代思想家的这种所谓"公平"的思想并不是现代意义上的"公平"，而是一种粗朴的"平均主义"思想，在他们所处的社会历史条件下是不可能实现公平的。

现代意义上的公平含有从公正的角度出发,平等地善待每一个与之相关的对象的意义。公平的内涵包括两个方面:其一,社会地位上平等。社会中一切成员在社会地位上是否被平等地认可和尊重,这是最基本的平等。马克思认为:"这种平等要求更应当是从人的这种共同特性中,从人就他们是人而言的这种平等中引申出这样的要求:一切人,或至少是一个国家的一切公民,或一个社会的一切成员,都应当有平等的政治地位和社会地位。"① 其二,社会财富的分配上公平合理。公平用在衡量利益分配时指的是付出与回报之间的相等。社会财富分配上的公平是具体的社会历史条件考量下的公平。公平也可分为起点公平、过程公平和结果公平三个层次。起点公平是最起码的条件上的公平,指在相同的机制设置和规则约束下,人人享有同等的权利和机会,从而摒弃先赋性因素造成的不平等状况。过程公平指分配形式上公平,即在机会均等、竞争规则相同条件下,每个人获得与自己投入相称的利益。结果公平是对分配结果而言,即每个人最终得到的利益相当,差距不大。

公平的公共行政价值追求最先是由新公共行政学派提出的,新公共行政学派认为,传统公共行政是在理性官僚制和政治与公共行政二分原则下探讨效率的,是一种"程序效率"或"形式效率",而不能实现公共行政的社会价值,这就要求公共行政对效率的追求必须建立在社会公平的基础上。新公共行政强调以社会公平为核心价值追求,从根本上改变了传统公共行政效率至上的价值取向,唤起了整个公共行政领域的全面变革,并对其后西方公共行政的价值取向产生了重大影响。

公平虽强调平等,但人和人在遗传禀赋、智力、境遇和所拥有的财富、地位等方面具有差异,因此把公平理解为绝对平等是荒谬

---

① 《马克思恩格斯选集》第 3 卷,人民出版社 1995 年版,第 444 页。

的。而且虽然起点公平是公平的基础，但是起点公平并非必然导向结果公平，在具体的操作过程中容易受到阶层立场、知识水平、思维方式及能力、情感等主观倾向，需要与欲望等理性或非理性因素的影响，导致过程公平中出现偏差与扭曲，出现结果的不公平。因此，政府公共行政需建立全面的监督约束机制，确保机会公平的彻底贯彻、过程公平的有效履行和结果公平的最终实现。

公共行政管理所要实现的公平不是某一领域、某一时段的公平，而是全方位的整体公平。公共行政管理以公平为价值诉求，是其公共性所决定的，只有政府才有能力维护社会公平，政府在维护社会公平的过程中担负着对整个社会发展的引导和对政府自身行为的约束双项职责。然而社会公平问题是一个十分复杂的社会问题，涉及社会生活的方方面面，要处理好社会公平问题也是一个长期而艰巨的渐进过程。但公平作为政府公共行政的价值追求，必须体现在政府公共行政的各个环节，而且还要处理好公平与效率之间的矛盾关系，促进公共行政效率与公平的相互协调与共同发展。

（五）正义

英语中正义（justice）概念源于古罗马正义女神的名字禹斯提提亚（Justitia），具正直、无私、公道等语义，因此 justice 既可表达为正义也可表达为公正。《辞海》中的"正"指"正中：平正；不偏斜"。"义"指"事之益：正义"，指思想行为符合一定的标准。《中庸》："义者宜也"，韩愈《原道》："行而宜之之谓义。"义即善，是最高的道德价值。现代汉语中的"正义"与公正、公道、公平含义相近，但在意义强弱、范围大小方面存有一定差异。相比较而言，正义是一种最高的道德价值，正义既包含有公正、公平的含义，又指一种理想的社会价值和符合一定政治和道德标准的行为。在实际运用过程中，正义也表现为一个更具抽象性和概括性特征的概念，包含着更多的有利于整体社会发展的价值内涵，体现为一种最高的善。

人们一般从三个层面来理解正义：第一，理念层面。正义是一种理念，具有理想性的价值取向，其表现形态是作为一种观念化的正义理念与价值评价标准而存在。作为理念的正义，它宏观勾勒出具体正义层面所指向的终极目的是什么，昭示出人们在各个领域所寄予的理想状态。正义理念具有强大的凝聚力和号召力，可以激励人们为理想生活而努力奋斗。第二，制度层面。作为制度层面的正义是社会制度中的核心。"正义的主要问题是社会的基本结构，或更准确地说，是社会主要制度分配基本权利和义务，决定由社会合作产生的利益之划分的方式。"① 制度正义指的是社会基本结构的正义，它的使用范围包括社会政治制度、经济制度、法律制度等。制度层面的正义为正义的具体实施过程提供制度性的保障。第三，生活层面。正义是对政治、经济、法律、道德等领域中的是非、善恶的一种道德认识和价值评价，既指符合一定社会道德规范的行为，又是处理人际关系和利益分配的一种原则，即"一视同仁"和"得所当得"。② 但什么是一个人"应得的东西"，只有在具体的社会历史条件和特定情境中才是明确的。在正义的三个层面中，制度正义是其核心。制度正义常常被用于社会的基本制度安排上。正如罗尔斯所指出的，"正义是社会制度的首要价值，正像真理是思想体系的首要价值一样"③。

公共行政领域中的正义具有多元性，也就是说，公共行政正义具有不同的指向，必须从不同角度、不同层面来体现，具有多向度性。公共行政正义是由公共行政权力的内在特征决定的，公共行政

---

① [美]约翰·罗尔斯：《正义论》，何怀宏等译，中国社会科学出版社 1988 年版，第 7 页。
② 朱贻庭主编：《伦理学大辞典》，上海辞书出版社 2002 年版，第 44 页。
③ [美]约翰·罗尔斯：《正义论》，何怀宏等译，中国社会科学出版社 1988 年版，第 1 页。

正义是公共行政权力的合法性和有效性的充分体现，是对公共行政权力公共性的张扬和私人性的抑制，是公共行政权力服务于公共利益，指向共同的善即正义的外在表现。如果公共行政不能体现公共行政权力的这种内在价值，公共行政便会失却其正义性，公共行政权力也将不复存在。公共行政正义作为公共行政首要的、核心价值既体现了民主社会自由、平等的价值追求，也蕴含着公共行政本身所具有的对公共利益的价值取向，同时也是公共行政人员德性的体现。从而具体体现为公共行政正义的三重伦理维度：公共行政正义的义务论伦理维度、公共行政正义的目的论伦理维度、公共行政正义的德性论伦理维度，并且是这三重伦理维度在公共行政中的有机统一。公共行政正义价值本身所具有的综合性及其多元性特征，以及公共行政本身的复杂性，决定了任何单一向度的认识都不可对公共行政正义获得全面而深刻的把握。公共行政正义作为公共行政首要的核心价值，它的功能是帮助官僚制通过普遍接受的和为统治政体价值所认可的合法的实践服务于社会正义的目的。也就是说，当官僚机构以追求正义的目标行动时，正义要求他们为那些表面上看起来有分歧的伦理和价值提供一种统一的分析视角，并在最终的价值追求上达成一致。具体来说，正义是一个能合并公共利益，社会平等和效率，以及美德的综合性概念，正义能够在大量不同的技术合理性范例，包括那些基于社会平等，伦理和美德，以及公共行政机构的范例中发现有意义的可选择方案并努力使它们和谐一致。

政府公共行政的制度设计以及实际运作的目的是彰显正义、实现正义，人类社会实践的历史也表明，正义是人类设立政府的共同价值诉求，人类设立政府、赋予政府以公共权力的目的就是要彰显其正义性，离开了这种体现正义的公共权力，政府就从根本上失去了存在的必要性和合法性。因此，无论公共权力产生的初衷如何，其基本目的在于调整或维持整个社会生活的基本秩序，是为了社会的共同需要而存在的，并承担着整合不同的利益主体之间的利益冲突的社会职能。正义自始至终是政府公共行政的根本属性和政府发展的基本逻辑。

公共行政管理的目的就在于以公共行政权力这种权威的方式实现正义，同时正义的要求也应在一个国家政府公共行政的具体运行中得到广泛的实现。在公共行政的工具性价值体系中，正义居于核心地位，而其他工具性价值处于从属价值的地位。一方面，居于核心地位的正义价值，代表着工具性价值体系的总方向和总特征，对于其他处于从属地位的价值起着统率的作用，它既约束从属地位的价值，又为这些价值提供方向和根据，从而为工具性价值体系的统一和稳定起着保护作用，并共同为实现公共行政的终极价值而努力。另一方面，正义核心价值也离不开从属的多样性价值的支撑与烘托，是对其他工具性价值的均衡状态的体现。因为正义反映了人们对于自身全面发展的更高要求，即人们追求一个良好的、民主的、自由的、平等的社会状态，在现代民主社会，这种要求不仅仅是追求经济上的富足，还表现为人们需要行使自身的民主权利，实现自身的价值的愿望。

二 目的性价值

作为人类理性需要、理性设计的政府公共行政，除了要通过公共行政实践实现其所追求的秩序、效率、公共利益、公平与正义外，也要有一种长远的、持续性的目的性价值。发展是这一价值的具体表现，包括社会的发展与人的发展。它贯穿于政府公共行政的全过程，是政府公共行政的终极目标与追求。

（一）社会发展

社会发展指整个人类社会的向前运动过程。包括两个方面：（1）纵向，指人类社会由低级向高级的运动和发展过程；（2）横向，指在特定的社会发展阶段中一个社会各方面整体的运动和发展过程。由于人们所秉持的发展价值观不同，对社会发展的理解有所不同。人类的发展观经历了从发展客体论到发展主体论再到发展的主体和客体统一论的演进过程，并进而形成了社会"可持续发展"的理论。根据"可持续发展"的理论，人类社会发展的最终目的是人与自然、社会的协调和可持续发展。这种发展是一种全面的发展，而不是单一的经济增长，是追求生态平衡、经济发展和人的发展三者统一的社会发展；这种发展是追求工具合理性与价值合理性相结合的发展，只有将两者结合起来才是一种健康的发展；这种发展还是人们享有权利和履行义务相统一的发展，要求人们在拥有和享用发展成果的同时，应承担起对他人、对社会的责任，履行对他人、对未来的义务。

长期以来，人类由于理性认识能力的提升，对于自然和社会的掌握范围也越发宽广，随着物质财富的巨大增长，人类中心主义滋生并膨胀，为了眼前利益，人类尽情地享有和无情地使用这个世界，对人类的生存和发展带来了危机。由于公共行政的工具理性价值导向，作为公共行政主体的政府在早期的价值定位上也偏重于短期的、实用性目的，片面追求秩序、效率等工具性价值。但是为了促进社会的可持续发展，同时也是促进政府公共行政的可持续发展，政府公共行政就必须牢牢确立促进社会可持续发展的目的性价值导向。克服公共行政偏重于追求一些经济指标、量化系数等可测量的标准来提升自身能力，塑造自身良好形象的做法，因为，这种短视行为缺少未来终极价值的长效支撑，久而久之会流于形式，失去公共行政的本质属性，遭遇自身存在的合法性危机。正如马克思所指出的，文明如果是自发地发展，而不是自觉地发展，则留给自己的是荒漠。

社会发展是一项系统工程，是政治、经济、文化、社会等全方位的发展，从发展阶段而言，应该短期、中期和长期发展相结合。政府所拥有的公共权力就是要促进社会的科学发展和可持续发展。社会发展应该一直是政府公共行政的目的性价值，指导和支撑政府公共行政的未来长期发展，从而促进社会的整体发展和进步。

在当代中国，坚持发展是硬道理的本质要求，就是坚持科学发展，更加注重以人为本，更加注重全面协调可持续发展，更加注重统筹兼顾，更加注重保障和改善民生，促进社会公平正义。2012年党的十八大以来，以习近平总书记为核心的党中央提出了一系列治国理政新理念、新方略，逐步形成了社会全面发展的理念。十八届五中全会提出，2020年全面建成小康社会的奋斗目标，首次提出"创新、协调、绿色、开放、共享"五大发展理念。十九大报告指出，中国特色社会主义进入新时代，我国社会主要矛盾已经转化为人民日益增长的美好生活需要和不平衡不充分的发展之间的矛盾。发展不平衡不充分问题，是当前和今后一个时期制约中国社会发展和满足人民日益增长的美好生活需要的主要问题，对党和政府工作提出许多新要求，政府公共行政要在继续推动社会发展的基础上，着力解决好发展不平衡不充分的问题，按照科学的发展理念，大力提升发展的质量和效益，更好地满足人民日益增长的美好生活需要，促进社会公平正义，推动人的全面发展、社会全面进步。

（二）人的自由全面发展

人的自由全面发展及其对幸福的追求作为人类公共行政活动的根本目的或终极目的，是政府公共行政的终极价值目标和最高意义。

首先，人的发展是政府公共行政的最高目的。公共行政的根本目的是为了人，是为了人能够更好地生存和发展。人类正是在追寻人自身的利益和发展的过程中才创设了国家和政府，也正是为了人自身更好地生存与发展，人类才在历史发展过程中，不断寻求新的社会治理理论和模式，不断为政府公共行政注入各种工具性价值以寻求人的最终的自由与发展。人类历史上任何一个阶段的政府公共行政活动的直接目的都要服务于公共行政这一根本目的。在政府公共行政活动中，人始终是目的与手段的统一。因此，真正科学的公共行政管理应该关心人、注重人，充分体现对人的关怀与尊重。

其次，人的自由全面发展学说不仅仅是一种理想，而且也是贯通政府公共行政实践的目标和基本原则。公共行政管理活动必须以人的发展作为出发点和归宿。公共行政管理与人的发展具有一致性，公共行政管理的终极价值就是要为人自身的发展开辟道路，为实现人的全面发展的自由个性提供最现实的途径。具体体现为对人的需要的充分满足：充分满足人的生存的需要、培育和满足人的正当的、健康的情感需要、有效满足人的社会交往和社会生活的需要、真正满足人的享受的需要、最大限度满足人的发展的需要。公共行政管理必须为社会个体提供和谐、稳定、有序的社会关系，营造丰富的社会生活空间，提供充分的社会规范保障，促进整体社会的自由、平等、民主、文明水平的提高，为实现人的发展的终极目的铺平道路。

最后，政府公共行政为解决公共行政活动中人与物的矛盾指明了方向。公共行政价值的实现过程也是解决人与物的矛盾的过程。人与物的关系问题蕴含着人类的本质和意义如何确立的问题。因此，人类在客观对象中占据何种位置，人与物如何联系和如何区别，就成为公共行政活动的一个重要方面。人的自由全面发展在人类公共行政活动中终极价值地位的确立，其实质就在于把人自身的发展看成是公共行政发展的前提和基础，确立了人的主体地位。

人的自由而全面的发展，是人的自我意识觉醒之后所确立的关于人类自身发展的一种价值性追求和理想。人的发展与社会历史的发展密切相关，与社会实践的进程同步。人类社会的发展形态具有多样性，但无论哪种形态都是由人所创设的。人的价值决定于他所创造的价值，但人能创造出什么样的价值，在什么水平上创造价值，则决定于他的全面而自由发展的程度。因此，人的价值的最高目标，在于它的全面而自由的发展。马克思在《资本论》中指出，共产主义是以每个人的全面而自由的发展为基本原则的社会形式。人类的各种社会形态、社会发展的不同程度都是在不断地向人的自由全面发展的靠近，虽然这一目标的实现是一个漫长的历史过程，但是每一历史阶段人的发展向这一目标的努力，都是通向这一理想目标实现的必然要求，都是对人的自由而全面发展的应然性条件的创造和准备。

综上所述，公共行政价值体系是由工具性价值与目的性价值共同构成的。但公共行政的目的性价值与工具性价值的划分具有一定的相对性，特别是在公共行政发展过程中，某些具体的目的与手段并不是孤立静止的，而是相互联系的，有些价值甚至会在公共行政发展的不同层级中进行转化。例如正义价值在某个局部的公共行政环境中是目的价值，然而相对于公共行政的终极目的价值来说，正义又是手段价值，是实现终极目的性价值的条件。

公共行政价值在不同的社会发展阶段受经济发展水平、政府与社会的关系、民族文化传统、领导者的价值观念等因素的影响而有所不同。在公共行政价值体系内部，不同价值之间既是相互关联、相互依存、相互作用的，又存在着相互冲突、相互背离的情况，公共行政的目的就是要为各种公共行政价值的和谐有序、相互促进并最终得以实现创造条件。

第三章

公共行政核心价值的要素论

公共行政正义作为公共行政应然的、核心的价值，是一个多维度的统一的概念，是一个建立在公共行政权力的合法性、有效性以及公共性基础上的多重伦理维度的综合性概念，是公共行政正义的义务论维度、目的论维度和德性论维度这三重伦理维度的有机融合与统一。

第一节 公共行政正义的义务论维度

公共行政正义义务论伦理维度，以公共行政权力的合法性为基础，也就是要回答人类为何需要公共行政权力来管理社会事务。现代民主社会，公共行政权力是一国依宪治理之产物，公共行政权力的组织形式、权力架构、职责范围和运行机制，是基于依据人民的意志制定的宪法及在宪法框架下制定的，公共行政权力的良性运行必须符合依宪治理价值基础。公共行政正义义务论伦理维度正是对依宪治理价值基础的捍卫，也就是说，政府在行政过程中必须无条件地履行对依宪治理价值基础的维护这一义务才是正义的，这是政府得以存在和有效运行的基本前提，也是公共行政正义义务论伦理维度的具体体现。

一　公共行政权力合法性与依宪治理价值的高度契合

依宪治理是当代民主政治发展的产物，是基于依据人民的意志制定的宪法及在宪法框架下制定的法律法规所确定的相应的制度安排和制度实施。确立公共权力的组织形式、权力架构、职责范围和运行机制，并依据这样的源于根本法的规制实施公共权力的良性运行便是依宪治理的基本内容。

依宪治理与宪法相互联系，又有着根本区别。依宪治理以宪法为基础，并通过宪法这种物化的制度性法律形式予以保障；依宪治理是宪法的灵魂，是宪法的价值和意义所在。具有正当性的宪法就是充分体现依宪治理价值基础的宪法，否则便不能成为依宪治理的有机组成部分。也就是说，有了宪法并不一定就构成依宪治理，依宪治理的前提是宪法的正当性。依宪治理不仅是一个宪法学、政治学的基本概念，而且也是一个伦理学的基本概念，因为依宪治理的价值基础所蕴含的是对人的尊严和价值的充分肯定，是通过对公共权力的有效限制实现对人的尊严和基本权利的保障和维护，并以宪法和法治的形式规范政府的权力，通过法律上制度化的途径，使政府公共权力的实际运行有利于维护和促进人的尊严和权利的实现。宪法存在的本身并不是目的，而只是实现价值目标的承载体、一种手段。正如康德所说，依这样的方式行为，以便在任何时候都把人当作目的本身，而绝不只是手段来使用，无论是对自己还是对他人。这其中就包含了一种对所有的人的自主和尊严的主张，它对任何未能使所有的人都去参与决定法律的政府提出一个冷峻的疑问。[①]依宪治理的权威并不在于其背后的国家强制或者其所依恃的公共权力，而在于人们对于依宪治理所体现的价值基础的一种由衷的崇敬

[①] [美]卡尔·J.弗里德里希：《超验正义——宪政的宗教之维》，周勇译，生活·读书·新知三联书店1997年版，第84页。

和追求。人们通过制定体现依宪治理价值基础的宪法来实现这一追求。首先，宪法是公民个人自身权利的让渡，因此它要体现人本主义，以"人"为最根本的出发点。其次，宪法强调对公民个人价值的认同和尊重，追求依宪治理是为了人的尊严和每个人的平等权利与自由。

在一个真正实行依宪治理的国家，依宪治理所体现的价值与社会的主流道德价值表现出高度的同质性，依宪治理价值在很大程度上也是社会道德价值的体现。充分体现依宪治理价值基础的社会能够更好地实现人权的切实保障，权力的合理配置，秩序的严格维护，利益的有效协调。在依宪治理体制下，政府公共行政是以合法授予的权力——公共行政权力为依托的。公共行政权力是一国依宪治理之产物，来自人民的授权，在本质上是一种凝聚和体现公共意志的力量。从政府行政的角度看，公共行政权力是公共行政的客观基础和内在力量，是为执行公共意志而依据宪法原则对社会公共事务进行管理的一种能力。在现代民主社会体制下公共行政权力合法性必然要求，公共权力的组织形式、公共权力的职责范围和运行机制必须符合依宪治理价值理念，同时政府公共权力的行使必须以切实保障依宪治理价值基础是对人的尊严的维护和对人的基本权利的保障，以社会发展和人的自由全面发展作为公共行政价值的终极目标与追求。

这表明公共行政权力的合法性与依宪治理价值基础是高度契合的，或者在某种意义上，公共行政权力对于人的尊严与权利的价值诉求正是以依宪治理价值基础作为依据的，因为公共行政权力本身就是宪法的产物，是一国依宪治理体制的有效体现。因而在现代政府公共行政中，公共行政核心价值的生成必须从依宪治理价值理念中去寻找合法性基础，公共行政权力必须体现宪政价值理念并承继和超越其工具性价值追求，必须尊重和维护个人的自由、权利与尊严。

政府公共行政价值追求与依宪治理价值基础的高度契合，决定了在政府行政实践中公共行政人员必须从尊重和维护个人的自由、权利与尊严出发行使公共权力，必须充分体现以人为目的的终极目标，并且必须无条件地服从这一道德义务，并贯穿在公共行政人员职责和义务履行过程中。"之所以给予某些公民以更多的政治权利，并让他们在公共事务方面有更大的发言权，并不是因为他们是人，而是因为他们肩负的公共事务的需要，是因为他们有责任履行政治功能。"① 这种政治功能的履行是以政府公共权力的合法性为前提的，而体现合法性的公共行政正义也必然要求公共行政这种政治功能履行的绝对性与外在强制性。因为公共行政权力合法性是建立在民众对普遍存在的且运转有效的依宪治理基础之上的公共权力的普遍赞同，只有具有合法性的公共行政权力才可能是正义的。因此公共行政发挥其民主政治功能而履行的责任构成了公共行政正义义务论伦理维度。

二　公共行政正义义务论维度的含义

结合公共行政实践，在当代立宪民主社会中公共行政正义的义务论维度体现为以下几个方面：

第一，公共行政正义义务论意味着对官僚机构中自由裁量权扩大使用的限制。Gerald M. Pops 与 Thomas J. Pavlak 认为，公共行政人员的行动远远超出有效地执行公共政策，他们在政策制定、建设和维护政府计划方面扮演着重要角色。他们经常以司法角色而行动，例如他们倾听和处置争端，作为合法的宪法的补充被接

---

①　[美]莫蒂默·阿德勒：《六大观念》，陈德中译，重庆出版社2005年版，第151页。此观点受益于中国社会科学院法学研究所北岳先生的文章《论古典自然法学的理性义务先定说》，该文虽是从法学的角度探讨权利与义务的孰先孰后的关系问题，但对于我们理解政府义务的确立与履行极具启发性。

受，因而，他们必须证明他们扩大的自由裁量权的运用是正当的。然而对官僚机构中自由裁量权扩大使用的限制往往是十分困难的，因为官僚机构缺乏明确的宪法地位，因为公众害怕和不相信强大的官僚机构。当公共行政人员形成了政府的政策和裁定争端时，许多人可能认为他们超越了他们正当的权限而违反了分权的教条。[①] 这实际上表明了公共行政权力的依宪治理价值基础在行政实践中的不明晰，或遭到怀疑，政府公共行政权力的合法性陷入危机之中。其根源就是政府行政自由裁量权扩大使用在政府行政实践中的负面影响。因而，自由裁量权也一直是各国政府行政备受困扰和亟待解决的问题。西方政治体制有几种方法应对行政自由裁量权的不当扩大使用，有些体制试图发展一种非常专业化的行政队伍，其功能十分接近职业体制，并预设其专业价值将确保正当的行为。另一个策略是在一开始就雇用法律顾问，运用法律训练作为教导公务员获得所需要的规范的手段。还有一些行政传统采用一系列的内部控制设置加强公务员责任的履行以防止公务员大量的自主性。Christopher Hood（1998）提供了另外一种理解并控制官僚制的方法——建立文化理论，他主张公共行政分等级的概念，倾向于关注因为不够充分的自由裁量权控制而导致的行政失败，过度的自主决策对于部分个体公务员来说是难以驾驭的。另外，平等主义（egalitarian）的公共行政观念更多地关注等级制内在的功能紊乱，需要通过提升个体的进取心来防止和纠正官僚制的功能紊乱。平等主义要求个体行政人员关注行政过程中错误的纠正和责任的履行。[②]

---

① 参见 Gerald M. Pops and Thomas J. Pavlak, *The Case for Justice: Strengthening Decision Making and Policy in Public Administration*, California: Jossey-Bass Inc., 1991, p. 22。

② 参见 Guy Peter, *Is Democracy a Substitute for Ethics? Administrative Reform and Accountability Ethics in Public Service for the New Millennium*, Edited by Richard A. Chapman, England: Ashgate Publishing Ltd Gower House, 2000, p. 128。

以上关于控制自由裁量权的处置手段是众所周知的，而且都是非常重要的。因为他们确实是政府在进行改革过程中被大量采用的手段并实际发挥着作用，以至于人们常常会忽略那些司空见惯的关于自由裁量权及其对于它的控制问题的争论。Gerald M. Pops 和 Thomas J. Pavlak 对于这一问题的主张是：政府公共行政必须在使用自由裁量权时承担正义的义务。笔者认为，这一主张在众多的对策中能够较为准确地把握美国及西方国家公共行政的现状，并有利于填补普遍存在的公共行政的"合法性缺口"（Legitimacy Gap）。正如这两位学者所分析的那样，"首先，作为一个卓越的（Preeminent）社会价值，正义可以成为我们的宪法制度的基础。确实，美国的建国革命正是作为正义要求的重要部分而被确立的。独立宣言的基本原理就来自于对英帝国在殖民地的不正义行为的罗列"①。以1776 年美国独立战争胜利后通过的《独立宣言》和联邦条例为基础，于 1787 年在费城制宪会议上制定的《美国宪法》在导言中直接宣称国家基本法的主要目标将是"树立正义，保障国内安宁，提供共同防务，促进公共福利"。然而，美国及其他西方国家所标榜的"民主宪政"是建立在资本主义宪法基础上的，本质上是资产阶级统治的工具，是以保护个人基本权利的名义，保障资产阶级财产权神圣不可侵犯，从而确保资产阶级在国家经济、政治生活中的统治地位。西方宪政尽管标榜"主权在民"，实际上却是金钱主导选举和决策，资本家及其利益集团的代言人掌管政权，国家政策的制定和实施主要为资产阶级服务。② 我国依宪治理思想的精髓是要确立宪法至上的法律权威，首要任务是确保宪法实施，把权力关进制度的笼子，就是要依托宪法所规定的反对特权和法律面前人人平等

---

① Gerald M. Pops and Thomas J. Pavlak, *The Case for Justice: Strengthening Decision Making and Policy in Public Administration*, California: Jossey-Bass Inc., 1991, p.22.

② 梁鹰：《认清我国依宪治国、依宪执政与西方宪政的本质区别》，《求是》2015 年第 1 期。

原则以及实现这些原则所建立起来的制度规范，真正有效地实现对公共权力的限制，使得宪法所体现的党和人民的共同意志能够在现实生活中得到全面和有效的实现。

第二，公共行政正义义务论意味着，为了实现公共行政在政治制度中合法的宪法角色，公共行政人员必须对他们的行政行为担负个人责任。为了尊重立法的目的，他们在决定他们执行法律的意义和他们运用的政策原则时必须是主动的（Proactive，心理前摄的）。在法律解释中冲突是不可避免的，因为法律的制定常常是不明确的，无论是有意地作为政治妥协的一部分，还是因为固有的语言的不确定性。有时，为了达到一定目的颁布的法律并不一定是设计得很好的法律，而且政府的政策和计划在执行中也常常会遇到难以预见的问题。为此，行政人员必须充满富有正义的责任观念寻求对法律的修正，或寻求实现法律制定者制定政策目标的法律意义。Gerald M. Pops 和 Thomas J. Pavlak 指出，"如同我们已经注意到的，有时正义要求公共行政人员的行动与法律、政策，或规则相反——那意味着他们准备担负其应负的责任"①。尤其在一个非正义的政权体制中，这种主动的（心理前摄的）公共行政是必需的。如第二次世界大战期间纳粹占领国的公共行政便体现了政府行政对于正义的态度和与之相应的行政责任。当纳粹1943年占领丹麦，德国统治者颁布一项法令，要求丹麦政府配合他们迫害任何居住在丹麦的犹太人。然而丹麦官僚机构坚决抵抗独裁统治者的法令并拒绝成为纳粹的工具。丹麦政府抵制德意志帝国的强力，他们没有按照占领者法律而行事，也没有服从于效率的支配、履行等级制的义务，但他们是根据正义的要求而行动，并且为了正义而承担其自主选择的责任。然而纳粹占领期间的法国维希政

---

① Gerald M. Pops and Thomas J. Pavlak, *The Case for Justice: Strengthening Decision Making and Policy in Public Administration*, California: Jossey Bass Inc., 1991, pp. 22 – 23.

府（VICHY）却相反，选择了服从并与纳粹合作的立场，从而为世人所不齿。他们所丧失的正是一种基于正义的责任，而是屈从于非正义的淫威。

对于行政责任，不同的学者都给出了自己的理解和界定。Gibson Winter 认为，"19 世纪是一个具有历史性意义的人类思维觉醒的时代，科学技术的革新、形而上学体系的垮台都严重冲击了'义务'的固有含义。'责任'一词通过在法律和大众文化的背景下，对职责（accountability）和义务进行界定，弥补了原有'义务'含义的不足"，"'责任'是一个较新的词汇。它出现在19世纪，具有一定程度的野心勃勃的含义。它对行为进行评价，认为行为的动因在于行动者，而不在于义务本身的宇宙或自然结构"。[①] 库珀认为，"责任被定义为在多元化、技术性的现代社会中重建义务（obligation）的方法"，并用责任来表称组织环境中公共行政人员的角色。因为在现实世界中，我们在各种角色的名义下让自己承担着各种义务。不管是主动实施还是被动接受，人们在社会生活中都要扮演一系列几乎被规定好了的角色。通过"角色"这一概念，将现代社会两个十分重要的概念——社会"期待"（Expectations）与"义务"便利地结合起来。[②] 从而，也就将公共行政领域神圣的义务转化成了公共行政角色的责任履行。而且在文化与人类交往日益频繁的当今世界，责任概念为具有异质文化和不同传统的人们界定了一套共同的价值标准，责任也便成为公共行政义务履行的现实体现。

第三，公共行政正义义务论要求回应（responsiveness）公众的期待。回应，是责任性的延伸。公共行政人员和行政机构必须对公

[①] Gibson Winter, *Elements for a Social Ethic*, New York: Macmillan, 1966, pp. 254–255.
[②] Terry L. Cooper, *The Responsible Administrator: An Approach to Ethics for the Administrative Role* (5th edition), San Francisco: Jossey-Bass, 2006, pp. 5–6.

民的要求与期待做出及时的和负责的反应，不得无故拖延或漠视。行政管理学者斯塔林（Grover Starling）认为，回应是行政责任所涵盖的最主要的基本价值，它意味着政府对民众对政策变革的接纳和对民众要求做出反应，并采取积极措施解决问题。[1] 罗尔也指出，"官僚拥有伦理义务在他们治理的名义下响应人民的价值"[2]。在现代社会，回应更多地被证明是一个民主术语，意味着官僚制应该响应公众的要求，或作为某些政治精英与民众之间的中介。"这里的公共行政回应是被概念化地作为针对政治领导和更直接地对于广大公众的一个中介。"[3] 民主社会公共行政伦理中的一个重要因素就是对社会期待的回应，这或许是最不具有确定形态的行政义务方面。社会价值和公民的期待在现代层级制的行政官僚体制中往往容易被其他种种责任要求所掩盖而被遗忘。而公民基于个体权利与生活品质的期待是受到宪法和法律的保护的，依宪治理价值基础所体现的也正是公共行政通过行使公共权力实现社会价值和公民的基本权利，否则"他们过高品质生活的基本期待可能被演说家的天才和极端主义者的政治洞察力所危及"[4]。公共行政机构和公共行政人员必须对于公民的期待积极回应，无论能否实现或者预期实现，对于期待的回应和一般的社会价值对于行政行为的影响和指导都是十分重要的。这就是为什么在最一般的意义上公共行政作为一种活动、一种研究是如此的重要。事实上，如同我们在现实中所看到和体验到的那样，公共行政对于公民期待的积极回应已经构成了公共行政责

---

[1] Grover, Starlin, *Managing the Public Sector*, The Dorsey Press, 1986, pp. 115 – 125.

[2] Rohr, John A., *In Whose Name They Govern* (2nd edn), *Ethics of Bureaucrats*, New York: Dekker, 1989, p. 4.

[3] Guy, Peter, *Is Democracy a Substitute for Ethics? Administrative Reform and Accountability Ethics in Public Service for the New Millennium* =, Edited by Richard A. Chapman, England: Ashgate Publishing Ltd. Gower House, 2000, p. 129.

[4] Richard A. Chapman, *Ethics in Public Service Ethics in Public Service*, Edited by Richard A., Chapman, Canada: Carleton University Press Ottawa, 1993, p. 169.

任的一个重要的组成部分。

回应在控制公共官僚制方面常常代替了责任和义务，或者这些术语经常被交换使用，但一般认为，回应常常被视为主要是对于组织整体的，而不是对于某个个体的成员。有人可能会说一个积极回应的官僚制可能不是负责任的，当他们对他们的行为做出解释时他们会遭遇到困难，这些行为可能服务于更特殊的（目的）而不是普遍的利益。实际上，无论是行政组织还是行政人员个体在行政实践中都会面临着责任的冲突问题，他们都会遭遇正义的抉择两难。在现代公共行政实践中，尽管行政人员为特定的职责承担责任，但行政角色的多元化使得他们有许多可选择的方式，不仅使责任和回应趋向概念化，同时也增加了现代治理中责任关系的复杂性。行政人员多重角色背后所承载的不同义务与利益之间的相互冲突，往往使得行政人员处于矛盾冲突之中。行政人员必须为自己最终的选择承担责任，而这种责任所承载的正是对于公众的期待与要求所做的努力与回应。

第二节　公共行政正义的目的论维度

政府作为一个国家公共事务管理的专业组织机构，政府公共行政实质上是运用法律赋予的公共权力维护和促进社会公共利益。即在公共事务管理的过程中，政府要根据不同社会主体多元化的公共需求，进行公共政策分析，行使公共权力，促进社会公共利益的发展，以实现各社会主体的利益共享。在此意义上，政府公共行政具有典型的目的论指向，即关注公共行政的结果，有效地促进社会公共利益。罗森布鲁姆认为："即使社会大众对于公共利益的具体内容迭有争议，但是其作为公共行政管理者的职责所在和其行为的指南，却是毋庸置疑的。因此，当他们的行为未能符合公共利益要求时，便可能要受到把部门利益或个人私利置于公共利益之上的批评。公共行政面临的核心问题在于，确保公共行政管理者能够代表并回应民众利益，否则民主制度便可能无以为继。"① 政府公共行政权力的运作不仅要以追求社会公共利益为目标并将之作为行政人员不可推卸的职责，还必须在行政过程中最有效地行使公共行政权力，追求公共行政权力的有效性——公共行政权力实际运作的业绩和功效，实现社会公共利益的最大化。从这个角度来说，公共利益是公共行政存在的目的所在，也是公共行政正义目的论维度的具体体现。

一　公共利益的缘起与含义

政府行政的目的就是服务和增进公共利益和全体公民的福祉，维护和提供公共利益则是公共行政人员的使命和责任。因此，汇聚、表达和实现公共利益是现代民主政府存在的一个重要的合法性前提，政府有责任确保通过各种途径形成最广泛的公共利益表达机制，并且承诺政府行政的实质和程序都符合公共利益。那么，如何发现并实现公共利益？从公共行政研究的角度看，通常有两种截然不同的立场：公共行政者的立场和公众的立场。站在公共行政的立场上，主要关注作为公共利益代表者和维护者的行政部门如何才能有效地对公共事务实施管理，最大限度地为社会提供服务和公共利益。站在公众的立场上，主要关注"公民怎样才能从政府那里得到他们所需要的东西"②。当然这里"公民所需要的东西"不是满足公民个体私人利益的那部分利益，而是满足公民个体所需要的共有的公共利益。无论从哪一个

---

① ［美］戴维·H. 罗森布鲁姆：《公共行政学：管理、政治和法律的途径》，中国人民大学出版社2002年版，第9页。
② Howard Frant, "Useful to Whom? Public Management Research, Social Science and the Standpoint Problem", *International Public Management Journal*, Vol. 2, No. 2, 1999, p. 324.

角度，政府行政就是提供公共利益，公共利益是政府公共行政正义目的论维度的目的指向。

公共利益概念最早源自古希腊社会，特殊的城邦制度造就了一种"整体国家（城邦）观"，与这种观念相联系的是具有整体性和一致性的"公共善"（The Common Good），它代表了城邦整体的共同利益。亚里士多德以此作为划分政体的标准，认为"凡照顾到公共利益的各种政体就是正当或正宗的政体；而那些只照顾统治者们的利益的政体都是错误的政体或正宗政体的偏离"①。到了17世纪末，公共利益（Thr Public Interest）开始取代"共同善"成为讨论政治共同体善的关键词。尽管对于公共利益的定义并不明确，但当时对这一概念有两种具有代表性的理解代表了两种思潮：一种是在当时围绕着宗教之间的纷争而形成的将公共利益作为平衡多方利益关系、实现和平公共秩序的思潮；另一种是在这场宗教纷争中人们认识到私利发挥着举足轻重的作用，有利于促进社会整体和国家的利益。从而形成了公共利益是私人利益发展的结果，而社会公共利益的实质就是对个体私人利益的促进和保护的思潮。越来越多的人相信，公共的经济利益实际上是由个人对私有的经济利益的追逐而生成、构筑起来的。这种对于公共利益立足于个体私人利益的理解在西方社会具有深远的影响，以至于之后的许多思想家在阐述公共利益时都强调对私人利益保护的绝对性。如亚当·斯密从经济学角度系统论述了市场这只"看不见的手"的作用，他认为个人利益在市场机制的作用下会自动促进公共利益的实现，因此对个人利益的保护是绝对的。边沁提出公共利益就是私人利益的相加，增进私人利益"就增进了整个社会的利益"，但真实存在的还是个人利益。根据 Gunn 的观点，公共

---

① ［古希腊］亚里士多德：《政治学》，吴寿彭译，商务印书馆1965年版，第132页。

利益概念的这种历史渊源对于当今人们理解这一概念留下了以下"几项重要的遗产"：

第一，如果不考虑国民的私人利益，就不可能界定公共利益；第二，公共利益是主观认定的，是作为一种工具而发明出来的；第三，政府的主要目的是在统治者和被统治者之间保持一种恰当的利益认同，政府不必要去积极地培养国民的智慧和美德；第四，利益不是政府的理想的基础，而只是政府最好的可能的基础。[1]

19世纪以后，随着资本主义社会危机的不断加深，以及社群主义的兴起和新自由主义者自我反思的影响，资产阶级政府逐渐认识到个人在自发追求自我利益的过程中无法确保最终对自我利益的保护，通过社会自发交易达成的相互约束与契约，往往是以高昂的社会成本和效率损失为代价的。政府应对社会成员的经济活动进行调整和限制，并在坚持个人有权追求自我利益和个人自由的基本立场的同时，考虑作为个人自由条件的公共利益，这时的公共利益在很大程度上体现为社会公共秩序。20世纪以来，西方对于公共利益概念的认识随着社会的发展发生变化，公共利益更多地表现为一种介于个人与社会之间的动态的、相对的关系。如博登海默和罗尔斯都认为，公共利益不能简单地等同于个人欲求与利益的总和，在博登海默看来，公共利益也不能简单地视为政府当局所做的政策决定，公共利益是实现公共福利的社会生活的基础和条件。公共利益"意味着在分配和行使个人权利时决不可以超越的外部界限"[2]。罗尔斯则进一步指出，公共利益"也不是人类整体的利益，而是一个社会通过个人的合作而生产出

---

[1] J. A. W. Gunn, *Polities and Interest in the Seventeenth Century*, Toronto: University of Toronto Press, 1969, p.87.

[2] [美] E. 博登海默：《法理学：法律哲学与法律方法》，邓正来译，中国政法大学出版社1998年版，第298页。

来的事物价值的总和"①，在罗尔斯看来这种合作是十分必要的，因为这种合作的目的是使人们通过自己的努力和劳动去构建他们自己的生活，并且这种生活与人的个性的尊严是相一致的。虽然思想家们逐渐认识到了公共利益在人类实践中的价值和意义，并认识到公共利益与个体利益之间的对立统一、互为前提互为条件的关系，但个体利益的实现是一切实践活动的根本，公共利益存在于个体利益之中，离开了个体利益，公共利益也就失去了意义。在这一点上，公共利益是与功利主义的人性目的相一致的。这也是西方公共行政正义目的论的关键所在，也就是说不能脱离开个体利益考虑社会公共利益。

由于公共利益既不是个人利益的简单相加，也不是抽象的整体利益，而是一种介于个体与社会之间的动态的、功能性的概念，因此，公共利益概念的内涵具有复杂性、动态性以及历史性，要给其一个准确的定义几乎是不可能的。正如林布隆所说，人们对什么是公共利益，现实中是否存在一种符合每一个人或多数人利益的公共利益，并没有普遍一致的标准和意见。②美国公共行政学家罗伯特·登哈特将众多学者对于公共利益的不同理解归纳为四种模式：（1）公共利益的规范模式。在这个模式中，公共利益成为评估公共行动的一个目标。（2）公共利益的废止论模式。此模式的支持者认为，公共利益这个概念既没有意义，也不重要，因为公共利益不能加以测量或者直接观察，而且公共利益或集体意志的概念并非必不可少，个人选择和利益才是认识各种活动的最佳途径。（3）公共利益的政治过程模式。按照这个观点，公共利益就是通过一种允许利益得以集聚、平衡或调解的特定过程来实现的，是对各种利益的一

---

① ［美］约翰·罗尔斯：《正义论》，何怀宏译，中国社会科学出版社1998年版，第211页。
② ［美］查尔斯·E.林布隆：《政策制定过程》，张国斌译，华夏出版社1988年版，第29页。

个恰当的平衡。（4）公共利益的共同利益模式。此模式也被称为"共识论"模式，共识论者把公共利益视为一个含糊而有价值的词语，这个词语既包含了为达成一种公共利益共识而进行的政策争论，也包含了基于共同价值的公共利益概念。① 在这四种模式中，除了废止论模式，公共利益或被认为是一种价值观念和行为规范，或被认为是个人利益和集团利益的一种平衡和聚合。也就是说，公共利益既是精神的抽象物，也是实体的客观物。这表明，公共利益概念界定的困难是因为公共利益本身是一个十分复杂的分层次的概念。

不仅如此，在公共利益的概念表达上存在着语言上的歧义与多样性，也在某种程度上造成了人们对于公共利益理解上的差异性。与"公共利益"概念在相近意义上使用的概念还有"公共福利""社会福利""社会利益""社会公共利益"等。虽然一些学者指出了这些概念在对于公共利益的表达上的角度和侧重点有所不同，但人们还是较为普遍地认为这些概念在性质上并无根本的区别，其基本含义均为全社会全体成员的共同的、整体的利益，既区别于社会成员个体的利益，也不是社会个体成员利益的简单加总，同时也与国家利益相区别。因此，人们往往将这些概念混用，这在某种程度上也影响了人们对公共利益概念的界定，正如安德森所说，"提出一个能被普遍接受或关于公共利益概念的客观的定义是不可能的。尤其是不可能用一个实质性的词句去为公共利益下定义"②。

但由于无论在理论上还是在实践中，公共利益都是一个客观存在的概念，虽然不可能用一个实质性的词句为公共利益下定义，但对公共利益概念的性质与功能采取描述性界定应该是可行的：公共

---

① [美] 珍妮特·V. 登哈特、罗伯特·B. 登哈特：《新公共服务：服务，而不是掌舵》，丁煌译，中国人民大学出版社2004年版，第14页。

② [美] 詹姆斯·E. 安德森：《公共决策》，唐亮译，华夏出版社1990年版。

利益是一个与私人利益相对应的范畴，它不是个人、或社会团体、或特定组织、或少数人组成的群体所涉及的利益，而是各社会主体共有、共需、共享的利益。在一定社会条件下，公共利益实质上是由社会成员所共同拥有和共享的、不具有排他性、竞争性和营利性的共同利益。公共利益不是个人利益的简单相加，也不代表特定的团体或部分人的利益，而且这些利益客观地影响着社会共同体整体的生存和发展，尽管它们中有些可能并没有被共同体成员明确地意识到。一般来说，公共利益具体体现为两种形态：价值形态和现实形态。公共利益作为一种价值内核，与人类行动的"目的合理性"和"价值合理性"密切相关，因为，价值标准是一种更具有普遍性、根本性和长远性的利益，[①] 而"一个社会的健全必须建立在工具理性与价值理性统一的基础之上"[②]。在现实层面上，公共利益与社会共同体的生产力相关，是每个社会成员都有可能获得的公共物品的供给，包括公共安全、公共秩序、公共教育、公共文化、基础设施、生态环境等。公共利益同时也是社会成员正当权利和自由的保障和合理的社会公共制度的体现，包括政治、经济、文化、法律等方面的制度规范。

公共利益概念在旧福利经济学视角下出自边沁的"最大多数人的最大幸福"原则。旧福利经济学之父、英国古典经济学家庇古（Pigou）将这一原则运用于经济学中，并用福利和效用定义了边沁的"幸福"概念。庇古认为个人福利为个人从消费各种商品和服务中所获得的效用，它直接取决于个人的收入和财富。而社会总福利即为社会中所有人福利的加总，它取决于个人收入的总和，即GDP。因此，在旧福利经济学家的眼中，公共利益就是社会总福利

---

① 马德普：《公共利益、政治制度化与政治文明》，《教学与研究》2004年第8期。
② 张康之：《寻找公共行政的伦理视角》，中国人民大学出版社2002年版，第109—110页。

的最大化，政府公共政策制定的目的也就是要追求社会总福利的最大，而不仅仅是某一个群体福利的最大。庇古认为，一个人的福利寓于他自己的满足之中，这种满足可以由于对财物的占有而产生，也可由于其他原因（如知识、情感、欲望等）而产生，而全部的福利则应该包括所有这些的满足。公共福利是社会全部福利的重要项目，它是国家和社会为满足全体社会成员的物质及精神生活基本需要而兴办的公益性设施和提供的相关服务。

广义上的公共福利及其最大化是公共利益的最直观体现，虽然公共利益是一个多面性、多层次、多变性、弹性较大的概念，难以将人类的各种幸福和利益一一列举完全，但离开了公共福利，公共利益就成为空谈。也正是在这个意义上，人们往往将公共利益与公共福利当作同义词使用。如早期功利主义者葛德文说："道德是考虑到最大限度的普遍福利而确定的行为准则……任何行政当局可以推行的惟一公正的法令也必须是最符合公共利益的。"① 美国学者彭德尔顿·赫林指出，联邦机构"必须发展成为执行公共利益政策和促进总的社会福利事业的机构"②，尤其是现代政府行政所力图寻求的，正是在一定的技术和资源条件下使社会效用和社会福利最大化。

然而我们在理论研究和政策分析中还是应该十分敏锐地意识到福利、公共福利与个人利益、公共利益之间的区别与相互联系：第一，公共福利是一个外延小于公共利益的概念，公共利益所内含的现实层面与公共福利相一致，而公共利益作为一种价值存在是公共福利所不具备的，例如人民主权、代表性、机会平等、正义等理念或价值。而且，离开了后者，公共福利是没有保障甚至是无从谈起

---

① ［英］威廉·葛德文：《政治正义论》第 1 卷，何慕李译，商务印书馆 1980 年版，第 81—82 页。

② 彭和平、竹立家：《国外公共行政理论精选》，中共中央党校出版社 1997 年版，第 56 页。

的。第二,"公共利益就是社会总福利的最大化"并不是每个成员福利的简单相加,而是一个社会共同体全体成员所共有、共享的利益的最大化。在政府决策的过程中,往往会出现为了社会整体利益的最大化而要影响某些个体或团体福利的现象。如一个国家税收政策的制定是立足于社会共同体整体的生存和发展的,因而对于社会中不同阶层的个体利益的影响不同,有时甚至会牺牲某些个人或团体的利益,其目的就是谋求这一时期社会整体公共利益的最大化。第三,公共行政决策的制定只能以社会整体利益的最大化作为目的和衡量的标准,而社会公共利益最大化的最终目的是实现社会成员个体福利的最大化。因为公共利益不能脱离个人利益而存在,没有超越于所有个人利益之上的抽象的公共利益。没有了公共利益,个人利益必定受损,而再抽象的公共利益也最终要落脚于个人,为具体的个人所受益。

二 公共利益最大化——公共行政正义目的论体现

尽管人们对于什么是公共利益在多元化的公民社会无法达成全体一致,但政府公共行政的公共利益目的指向却是毫无疑义的。早在古希腊时期,亚里士多德就指出,政治学上的善就是正义,而正义以公共利益为依归,那些照顾公共利益的政府就是正当的政府,照顾私利的政府就是变态的政府。在他看来,正义是以城邦的整体利益以及全体公民的共同善业为依据的。库珀也认为,公共利益显然是一个令人困惑的概念。所有对它进行界定的尝试都没有给行政人员的实践活动提供十分有用的指导。而它仍然存在于我们的政治传统中、行政伦理法规中……理所当然,它也存在于我们对公共政策目的的思考和对公务员责任的思考中。[①] 也就是说,公共利益概

---

① 参见[美]特里·L. 库珀《行政伦理学:实现行政责任的途径》(第4版),张秀琴译,中国人民大学出版社2001年版,第72页。

念的难以界定并不影响其在社会生活各个领域中的使用，尤其是在政府公共行政的目的指向上，为社会提供公共利益始终是公共行政的根本目的，也是公共行政正义目的论的具体体现。

在功利与正义的关系问题上，必须区分功利与公共行政正义以及功利与公共行政正义目的论之间关系的区别。根据密尔的功利主义原则，功利对于正义具有优先性，正义原则相对于功利原则来说只是一个次一级的道德原则，并且从属于功利原则。按照密尔的理解，符合功利原则的决策和行为必定是正义的，而符合正义的决策与行为则未必符合功利原则，在密尔那里，功利原则是评价正义的标准，只有符合功利标准的才是正义的。而从公共行政正义的角度来理解，公共行政的正义性是由公共行政权力的内在特征决定的，是对公共行政多元价值的整合与平衡，是公共行政的工具性价值和目的性价值的统一，其中公共行政权力的有效性体现为对社会公共利益的追求，公共行政正义包含着对公共利益的追求。也就是说，公共行政正义是一个上位概念，对于功利原则具有优先性，公共行政正义必然内含着对公共利益的价值追求，而单纯地追求社会公共利益却未必体现为公共行政正义，只有公共行政正义才是衡量一切行政行为的最终标准。

但从公共行政正义的目的论视角来看，公共行政是以社会利益最大化作为标准衡量行政行为是否正义的，这与功利主义遵循正义原则是因为能够实现行为结果的社会利益最大化是一致的。因此，功利主义的功利原则——实现公共利益最大化必然成为公共行政正义目的论维度的具体体现。因为，权力背后最根本的价值是利益，无论是经济利益还是社会利益，无论是物质方面的利益还是精神方面的利益，舍此，任何权力的运行都将毫无意义可言。政府作为一个国家公共事务管理的专业组织机构，政府公共行政实质上是运用法律赋予的公共权力维护和促进社会公共利益，即在公共事务管理的过程中，政府要根据不同社会主体多元化的公共需求，进行公共政策分析，行使公共权力，促进社会公共利益的发展，以实现各社会主体的利益共享。而且公共行政的公共性特征以及政府作为公共行政的主体，也必然要求公共行政应坚守客观的立场，维护与促进公共利益，这也是判断政府是否正当与合乎正义的重要标准。在此意义上，政府公共行政具有典型的目的论指向，即关注公共行政的结果，有效地促进社会公共利益。另外，政府公共行政对于公共利益的追求体现了公共行政的工具性价值，是公共权力有效性的必然要求。然而，政府在实现其工具性价值的过程中却存有风险，如果没有一个更高层面的合乎正义的价值导向，其结果要么出现公共利益的供给不足，要么会出现假借公共利益的名义侵害个人正当权利的结果。因此，公共行政必须始终坚持用正义的目的论标准——追求社会公共利益最大化作为检验行政决策和行为的标准。

西方传统的公共行政在政治与行政二分的思维框架下，将行政体系建立在技术理性基础之上，专注于效率问题，注重公共行政过程的科学性与技术化，忽视行政结果对公众利益的满足。新公共行政理论针对传统行政模式推崇"价值中立"，片面追求经济与效率的现象，强调"公共行政的精神"，开始注重公共行政是否反映和促进了社会公共利益，要求凸显公共利益在政府公共行政中的核心地位。新公共行政强调公共行政的结果导向，强调公共行政对公众的利益与需求的反应与满足，关注公共行政的结果或绩效是否真正反映或体现了社会公共利益。登哈特指出，"公务员对于帮助公民明确表达公共利益具有一种极为重要的作用，反过来，共同的价值和集体的公民利益也应该指导公共行政官员的决策与行为"[1]。在他看来，明确地

---

[1] ［美］珍妮特·V. 登哈特、罗伯特·B. 登哈特：《新公共服务：服务，而不是掌舵》，丁煌译，中国人民大学出版社2004年版，第76页。

表达和实现公共利益是政府存在的主要理由之一，政府的任务就是服务和增进公共利益。这也是为什么美国公共行政学会（ASPA）在为其会员制定的伦理准则中，把"为增进公共利益而行使裁量权"规定为首要原则的主要原因。

诺曼·巴里说，"边沁式激进功利主义是19世纪英国主导公共政策的官僚式福利国家的知识源泉。它是理性主义和设计性的，认为国家有一种福利作用，其特征可以清晰地描绘出来"[①]。福利被理解为一种具有公共精神的政府和开明的公民的道德产品，政府供给社会福利被认为是正义的事情，坚持政府行政的效率及结果的正义是政府公共行政目的指向的具体体现。功利主义对于政府的期待表现在，"尽管社会不是一个人或一个'分配者'，但它有一个机构，也就是国家，它有道德责任来减轻可改变的痛苦"[②]。而政府正是代表国家解除人们痛苦的机构，它存在的目的与责任就是解除人们的痛苦并为人民带来普遍的最大幸福。这一致思路向正是公共行政正义的目的论伦理维度所要求的，即正义的政府行政必须能有效增进人们现实的福利，并以人类自身存在的利益与幸福为目的。

第三节 公共行政正义的德性论维度

德性伦理作为一种伦理类型是指行为的正确性以德性为标准加以判断，其核心在于德性是评价一切行为正当与否的终极标准。丹尼尔（Daniel Statman）在总结德性伦理时说："在德性伦理学中，正当的行为界说于、或得自于、或确证于、或解释于德性。"[③] 德性

---

① ［英］诺曼·巴里：《福利》，储建国译，吉林人民出版社2005年版，第20页。
② 同上书，第108页。
③ Daniel Statman, *Virtue Ethics*, Edinburgh: Edinburgh University Press, 1997, p. 262.

是一种在共同体成员对共同善的共同追求中的不可或缺性的品质，是与人的好生活内在相关的品质。

政府公共行政是任何有组织的社会进行有效管理，维护社会共同利益，实现社会和谐有序不可或缺的职能部门，其职能的履行不仅是单纯的"专业技能"的运用，在很大程度上也是公共行政人员德性行政的结果。因为，公共行政权力的公共性与其私人掌控之间所形成的内在冲突，使得公共行政人员在履行职能的时候存在着风险，他们既可以运用公共权力服务社会、实现社会公共利益，也可能背离公共权力的公共性，运用手中的权力为个人或组织谋取私利而专权或滥权。要对公共权力进行限制，除了在制度层面将公共权力的行使严格限定在公共领域，通过外部控制的手段确保政府公共行政权力的运行符合和有利于社会公共利益，还必须从公共行政权力主体的内在德性入手，充分发挥公共行政人员的道德自主性，采用内部控制的方式在行政过程中抑制权力行使者的私人性，从而有效地促进公共行政权力公共性的实现。20世纪70年代德性伦理的复兴也引发了公共行政领域对公共行政人员德性的高度关注，人们越来越关注公共行政领域的德性伦理问题，认为有德性的公共行政人员是当代社会组织中的关键。人民所拥护的政府应该是有德性的政府，人民所爱戴的公共行政人员应该是有德性的公共行政人员。德性对于公共行政人员来说是一种必备的品质，如同他们所具有的专业知识与工作能力一样也是其职业行为不可缺少的。有学者甚至认为美德也是一种能力，公共行政人员必须将美德作为他们品质的中心，并承认美德是他们所有组织行为的指南。而正义是一种完全的德性，是一切德性的总汇，也是公共行政人员最主要的美德。只有当公共行政人员的行政行为贯穿了正义美德，公共行政的正义价值才可能真正得以实现，这一致思路向表现为公共行政正义的德性论伦理维度。

一 德性正义传统

德性正义的悠久历史可以追溯到古希腊时期。古希腊人普遍认为正义是一种主要的德性，而且正义作为一种德性必定是与善相关的。"梭伦通过将正义同关于应得的概念和思想联系起来，使正义成为一个有明确的社会的和德性意义的概念。"① 然而，与应得有关的正义概念是需要被限制的，因为，"应得"本身既要求给好人应得的善，也要求给坏人应得的恶。这样便使应得的正义蒙上了恶的色彩，因为以恶制恶必须首先赋予正义以恶的性质。不仅如此，给坏人应得的恶将会使得恶人的德性更坏，也使得对恶人实施惩处的好人的德性变坏，这与正义的善的性质是相背离的。柏拉图在其《国家篇》中通过对话的形式，对正义在于给人以应得的这种概念进行了质疑，强调正义是一种与他人的善相关的德性，而不能是增加他人的恶的德性；正义是一种整体的德性，而不是具体的德性。亚里士多德则更进一步地论证了德性正义的这种性质，指出正义（公正）是唯一关心他人的善的德性，是完全的德性。在亚里士多德看来，正义作为完全的德性，首先体现了城邦及其全体公民的共同利益，正义以公共利益为归依，而不只是代表城邦统治者的利益。正义是城邦公民的完全的德性，没有正义德性的人不符合城邦成员资格，正义也是城邦的共同善，没有正义就不可能是真正的城邦。在亚里士多德这里，德性正义根源于个体的德性正义，但它又通过个体正义的行为表现于外而关涉整个城邦和其他公民的幸福。拥有正义德性的人，意味着拥有所有的德性，而拥有所有德性的人，就能够判断行为的正义性，并且做出正义的事情。其次，从内涵上来说，正义作为完全的德性，更重要在于它不仅以德性对待自

---

① 廖申白：《论西方主流正义概念发展中的嬗变与综合》上，《伦理学研究》2002 年第 2 期。

己，而且能以德性对待他人，关心他人的善。而且正义作为待人以德之德性，不同于勇敢、节制、诚实等具体的德性，而是涵盖了所有具体的德性。"正义（公正）自身是一种完全的德性，它不是未加划分的，而是对待他人的。正因为如此，在各种德性中，人们认为正义（公正）是最主要的，它比星辰更加令人惊奇，正如谚语所说：'正义（公正）是一切德性的总汇。'"① 正义在两种意义上与他人的善的德性相联系：一方面，正义在总体上与他人的善的德性相关，正义意味着守法，而法律与所有公民相关；一个人守法就是在整体上对他人的一种善。因为"法律是以合乎德性以及其他类似的方式表现了全体的共同利益，或者只是统治者的利益。所以，从一个方面，我们说正义（公正）就是给予和维护幸福，或者是政治共同体福利的组成部分"②。另一方面，在具体意义上正义涉及人与人的利益关系，正义要求个人取适其分，给他人以应得，取己之该得，获得超越自己应得的部分就是不义，就是对他人利益的侵犯。正义德性虽然属于德性伦理范围，但它与慷慨和仁慈等个体德性不同。在亚里士多德的伦理学中，慷慨和仁慈等都是个体的伦理德性，其特点在于，它仅表明个人拥有什么样的品质；它意味着个人的德行源于相应的德性，但它不促进他人德性的幸福生活。而正义则是"非个体的个体德性"，正义德性以合法为公正，正义的人遵守法律，不仅是培养自己的德性，而且也影响他人的德性。一个德性之人不仅在个体德性的实现中实现幸福的理想，他还在成就他人幸福的过程中体验到幸福。因此，正义德性在灵魂上和外在善方面都对他人的幸福生活起着背景作用。③

而在麦金太尔看来，近代以来西方道德生活处于生活的无序与

---

① 《亚里士多德全集》第 8 卷，苗力田译，中国人民大学出版社 1994 年版，第 96 页。
② 同上。
③ 黄显中：《公正作为德性——亚里士多德公正德性探析》，《中国人民大学学报》2006 年第 2 期。

混乱的状态中，伦理学观念混乱难辨。现代社会存在诸种对立的不可公度的正义概念，正义观念之间的冲突不可化解，人们对正义达不到共识，使得人们无所适从。为了走出这种伦理困境，麦金太尔寄希望于传统伦理的复兴，因此，他对美德正义的论证同样是置于历史和传统之中，认为各种正义概念都处在与其对应的文化传统及其相互联系之中。通过对正义的产生背景、根源、变化和历史发展的论证，指出正义是一种内在的品质和美德。"无论'正义'还指别的什么，它都是指一种美德；而无论实践推理还要求别的什么，它都要求在那些能展示它的人身上有某些确定的美德。所以后续的历史都将不可避免的是一种实践推理和正义与美德——更一般地说是与人类善——的关系史。"[①]

麦金太尔在《谁之正义？何种合理性？》一书中梳理了西方文化对道德探究的四大传统：古典的亚里士多德主义传统；《圣经》与奥古斯丁主义传统；以苏格兰启蒙运动文化为典型的奥古斯丁主义的基督教与亚里士多德主义共生互容的传统；在与各种古典传统的对立与抗争中生长起来的现代自由主义传统。并以亚里士多德为核心的古典传统作为他论证美德正义的历史依据和文化基础，对当代以罗尔斯、诺齐克为首的新自由主义规范伦理学进行了批判，提出正义是德性的核心概念，是政治生活的首要美德。一个社会对于正义的共识是这个社会的必要基础，因为若是没有这种共识，就达不到对道德原则规范的一致认识，不仅会造成对于德性的轻视，而且不能规定各种具体德性，使人们无所适从，所以可以说正义是社会政治生活中最重要的一种德性。[②]

---

① ［美］A. 麦金太尔：《谁之正义？何种合理性？》，万俊人等译，当代中国出版社1996年版，第35页。

② 何怀宏：《契约伦理与社会正义》，中国人民大学出版社1993年版，第230页。

二 正义是公共行政人员最主要的美德

哈特在讨论"公共行政和美德伦理"问题时提出了"最主要的美德"（The Cardinal Virtue）概念，认为那些拥有"最主要的美德"的人是有德性的人。从众多的道德原则中选择"最主要的美德"的任务是一个简单化的排除过程：从所有来源于它们的辅助性的美德中选择这些美德，只有少数才是最主要的美德。① William K. Frankena 则具体定义了最主要的美德这一概念，"最主要的美德意味着一组美德：（1）它们不能从其他美德中得出；（2）其他伦理美德能来源于它们或是他们形式的显示"②。

在古代希腊便有"最主要的美德"之说，柏拉图和其他古代希腊哲学家认为有四种最主要的美德——智慧、勇气、正义和节欲是人类幸福生活不可缺少的。中世纪托马斯·阿奎那又增加了三个神学美德：信仰、希望和爱（Faith、Hope and Love）。当代对于"最主要的美德"的定义不是一个统一的概念，牛津英语词典列举了四个"最主要的美德"——审慎、正义、坚韧和节欲，并分别给出了具体的定义。其中对于正义美德的定义是：正义或公正的人类品质；正义行为的原则；这种品质或原则在行动中的体现；正义的行为；诚实和正直。西方当代学者也从各自的角度提出了不同的主张。哈特主张幸福和仁慈是最主要的美德，而 William K. Frankena 则认为仁慈和正义是最主要的美德，他指出，"许多道德学家，包括 Schopenhauer 和我一样，将仁慈和正义作为最重要的美德。在我看来，所有的通常的德性（如爱、勇气、节欲、诚实、感恩、周到）至少在它们作为道德美德（moral virtue）的范围内，它们可以

---

① David K. Hart, *Administration and the Ethics of Virtue. Handbook of Administrative Ethics*, Second Edition Revised and Expanded, Edited by Terry L. Cooper, Marcel Dekker, Inc., 2001, p.137.

② William K. Frankena, *Ethics (second edition)*, New Jersey: Prentice-Hall, Inc., Englewood Cliffs, 1973, pp.64 – 65.

从仁慈和正义两个美德中推导出来。而信仰、希望、智慧是宗教或知性的，不是道德的，所以不是道德美德，或者不完全是美德"①。科罗特（Richard Kraut）指出："在政治哲学中，没有比正义更重要的美德了，亚里士多德在《尼各马科伦理学》中，把正义作为政治活动的美德是十分恰当的，且给予了全面论述。"②

在公共行政领域，正义作为行政人员最主要的美德也得到了越来越多的行政伦理学者和行政实践者的肯定。Gerald M. Pops 和 Thomas J. Pavlak 在写作 The Case for Justice 这本书时明确提出，这本书是关于正义的，更具体地说，是关于公共组织和公共行政人员个体的正义要求的。行政正义要求公共行政人员恢复正义作为核心价值，与技术理性、政治义务和官僚制的生存一样重要或更有分量。有一件事是确定的，达到行政正义（的任务）不能单单留给法庭、法律职业、政府机构的专门部门，正义应该是每一个人的事情。③他们认为，公共行政决策必须与特定的正义原则和程序相联系，并受它指导。公共行政人员不缺乏规范和指导方针（Guidelines），所需要的是公共行政决策的内在指导（Metaguide），正义被看作是公共行政人员综合的规范性原则和指导。"因为正义是一个基本的、被广泛共享的能够被理解和实际应用的美德，我们认为正义作为公共组织行政决策的规范性前提拥有许多优点。"④ 两位作者认为正义是对其他公共行政美德如公共利益、社会平等和效率的合并（Incorporation），正义价值表现为一种美德，是高于公共利益、社会平等等价值概念的，是对利益、平等等概念的一种综合，具备

---

① William K. Frankena, *Ethics* (second edition), New Jersey: Prentice-Hall, Inc., Englewood Cliffs, 1973, p. 65.

② Richard Kraut, *Aristotle*, Oxford: Oxford University Press, 2002, p. 98.

③ Gerald M. Pops and Thomas J. Pavlak, *The Case for Justice: Strengthening Decision Making and Policy in Public Administration*, San Francisco, California: Jossey-Bass Inc., 1991, p. 20.

④ Ibid., p. 169.

正义美德便能体现行政的其他价值要求。因此，他们认为他们构思的框架是优于其他的公共行政伦理决策框架的，正义作为公共行政人员的美德是首要的。登哈特将正义作为公共行政的道德基础之一，认为公共行政人员的正义美德，或对每一个个体的尊严和价值的尊重和承担义务，不仅意味着要保证个人的平等、尊严和价值不被他人侵犯，而且也有益于保证允许和促进公民广泛地参与管理的过程。① 在此，作者是将行政人员的正义美德作为民主行政的基本道德要求，正义美德要求行政人员尊重他人的价值与尊严，防止个体的价值与尊严被他人所侵犯，同时正义美德也是实现公民广泛参与行政实践的保证。

劳伦斯·柯尔伯格（Kohlberg L.）是美国著名的教育心理学家，他的个体道德认知发展理论的实验与研究能最好地说明为什么正义是最主要的美德。劳伦斯·柯尔伯格提出了人类道德发展的六个阶段，认为道德发展的最高阶段包括对正义的关注，认为正义是一种特殊的道德推理或决策过程，从而主张正义是唯一主要的美德，是唯一解决道德冲突的原则。道德上成熟的成年人是一个依据基本的抽象的正义原则进行推论和行动以达到"正当的行动"的人。② 公共行政实践正是一个行政人员依据社会正义原则和行政目标在实践过程中创造性地履行职责的美德践履过程，是行政人员通过行政活动实践德行、完善德性的动态过程。这与麦氏的观点是一致的。公共行政实践作为一种人类特定的协作性活动方式，在追求这种实践活动本身的卓越的过程中获得这种活动方式的内在利益正是实践本身的目的所在。行政人员的正义美德就是对社会及行政历史与传统中人们信奉的正义原则的遵从与体现。而且，在麦金太尔

---

① Denhardt K., *Unearthing the Moral Foundations of Public Administration*, San Francisco: Jossey Bass, 1991, p.74.

② Kohlberg L., *Essays on Moral Development*, Volume1, New York: Harper and Row, 1981a.

看来，只有对于某个拥有正义美德的人，对如何应用法则的知识本身才是可能的，才会更多地偏重于理性在执行正义的过程中的指导作用，也就是说公共行政人员如果不是具备社会化人格内化的主体，不具备正义美德，正义的规则只能是一纸空文，正义的秩序便难以实现。因此，"无论'正义'还指别的什么，它都是指一种美德；而无论实践推理还要求别的什么，它都要求在那些能展示它的人身上有某些确定的美德"①。正义是一种完全的伦理德性，它是一切德性的总汇。公共行政人员只有具备正义德性，才能做出正义的决策，并且采取正义的行动。然而，我们面对的困难是，在公共行政实践中，公共行政人员面对着怎样的角色的多元化和各种利益的相互冲突，他们如何获得正义美德，对于这一问题的回答成为行政实践中人们主要关注的问题。

第四节　统一的公共行政正义

公共行政正义是公共行政首要的、核心价值。公共行政正义既体现了民主社会自由、平等的价值追求，也蕴含着公共行政本身所具有的对公共利益的价值取向，同时也是公共行政人员德性的体现，从而具体体现为公共行政正义的三重伦理维度：公共行政正义的义务论伦理维度、目的论伦理维度、德性论伦理维度。义务论、目的论和德性论都是人类思想史上伟大的道德传承，它们不仅具有丰富的历史渊源，而且在当代社会和社会生活各个领域中广泛地发挥着作用。但是当人们考虑和运用这些理论时却常常觉得困惑，因为这些理论都有着不同的视角，而且每一种理论似乎都想要在某些方面强过其他（的理论）。尤其是对于那些从事理论研究的学者来

---

①　[美] A. 麦金太尔：《谁之正义？何种合理性？》，万俊人等译，当代中国出版社1996年版，第35页。

说，让他们在这些理论中间做出改变可能会是一件十分困难的事情。我们可以设想让麦金太尔转而信奉罗尔斯作为公平的正义理论，让密尔放弃其功利主义立场而主张德性正义是何等的不可思议。那么，是不是这些规范性伦理理论真的是不可公度、不可融合的呢？对这个问题的回答不仅在理论上，而且在实践领域也显得十分紧迫。因为，在现实中我们并不能完全在单个意义上选择使用某个理论，这些理论总是以这样或那样的方式表现出它们的某些一致性。因此，整合这三种不同的规范性伦理理论，将它们融合统一于公共行政的全过程，并为公共行政正义价值的实现提供伦理依据与实践指导成为行政伦理研究的一项重要课题。

一　公共行政正义三重伦理维度统一的人性根源

在传统规范伦理理论中，义务论、目的论与德性论，尤其是义务论与目的论之间是相互冲突甚至对立的。然而在公共行政领域这三个看起来相互冲突的理论实际上是可以相互协调、互为前提，并有机统一的。那么，为什么义务论、目的论和德性论理论家都试图将所有具有不同角度的伦理问题归于一种有限的伦理理论？康德希望运用其专有的康德主义观点研究所有伦理问题和它的所有方面，并将其他的理论视为是与之不相容和错误的。功利主义者、德性论者也宣称其各自的理论是唯一的。在康德看来，原则以一种人们能够理解的理性的方式解释事物，并且原则表达了与人们彼此期望的行为的一致性。康德以其独创性充分地发展了人类对理性原则尊崇的这个方面，但是康德却忽略了人类也有富于情感的一面。功利主义者、目的论者则承认人类具有渴望获得自己的幸福的一面，同时也有期望其他人获得幸福的一面，因此人类在社会生活中自然地重视具有积极的社会结果的行为。正如休谟所说，人类存在一种仁慈的情感赞成利他的行为并斥责有害的行为，所以对于幸福的向往成为目的论者所信奉的宗旨。人类还存在第三个方面，即对伟大成就的尊重，无论是在艺术、运动，还是在科学领域。这一方面将一个人的生活看作是一个创造性的工作，并接受人们对他或她的品质特征的评判。如"正义"被亚里士多德认为是人类所有德性中最为重要的，是"全德"或"至德"，是优先于其他任何美德的首要价值。义务论、目的论与德性论理论家各执一端力主自己的伦理主张及其意义，并且试图运用各自的理论概括所有的道德现象、指导所有的伦理活动。他们的这种努力如同寓言中的盲人摸象，他们都只是从某一个立场去研究道德现象，每一种理论都只看到了道德现象的不同方面，但如果他们将所有的方面联合起来，则会形成一种全面的描述并能更为准确理解道德现象的整体。尽管他们对整体的理解可能不够完全，但一定比任何单一的立场要全面得多。

  不同理论之间冲突形成的原因，除了仅仅是出于一种偏狭之外，可能还存在一个更为本质的倾向：想将所有的伦理主题全部归于一个单一的、确定的解释的愿望。[①] 然而，如果人们在所有的情形中都想获得具体的解释和确定性，那么，人们在实践中将几乎不可能行动并真正拥有某个信仰——无论是义务论、目的论，还是德性论，以及所有人类所期盼的方面。试图将伦理理论完全统一于一个单一的解释系统，可能相反地阻碍了人们更多地关注获得这种统一，因为每一种讨论都仅仅只是事物的一个方面，而所有的方面都在人性中得到统一。所以，可能的结果却是："这些被不同理论家限制的理论彼此联合起来。那些被设想彼此相互竞争的理论都包含着一个统一的解释，这个统一的解释足以在一个统一的原则下包含全部的主题。任何一个排除所有其他原则的单一的立场都是对于这种

---

① Garofalo C. and D. Geuras, *Ethics in the Public Service*: *The Moral Mind at Work*, Washington DC: Georgetown University Press, 1999, p.60.

更为重大的统一原则的忽略。"① 也就是说，在三种规范伦理理论中，不可能实现其中任何一种理论对于另外两种理论的统一的解释，而是三种规范伦理理论彼此相互统一于一个更为重大的原则，而且这种统一源于人类的天性。因为，人类的这些方面如果是各自独立、互不通融的，人类便不可能几千年来成功地进化。人类在物资方面已经进化到相互依赖地协同工作、共同发展，如果人类内在的精神功能和追求是天然地趋向冲突而不是统一，那么人类的存在与演进将是在一种强烈的对抗中推进的，那将是一种难以理喻的自然存在与发展。人类的历史表明，人类追求理性，热爱幸福，仁慈，并且对道德品质的尊重几乎都是统一的，都是进化的人类本性的一个部分。如果现实的人类如此，那么，义务论、目的论、品质理论就一定是能够和谐统一的。也就是说，目的论、义务论、德性论都是人类本性的反映，它们都只是人类认识和反映社会的一个方面，在人类的实践中它们总是能够表现出彼此在某些方面的一致性，并最终达到一种和谐与统一。例如功利主义者，他们赞赏他们自己和他人的幸福，但他们同时如同义务论者所断言的那样也是尊重原则的理性的人类。具体来说，原则来自我们理性的天性和对一致性的需要，所以我们认识到义务论角度的价值。同时，我们承认我们对于我们自己和他人幸福的愿望，所以我们认识到目的论角度的价值。最后，人的品质借助人们对于卓越的尊重，所以我们认识到美德视角的价值。人类的理性、情感与卓越都是人性中不可分割的部分，因此，公共行政正义的三重伦理维度——以人类的理性、情感和卓越为基础的义务论、目的论和德性论必然统一于人性并在人类实践中得到证明。

---

① Garofalo C. and D. Geuras, *Ethics in the Public Service: The Moral Mind at Work*, Washington DC: Georgetown University Press, 1999, p. 125.

二　公共行政正义三重伦理维度统一的实践论证

既然伦理统一是人类的本性，那么如何使用这种统一理论处理伦理问题，这种统一理论在实践中能否得到证明？答案是肯定的，但必须注意的是，统一伦理不可能为实践提供一个能解决所有问题的公式，而只能提供一种相互矫正的系统指导人们做出道德决策的判断。由此，公共行政正义的统一伦理作为一个统一的伦理应用系统，必然首先要根据各种规范伦理理论的一些基本原则进行分析、权衡，并最终做出一个统一的道德判断。公共行政正义的统一伦理理论不能取代具体的道德决策，只能对实践起指导作用，而其中最为关键的因素是任何特定情形中道德判断的使用。

为了论证公共行政中不同伦理立场的统一性，Dean Geuras、Charles Garofalo 汇集了每个理论的主要观点和每个理论将会遇到的问题（见表 3—1）。[①]

表 3—1

	主要观点	问题
目的论	以产生最大的幸福作为目的而行动	什么是我们行为的结果？ 什么长久地影响我们的行为？ 我们的行为促进了最大幸福吗？
义务论	根据正当的原则而行动，并与应用它相一致	什么原则应用于这个情形？ 这个原则能持续应用于这个情形和所有相似的情形吗？ 这个原则能被认为是一个可能的普遍的行为原则吗？ 哪种行为过程最好地例证了将所有人自身作为目的？ 哪种行为过程最好地例证并最全面地促进了自由的，负责任的人的发展，他们的目的是相互促进而不是彼此冲突的社会？

---

① 参见 Dean Geuras, Charles Garofalo, *Practical Ethics in Public Administration*, Management Concepts, Inc., 2002, pp. 61–62。

续表

	主要观点	问题
德性论	作为一个有道德品质的人而行动，为其他人树立高尚的道德榜样以效仿	这个行为表达了怎样的品质特征？ 这个行为对我的品质将有什么影响？ 这个行为对他人的品质将有什么影响？ 这是一个值得赞美的个体行为品质吗？

Charles Garofalo 与 Dean Geuras 认为上面列举的这些问题虽然是不完全的，但形成了人们道德决策的基础。另外还包括一个人的种族，文化，宗教价值，和一个人职业的行为准则等因素。如果在所有的情形中对以上所有问题的回答都得出一样的结论，最终做出道德决策将是一件十分容易的事情。例如，某人是否应该向政府欺瞒其收入使他减少向国家缴纳税金的损失。功利主义会反对说这种行为不利于促进社会的最大幸福；义务论也会反对税收欺骗，因为根据"人应该诚实"的原则，根据"所有人都应该公平地负担""社会为了它的存在必须征税"等原则，个人想增加自己的利益的观点不是一个道德原则。对于一个有德性的人来说，欺骗绝对是一种不道德的行为，所以美德伦理也会反对税收欺骗。通过对照上述一系列问题的回答，所有理论都得出一样的结论：反对税收欺骗。欺骗者为了促进他自己的利益而欺骗是不道德的，只有在特殊的不正当情形中，这种欺骗行为才可能成为一种好的品质的例证。

但是，设想所有的情形都是如此简单地使所有伦理主张具有一致性是不现实的，有许多例子表明对以上所有问题的回答是不同的，甚至是相互冲突的。但这种冲突并不是对伦理统一的否定，只是表明伦理统一需要一个通常的应用过程，这个过程决定是否显著的冲突能够被和解（Reconciled）。在很多情形中，当问题被深入思考时和解是可能的。Dean Geuras 和 Charles Garofalo 提供了这样一个例证:① 为了取得公众对某个项目的支持,公共机构很想夸大它的福利并让公众理解它的可能的花费。这种欺骗的解释包括一些相似的重复的理由:这是一个好的项目,它的福利公众还不能理解;当项目成功以后,每个人将忘记我们最初的估价;每一个机构都是欺骗的,所以我们为了竞争必须欺骗。然而欺骗在以上所列的问题中出现了冲突,功利主义基于这个项目的结果是社会幸福显示出对这个欺骗的支持,义务论的考虑是基于"一个人永远应该说实话"的原则赞成诚实的方法,对于义务论者,诚实永远是最好的政策。在这个例子中,使目的论和义务论和解在起初是不可能的,但是深入分析就会发现,对于目的论的考虑,虽然似乎是赞成欺骗的,但是从长远来看,即使欺骗暂时成功,它可能实际被发现结果是社会幸福,但当公众发觉政府夸大预算的欺骗行为后,可能倾向于将来不再信任(公共)机构的这种决策,这种对政府的不信任无疑是一种不利的结果。另外,即使欺骗没有被发现,结果也可能是消极的,因为,这种欺骗在整个机构无限延续可能造成成员的压力和不信任感,而且一个成功的欺骗,可能会鼓励将来相似的行为,但并不是所有这样的行为都有很幸运的结果。因此,基于这样的分析,即使从目的论的角度出发也会与义务论一样倾向于对这种决策的反对意见,并最终使得不同的伦理立场达到一种统一与平衡。

不同伦理立场之间的冲突是存在的,由于康德的理想王国是不可能现实地存在的,不可能总是能够找到解决每一个道德两难的确定的解决方案,也就是没有一个固定的公式能够解决这些冲突。但如果考虑以上所列的不同的伦理问题,人们应该不怀疑在他们中达到一种理性的平衡的可能性,关键是人们必须正确地使用判断。为了保持康德以人自身作为目的的观念,任何人必须给予决策者权利

---

① Dean Geuras, Charles Garofalo, *Practical Ethics in Public Administration*, Management Concepts, Inc., 2002, p. 63.

做出他或她自己的判断，只要他们以诚实的，出于善意的方式做出决定。而那些对判断承担责任的人可能常常不同意他的多数同事的意见，但他一定是经过慎重考虑并最终得出结论。一般来说，决策制定者必须在汇集了所有的观点之后，最终给出自己的判断，如果伦理问题被充分地讨论并且经过了慎重的考虑，它的不明确性可能仍然存在，那么正如 Charles Garofalo 与 Dean Geuras 所说："如果人们回答所有的伦理问题，有意识地使它们协调一致，当它们不能协调时，人们还不能绝对保证他能发现最合乎道德的解决方案，就要使用他最好的判断。但即使一个人不能获得理想的伦理解决方法，但他已经运用了他所能获得的最好的可能的方法，在这种情况下如果错误被导致，它将不是一个人的伦理意图或他不够用心的结果，而是他需要解决的问题的困难性所致。"① 在他们看来，伦理决策的目的不是永远从事最好的行动这种不可能的目标，而是永远用最合乎道德的方式去决定。如果决策者使用以上概述的程序，他们的伦理决策不可能是不道德的，即使他们的决策最后证明可能是错误的。

公共行政正义的统一伦理联合义务论、目的论和品质理论三种道德哲学成为一个整体，为面对伦理挑战的公共行政人员提供了一个实践的视角。我们可以理解公共行政人员不能看到在原则、目的和品质之间潜在的相互依赖，然而，公共行政正义的统一伦理将这三种道德哲学的要素结合在一起，使得公共行政人员能够以更宽阔和更有利于对他们所面对的情形的伦理理解提供一种有效的方法。正如 Steward 所说，大多数管理者倾向于综合目的论和义务论，而不是排斥性地依赖于某一个或另一个。尽管这种综合可能不是系统的、深思熟虑的或全面的，但它确实证实了在确定的行政实践和与

---

① Dean Geuras, Charles Garofalo, *Practical Ethics in Public Administration*, Management Concepts, Inc., 2002, p. 66.

此相联系的理论原则中基于统一的公共行政正义的伦理视角的可行性。因此，行政人员和类似的学者作为道德代理人理解他们的事业在哲学和实践上的根本统一是义不容辞的。①

三　公共行政正义是具有平衡功能的综合性价值

正义的产生，是基于人类社会的需要，与人类社会的秩序紧密相关，体现为人类对一种和谐有序的社会理想的价值追求和制度安排。历代思想家们对于正义问题的探讨就是为了试图解决时代发展所带来的社会不稳定因素造成的社会动荡，试图从各自不同的立场构建一种适合于时代需要的社会秩序，从而构成了麦金太尔所归纳的研究正义和合理性的四大传统。麦金太尔针对当代西方社会的道德危机的现实，批判了现代自由主义的规范正义理论，确认并选择了自亚里士多德以降的美德正义传统，主张从内在于人的能力品质来解决正义问题，认为正义不仅是外在于人的规则和秩序，而且更重要的是人的一种内在能力、品质和美德。而罗尔斯则主张一种"作为公平的正义"理论，认为正义如同真理对于价值一样是社会制度的美德。功利主义者从目的论的角度强调正义的结果是否能为社会带来最大幸福。这表明思想家们对于正义的理解都有所侧重，也意味着正义本身是一个综合性的概念。正如王南湜教授所言："社会生活各个方面的整体性使得各个角度、各个领域的价值原则具有某种一致性，或者至少不相互冲突；而其分离性则使得各个角度、各个领域的价值原则彼此冲突、难以并存。这种冲突和难以并存有可能导致社会生活的不可能，因而必须予以折中协调，使之能和平共处，共同保证社会生活的正常进行。这样一种用以折中协调诸价值原则的价值原则，便是一种正义原则。作为一种协调诸原则

---

① 参见 Charles Garofalo and Dean Geuras, *Ethics in the Public Service: The Moral Mind at Work*, Washington, DC: Georgetown University Press, 1999, pp. 129–150.

之原则，正义原则便是一种综合性的价值原则。"① 王教授对于正义价值的综合性品质的分析，是想说明只有将各种具有矛盾与冲突的原则统一于正义价值，才能折中调和各种矛盾与冲突，才有可能最终使得各种矛盾与冲突达到一种协调的状态。因此，只有当正义本身是一个具有综合性品质的价值时，正义才能够协调各种相互冲突的价值并使其达至一种平衡。

那么，为什么正义是一种具有平衡功能的综合性价值，为什么它能体现各种相互冲突的价值特征？这是由正义价值所具有的多元性特征决定的。公共行政正义的多元性是指公共行政正义具有不同的指向，是一种具有多向度的价值，可以从不同角度、不同层面来体现。关于公共行政正义的多元性，本书第二章已有专门论述，在此不再赘述。

不仅对公共行政正义的多维度解读是可能的，而且公共行政正义还具有统领其他行政价值、有效地协调体现其他行政价值的特征。阿德勒在论证自由、平等与正义的关系时指出，正义在三者中处于支配地位左右着人们对自由和平等的认识。没有正义做准绳，许多错误将难以避免，许多难题就无法解决。在自由、平等、正义三者当中，只有正义是不受限定的善事，我们要求的自由和平等越多，我们就越是无法与同伴很好地相处。而正义却不然，没有社会能太公正行事，没有哪个人因为过于公正行事而对自己或同伴来说不是善事。也就是说，只有正义是一个不受限制的价值，不会由于其过度性而带来不正义。而其他价值，如自由、平等、效率、公共利益等，如果在实践中过度追求会造成某种失衡或冲突，因此对于这些价值都需要加以某些限制。公共行政的民主、平等、效率、公共利益等价值虽然都是善事，但都不是第一位的，都是要受到限制

---

① 王南湜：《实践哲学视野中的社会正义问题——一种复合正义论论纲》，《求是学刊》2006 年第 3 期。

的，而且彼此在实践中存在着冲突，只有在正义的支配下这些价值才能和谐地扩展到最大程度，也因此正义成为平衡和限制这些价值的一个标准。正如阿德勒在总结自由、平等与正义三者的关系时所强调的，"当正义对自由和平等起支配作用时，在其限度内，自由和平等都能和谐地扩展到其最大程度，错误而又极端的自由主义者和平等主义者之间那些无法解决的冲突就会消失，因为居于统治地位的正义既纠正了他们之间的错误又为其解决了冲突"[①]。同样，在公共行政领域，极端的平等主义、效率至上、德性主义都不能真正体现公共行政的实质，只有通过公共行政正义统一各种行政价值取向，并在具体的行政生态中有效地均衡各种价值的向度，才能既避免各种价值之间的冲突又能最大限度地实现行政的各种价值要求。

　　正义理论不仅是理论哲学的普遍主义的，而且是实践哲学的境况主义的，其确定性不仅依赖于理性原则的确定性，而且依赖于具体生活事件境况的确定性，正义必然是实践中各种条件、各种境遇中各种价值的一种平衡。而且，如 Richard Dien Winfield 所强调的，我们所能做的应该是系统考察正义价值在各种制度中逐渐得到实现的过程，[②] 尤其在政府公共行政中，作为核心价值的正义正是源于正义的这种实践性特征。因为政府官僚机构所承载的价值目标与实现社会正义的普遍要求是一致的，公共行政正义凝聚了政府公共行政所需要的综合性品质并能具体表现公共行政的其他重要价值，如权威、效率、社会平等和公共利益。而且，历史与现实都已证明，只有当政府的决策充分考虑到具体行政生态中的各种价值因素，并使得各种价值达到一种均衡时，其决策才能得到社会的广泛赞同，才能有效促进政府公共行政的合法性，而促进各种价值达至均衡的

---

① [美] 莫蒂默·阿德勒：《六大观念》，陈德中译，重庆出版社 2005 年版，第 120—121 页。

② Richard Dien Winfield, *Reason and Justice*, Albany, New York: State University of New York Press, 1988, p. 155.

核心原则就是正义。

四 "统一的公共行政正义"

通过以上分析，我们知道在公共行政领域的三种规范伦理理论中，不可能实现其中任何一种理论对于另外两种理论的统一的解释，而是三种规范伦理理论彼此相互统一于一个更为重大的原则，这个原则就是正义，从而构成"统一的公共行政正义"原则。统一的公共行政正义既是公共行政的核心价值体现，同时也是统领公共行政正义各种价值维度的"一个更为重大的原则"，是公共行政正义的义务论、目的论和德性论维度的相互融合与有机统一。统一的公共行政正义包含了公共行政在这些不同伦理视角下的全部主题：公共行政正义既体现了民主社会自由、平等的价值追求，也蕴含着公共行政本身所具有的对公共利益的价值取向，同时也是公共行政人员德性的体现，义务论、目的论、德性论，每一种理论都仅仅只是讨论公共行政正义价值的一个方面，所有的方面都在人性和行政实践中得到融合并统一于正义价值。

公共行政正义是公共行政正义的义务论伦理维度、目的论伦理维度和德性论伦理维度的有机统一。对于正义的义务论伦理维度和目的论伦理维度，正如高兆明先生在论述功利主义伦理思想方法的可取之处时所指出的："事实上，即使是理性主义义务论方法，其作为绝对命令的道德义务要求，本身就是人类在世代社会实践中对自身利益关系的自觉把握，它的合理性根据就在于这种人类自身存在的根本利益。正是在这个意义上，道义论亦以目的论为基础，它不能离开目的论前提。"[①] 同样，公共行政正义的义务论维度表明政府公共行政对人的权利的维护、对人的价值的尊重归根结底是以人

---

① 高兆明：《伦理学理论与方法》，人民出版社 2005 年版，第 282 页。

的利益的实现为前提的，离开了对于人类自身的生存与发展利益的维护，这种绝对义务最终也将会丧失其合法性。而目的论以利益的最大化作为行为选择的价值标准，无法避免其工具理性的滥用。即便政府所谋求的是社会公共利益的最大化，如果仅仅将结果的功效性作为公共行政正义的衡量标准，也必然会导致对于利益手段的极度推崇，而忽略公共行政过程和手段的正义性，将导致公共行政正义的合法性危机。因为现代民主制度更多的是一个过程，如果在公共利益这一实质性理由下无所不为，以至突破人间一切最基本的道德要求，则会使人类的道德底线彻底崩溃，[①] 必然使得建立在现代民主制度基础上的公共行政失却其存在的基础。因此公共行政正义的目的论维度又必须以公共行政正义的义务论维度为前提，以一定的道德法则、义务为其规定，将建立在民主价值基础上的对主体存在的根本关注作为政府行政利益追求的前提，才会促进政府行政的利益最大化而不会丧失其目标和方向。因此，公共行政正义的义务论维度与目的论维度应该在公共行政主体及其实践中得到统一，使正义不仅体现为对人的价值的尊崇也是对人的切实利益的关注。

然而如何使公共行政正义的实现克服作为个体存在的行政主体的私利性的侵蚀，使得我们又必须将公共行政正义的义务论维度与目的论维度的实现建立在公共行政主体的心性品质和道德信念上，因为只有公共行政主体将正义的义务论所代表的民主价值和目的论所代表的公共利益的价值追求内化为一种职业信念和内在自觉，才能保证公共行政正义的最终实现。正如正义的目的论与义务论不能纯粹地被分割，将人类的德性正义与康德或密尔对于道德行为正义的解释绝对区分也是不可能的。尤其在现实中，人们在考虑他们的行为时几乎不排除目的论或者义务论，道德行为的实现同样也不能

---

① 高兆明：《伦理学理论与方法》，人民出版社 2005 年版，第 293 页。

脱离开一个同样具有道德美德的人。大多数道德行为的履行并不纯粹出于某一种理论的考虑，正如林肯一样，他签署的《解放黑人奴隶宣言》既符合正义的目的论同时又是符合正义的义务论，更体现了林肯所具有的正义美德，而且前两者的正义特征最终是通过林肯作为一个伟大领袖的个体正义美德而得以实现的。

无论人类考虑道德问题是从目的论、义务论还是德性论的角度，一个人可能如同人们所观察的那样会出现差错。因此最好的道德观察家检验以上三种道德视角是从两个方面入手的：既允许他们相互纠正彼此的错误也允许他自己将所有的分析汇集为一个和谐统一的整体。[①] 因此，公共行政正义三重伦理维度的相互融合与统一也不可能在实践中为人们提供一个可以解决所有问题的公式，统一的公共行政正义作为一种相互矫正的系统不能为人们制定所有的伦理决策，它只能用来指导人们的伦理思考，帮助人们做出道德决策的判断，为人们的道德实践提供努力的方向。公共行政正义的义务论、目的论与德行论的统一显示出这些伦理立场潜在的不可分离性，公共行政中原则、目的和人格的正义特征是密切地联系在一起的，对于公共行政中的这些立场进行人为和武断的分割只能表明我们思考、决策和行动的片面，而这些片面的理论反过来用于指导行政实践中的道德现象只能导致现实中人们的伦理困惑。因此，尽管为了深入研究的需要、实践中详细考虑和对话的必需，公共行政正义的三重伦理维度可能是被解构的，但他们在本质上是彼此融合和相互统一的，必须以一个统一的视角运用于行政实践才可能获得一致的决策、政策和行动。

---

① Garofalo C. and D. Geuras, *Ethics in the Public Service: The Moral Mind at Work*, Washington DC: Georgetown University Press, 1999, p. 122.

第四章

公共行政核心价值的条件论

公共行政正义的目的论、义务论和德性论及其统一，提供了理解行政正义内涵的基本框架，同时也为把握公共行政正义的实现条件厘清了思路。从义务论的角度来看，行政活动对公共权力的行使要符合合法性、合理性和公共性的要求，所以行政正义构成政治正义的不可或缺的组成部分；从目的论的角度来看，政府存在的根本理由在于实现公共利益，维护社会公正，从这个角度来说，行政正义的目的是实现社会正义；而公共行政正义的德性论维度则是目的论和义务论维度的公共行政正义得以实现的终极保障，是将正义价值在整个公共行政系统中贯彻到组织和个人的根本驱动力。因而，公共行政正义的实现过程实际就是恰当的制度准则、分配准则和道德准则的建构和矫正过程。然而，如库珀所言："在民主管理过程中，不可以有任何具有体系性质的、普遍的或最终的基本准则，但是它们能发挥替代性的或临时权宜的作用。所有的准则都会因时而变，以适应变动不居的社会契约的变更。历史就是对这种社会契约演化过程的一种记录。"[①] 在人类社会发展的不同阶段，公共行政正义的多重准则总会受到政治、经济、社会乃至文化观念等条件的深

---

① ［美］特里·L. 库珀：《行政伦理学：实现行政责任的途径》，张秀琴译，中国人民大学出版社2010年版，第45页。

刻影响和制约。所以，公共行政正义必然是有限度的存在，其实现也要求行政系统不断地适应内外部环境的变迁。在当今时代，人类社会正经历从工业社会向后工业社会的过渡，走向后现代的公共行政要在承认正义价值的核心地位的同时，适时地调整行政系统，促进公共行政正义价值的更深层次的实现。

第一节　义务论维度的公共行政正义条件

公共行政正义的义务论维度要求公共权力的自由裁量范围是要受到限制的，要求公共行政处于宪法原则和精神的支配之下，要求行政组织和人员保持对公民的回应性。所有这些都共同指向一个基本条件，即民主行政。

一　民主：公共行政正义的条件

民主是处理社会关系的规范，公共行政伴随民主社会的进步而发展。行政从来都是政治系统的一个重要组成部分，民主与正义有依附关系，行政民主与行政正义也高度相关。尽管民主现实离我们所设想的状态还有一定距离，但民主政治的大环境是公共行政良好运转的背景，民主是公共行政正义的基本条件。

第一，民主是社会公正的保障。

促进实现社会公正是公共行政的终极价值取向。社会公正总代表了一种对社会资源的分配，这种分配要么通过市场机制来进行，要么通过公共组织来实现，前者被称为初次分配，而后者属于再分配的范畴。[①] 社会资源的正义分配离不开民主秩序的保障：

[①] 现在有一些学者将非政府组织和非营利组织所进行的慈善等形式的资源分配称为第三次分配。不过，这种分配一方面表现为较小的规模，另一方面具有不稳定性，取决于社会的公益意识和优势阶层的个体意愿，而用法律和行政手段加以实现的第三次分配实际上仍然属于公共权力的分配模式。

首先，民主是社会公正的政治前提。对于社会正义的追求，无论自由主义者还是社群主义者都要承认民主的前提性条件。诺齐克是自由市场秩序的忠实捍卫者和倡导者。在他看来，市场机制是合理分配社会利益和负担的最佳手段，市场是社会正义生成的主体场所。在这个场所中，交易机制实现了公民身份的自主性和平等性，建立了互惠的社会关系，同时也通过淘汰机制激励社会正义水平的整体提升。政府除了为市场分配机制提供公平的交换规则以外，不能干预市场的自发运转，否则就会导致社会不公。所以，在诺齐克看来，要实现社会正义不仅需要充分发育的市场，也必须对政府干预进行宪法约束。换言之，没有宪法对政府行为的约束，那么政府干预的越多就越不正义。这一点在中国当前的社会现实中表现得尤其明显。改革开放后，我国市场经济体制得到长足发展，但政府对市场经济的控制并没有随之退出，政府可以轻易地介入市场交易的每个环节，而市场主体也倾向于依靠公共权力在竞争中获得优势地位，因而在不成熟的市场机制造就的贫富分化的基础上又附加了与公共权力捆绑而造成的分配不公。因此，随着改革开放的进一步深入，我国全面系统地提出了依宪治理的理论，建立健全全社会忠于、遵守、维护、运用宪法法律的制度，强化对行政权力的制约和监督，严格依宪执政、依法行政，确保公正执法。作为新自由主义的代表人物，罗尔斯也承认市场机制的不可替代性，但他否认市场的初次分配就代表了正义的后果。他认为，市场机制可能是最有效率的，但却未必能形成与道德直觉一致的分配结果，市场也有其不正义的一面，因为"允许分配的份额受到这些从道德观点看是非常任性专横的因素的不恰当影响"①。所以政府必须要发挥再分配职能去纠正市场分

---

① ［美］罗尔斯：《正义论》，何怀宏等译，中国社会科学出版社1997年版，第68页。

配的不公，创造一个机会平等的社会秩序。罗尔斯认为，"虽然作为公平的正义不是一种民主理论，但它将民主的政治统治视为正义的要求"①。

其次，民主是防范社会不公的形式。任何对社会公正的追求都是以防范可能发生的不公正现象为目的的，民主有利于降低社会不公正现象的发生风险。阿马蒂亚·森的实证研究有力地证明了饥荒与民主的关系。森的研究发现，饥饿现象即使在富裕社会也是一种常见现象，但人类历史上数次大规模的饥荒从来都没有发生在有效运行的民主体制中，饥饿现象演变为一种社会灾难不仅仅是因为物质匮乏，更主要的是因为物质资源的不公正分配。民主能够防范类似饥荒的社会不公的发生，原因就在于：其一，民主的信息预警功能。在民主政体中，公民可以通过运用政治权利表达他们的要求并引起政府的关注。通过促进信息的自由流动，民主政体能够较好地解决政府信息匮乏的问题。当饥荒发生以后，民主的政治安排不是采取掩盖的策略，而是要将与饥荒相关的信息公布于众。其二，民主的沟通功能。民主社会的公民通过行使宪法权利唤起全体社会成员对普遍性需要的关注，从而形成关于社会现状的共识，同时通过民主的政治安排民主，公民能够将他们的意见传达给政府，对政府权力进行控制，并要求政府及时做出回应，采取行动。其三，民主的激励和监督功能。通过竞争性的民主渠道，民主激励和监督政府的权力边界，能够为应对饥荒承担公共责任。可以说，在现代社会，正是因为有了民主的观念，人与人之间才有了为善而行动的集体意愿，才有了不公正对待其他社会成员是不正当的价值判断前提，也才有了促使政府回应可能潜存的社会危险的动力和能力。

---

① Samuel Freeman, *The Cambridge Companion to Rawls*, Cambridge University Press, 2003, p. 87.

最后，民主是纠正社会不公的手段。无论是政府，还是市场，抑或是政府与市场相结合的分配手段，不公正的社会现象都是无法避免的，那么在建立有效的实现社会公正的途径的同时，对于各种各样不公正的社会现实也必须有矫治它的机会，而民主是纠正社会不公的手段。夏皮罗从权力的支配关系说明了民主与社会正义的关系。他认为，"在追求正义过程中，人们诉诸民主的原因就是不正义通常被感受为恣意的支配"[①]。权力在任何社会都是一种普遍现象，只要有权力就存在支配，权力关系的普遍存在决定了社会支配关系的广泛存在。但是这种支配关系随时可能演变为人对其他人的奴役和不公正对待，在政治秩序中如此，在公司、企业和家庭结构中也是这样。所以尽管权力的支配性是不能消除的，但我们还是要尽量减缓权力关系中的支配与奴役因素，而民主是管理权力关系的手段。扬则从差异的角度阐述了民主对纠正社会不公的作用。她认为无论自由如何发展，公民个体间的差异都是客观存在事实，即公民的主体性表现为有差异的独立性。社会既要尊重这种差异，也要正视差异中的少数弱势群体。民主为少数弱势群体创造了表达不公正对待的机会，原因就在于民主具有包容性，它生来就是拒绝排斥和歧视的，不同的社会族群都可以利用民主机制来唤醒社会承认，并要求共同体采取公共行动来改善他们的生存境遇。[②] 总之，民主也构成当社会不公发生时的重要的修复机制。

第二，民主是规范公共权力运行的方式。

促进社会公正是政府的基本使命，而达到这个目的需要一个公正的政府，需要公共权力为了公正的目的而运行。公共权力是政府实施社会管理的依据和手段，但公共权力具有二重性，一是权力归

[①] Ian Shapiro, *Democratic Justice*, Yale University Press, 1999, p. 20.
[②] 马晓燕：《多元时代的正义寻求：I. M. 扬的政治哲学研究》，光明日报出版社 2012 年版，第 12 页。

属的民有性与权力行使的自主性,二是权力作用的强制性与权力目的的服务性。公共权力之所以是公共的就在于这两个方面的二重性能够达到平衡,任何对这些二重平衡的状态的破坏都会破坏公共权力的公共性。在实践中,权力行使者从公民那里获得权力,但在自主使用的过程中却可以运用公共权力谋取私利。公共权力依靠其强制力实施对社会失范行为的纠正,却同时也可以利用这种强制力实施对公民的压迫。所以,政治正义是社会公正的前提。"政治制度中的不正义结果比市场的不完善更严重,持续的时间更长。"① 也就是说,公共权力使用的不正义不仅不能对社会中存在多样化的不公正现象给予纠正,反而会制造更大的不正义,所以有学者认为公共权力的不正义是最大的不正义。纵观人类社会的发展,权力的行使有三种类型:一是暴力支配,二是神化权威,三是民主人权。暴力支配是以武力的强势,以征服的方式实现对他人的控制,而神化权威则直接表现为权力来源于神的旨意,服从神的安排是不可抗拒的自然法则。现在这两种类型不用多加证明就会受到人们的反对,可以说这正是民主社会建构的权力观念的结果,民主是人类社会发现的最好的或者说最容易被广泛接受的规范权力关系的方式。

首先,民主改变了权力主客体的关系,从而使国家权力从属于公共性的范畴。有权力的地方就有支配,政治过程永远是掌握权力的少数人对多数不掌握权力的人的支配。但在民主社会中,这种支配是有条件的,被统治者服从于统治者的前提是统治者为被统治者服务。权力主客体之间是相互依附的,人民创建政府的目的是更好地生活,政府掌握公共权力除了这个唯一目的外别无他求。在君权神授的体系内,权力来自神或上天,

---

① [美]罗尔斯:《正义论》,何怀宏等译,中国社会科学出版社1997年版,第216页。

除此以外权力不听命于任何客观存在的权威，也否定其他权威的存在。"皇帝一般被叫做'天子'，他从上天那里得到了他的帝国，并根据天意加以统治。他既不对其臣民负责，也不对其颁布的法律负责。"① 当权力来源于某种不存在的权威时，权力本身就是最高的支配力量，权力的行使者本身也就是最高等级的社会成员。民主政体破除了权力关系的线性逻辑，从而使权力体系表现为一种互动性。人民既敬畏权力，也可以控制权力。民主政体改变了政治合法性的逻辑，使国家对社会的主仆关系变为社会对国家的主仆关系。在这种逻辑中，"政府既允诺保护公民免受相互侵害，又保护公民免受流氓官员的侵犯；作为交换，公民给予政府支持"②。支持的方式，一是投票，一是纳税。这也就决定了，公共财政除了用于支付政府自身运行所需的行政开支以外，每一分钱都必须用于提供公共产品和服务。所以，尽管公共权力的运行在现实世界总存在各种各样的压制和私用现象，但民主的逻辑至少使这些压制和权力私用在观念上成为不合法的。"政府官员至少都受到公共领域提出的各种观点和理由的约束。就普遍分散的程度上，公民之间的'无主题交往'可以在自主的公共领域中生长，而且能够进入具有正式决策权力的代议机构，人民主权观念——民主自治的社会——没有超出可行性的范围。"③ 民主是公共权力正义运行的基本方式。

其次，民主要求权力体系的开放性，从而使权力的分配具有平等性。公共权力是一个开放的体系，它不属于任何特定的

---

① ［美］艾森斯·塔得：《帝国的政治体系》，阎步克译，贵州人民出版社1992年版，第232页。
② ［美］霍尔姆斯·桑斯坦：《权利的成本——为什么自由依赖税》，毕竞悦译，北京大学出版社2004年版，第132页。
③ ［美］詹姆斯·博曼、威廉·雷吉：《协商民主：论理性与政治》，陈家刚等译，中央编译出版社2006年版，第6页。

人或者道德主体。在公共权力的逻辑中，个体因为权力而成为权力的掌管者，而不是权力因为个体而具有权威。民主是这个不归任何人所有的权力体系得以运行的基本方式。其一，民主政体中权力具有可流动性。民主意味着人民有权选择那些能够更令自己满意的权力行使者，同时也意味着人民应该服从于那些能够让自己满意的统治者。尽管选举民主已经被批判为不能真正代表民意，但不可否认，没有公共权力的可流动性，权力体系将成为唯我独尊的僵化体系，它拒绝对外部保持敏感性，也就不能保证公共权力的公共利益指向。其二，民主政体中权力具有可获得性。民主的权力秩序就意味着权力不是被某些特殊化的人所独有，而是平等的公民所共享的。权力获得上的平等性本身就意味着正义社会的机会平等。民主政体中的权力行使者不是由天定或者更高层次的权威赋予的，而是通过公平方式获得的，比如选举或者考试。当然，民主现实往往是精英获得对公共权力掌管，但民主的逻辑至少开启权力在社会成员间平等流动的机会之门，"与所有政府形式一样，民主也需要领导者。民主不同于其它政府形式之处就在于它不随意将任何人排除在领导岗位之外。民主并不必然会使每个人成为领导者，但它相信每个人有平等的机会成为领导者"[①]。通过民主的方式获得对权力的控制本身也构成改变自身不利处境的途径。其三，民主政体对权力有激励作用。权力本身是可以带来私利的便捷工具，但民主使人们对公共权力的追逐服务于公共目的，任何从权力中获得的利益、声望和荣誉都必须是公共利益的附属物。民主刺激着权力的追逐者为了赢得支持而关心公共利益。在行政组织内部，"权威、收入和声望都集中在等级组织的上层，这增强了上层官员的权威，并且激励下层官

---

① John H. Hallowell, *The Moral Foundation of Democracy*, the University of Chicago Press, 1954, p. 52.

员为之努力"①。通过民主的方式获得更高职位的权力是行政人员工作的动力之一。可以想象，如果行政组织自身的权力分配都不能是以民主的方式进行，那么如何要求行政人员正义地对待公民？

最后，民主要求公共权力行使的公开性，从而使权力运行更具理性。在民主的氛围中，公共行政是一种特殊的职业，官员们并不比普通民众更高明，权力的行使者在这里不是不容侵犯的完美的人。权力服务于人民，也就要求人民可以对自己的事务发表意见。民主承认公民和公权者是有限理性的，但否认权力的特殊性。民主就意味着公共权力的行使过程是可以被批评和监督的，公共信息是可以被了解的，而公共问题是可以被广泛讨论的。缺乏民主的氛围将使公共权力的运行走向神秘化，要么公共权力行使者可以利用公权谋取某些不可告人的私利，要么行政系统以一家的独立判断实施对社会的管制。"一切为了人民，但一切都没有经过人民……严格地说，这种程序根本不能保障'福利'。因为除了自律态度外，发挥间接影响的非公共舆论缺乏合理性本身的一般特征。"②而只有当权力是可以被人民拿来讨论和纠正的，我们才会说存在某种形式的公共理性。

第三，民主是建立责任政府的路径。

公共行政正义不仅需要一个正义的程序，也需要一个负责任的政府。政府要能够主动地履行积极责任，同时承担消极责任。责任政府既是一种制度安排，也是一种道德安排。责任政府要求行政活动在客观上服从于责任制度的监督，也要求行政组织和人员树立为人民服务的责任意识和观念。在现代社会，政府向人民负责、向公共利益负责几乎成为一种不言自明的逻辑。但真正使责任政府落到

---

① ［美］安东尼·唐斯：《官僚制内幕》，郭小聪等译，中国人民大学出版社2006年版，第63页。

② ［德］尤尔根·哈贝马斯：《公共领域的结构转型》，曹卫东等译，学林出版社1999年版，第52页。

实处的却是民主秩序的合理建构。

首先,民主是汇集社会偏好的机制,因而使政府从对抽象的人民负责转变为对具体的民意负责。政府对人民负责是一种道德抽象,人民是由无数个体组成的集合概念。有时人民是有组织的社会团体,有时人民却也表现为暴政下的群氓;有时人民是有识公民,而有时人民却以偏执个体的形象出现。政府对人民负责总要表现为政府对具体的、符合公共理性要求的民意的履行,对人民负责总需要先将分散的社会偏好汇集起来。人类社会发展到现在,已经发明了两种汇集社会偏好的机制,一种是选举民主,一种是协商民主,而这两种机制都与民主有关。我们在前文中已经分析了,选举民主并不是一种成功的民主,但是我们也说没有了选举民主的公共秩序是不可想象的,"在民主社会中,所有人都投票(或被许可去投票)。而在一个独裁社会中,考虑的只是部分社会成员的偏好,部分社会成员的偏好决定了资财的最终分配结果"①。所以罗尔斯、哈贝马斯、科恩等人又在以选举民主为基础的自由主义秩序中添加了协商民主作为偏好汇集的补充形式。协商民主要求任何个体偏好都必须经受公共审议的评价,通过持续不断的偏好转换形成最具正当性的公共偏好,任何不应该通过公共手段来实现的个体偏好都会在公共审议的过程中由话语的力量加以过滤和屏蔽。无论民主的形式如何,没有民主就没有将人民意志汇集起来的动机,没有民主也就不能评价政府向人民负责的真实性。

其次,民主是控制公共权力的基本力量,因而使政府责任变得可以追究。公共权力的自主性决定自由裁量的机会,意味着公共权力的行使不可能无时无刻都处于人民的控制之下,否则就不需要人民的代理者来行使权力了。因此,责任政府就意味着当政府出现了

---

① Carles Boix, *Democracy and Redistribution*, Cambridge University Press, 2003, p.10.

不负责的情况或者不能有效履行责任的后果时，对责任主体是可以追究过错的。然而，问责制离开了民主的大环境是不可能真正实现的。问责有两种基本形式，一种是内部问责，一种是公民问责。前者是公共组织的自我管理体系，而后者是外部压力型的纠正机制。在没有民主的情形下，公共组织不能有效地接受外部压力的控制，因而更倾向权力失责的内部消化。所以，总难免出现虚假问责、形式惩罚，或者问责后再以其他形式复出的现象。可以说，民主是创造这个外部问责的主要渠道，离开了民主秩序和民主观念的保障，公民既不敢问责，也没有能力问责。

最后，民主是激发公职人员责任意愿的形式，因而使政府组织和人员真正地树立责任意识。在民主秩序中，公共权力的获得不是一劳永逸的，公共权力的行使不能是恣意妄为的。民主对公共权力的掌管者有惩戒警示作用，当公职人员有机会或者没有意识去做出负责任的行为时，失去权力或者受到惩罚的可能性就会使他们衡量行为的后果，进而保持对自身应该承担的责任的高度警惕性。民主秩序构建得越好，不负责的行为受到追究的可能性也就越大。甚至在有些国家和地区，作为普通公民一分子的公职人员，在民主秩序中受到其他平等尊重的公职人员，也会自发地承担积极责任，因为他们能够从互惠性的社会关系中体会到履行本职责任的意义，民主观念就是最好的责任意识。

二　民主行政的挑战

民主是公共行政正义的条件，但绝不意味着民主社会会自发地产生正义的社会结果和正义的行政行为，公共行政也不是从一开始就与民主紧密联在一起的。民主不断地受到自身不完备性的挑战，也受到行政民主的特殊性的制约，更经常面临多重道德冲突的威胁。但是需要指出的是，民主行政所面临的各种挑战并不意味着要否定民主的价值,也不是要否定民主对正义的促进作用。正如萨托利所言,现代社会几乎没有哪个国家不宣称自己是民主国家。民主对正义的实现是必不可少的政治条件,民主行政是公共行政正义的基础。"民主的一切弊端都可以由更多的民主来医治。"① 公共行政正义的实现需要不断完善民主秩序,不断提升民主行政的品质。

第一,民主的非完美性。

民主所遭遇的挑战首先来自对民主本身的质疑。20 世纪 70 年代以前,民主与正义在理论研究的层面上是两个相互独立的领域,甚至在其后的一段时间里,民主还被认为是与正义不相融的。民主代表了一种程序,而正义则体现为结果,民主与正义不仅不相关,有时甚至是相互冲突的。就如道丁德认为的,民主程序并非是自然正义的过程,它本身是非完美的,用这种非完美的程序与规划正义的结果不仅是不可靠的,有时也是在损害正义的实现,所以"不能认为民主程序总是产生真正正义的结果"②。最直接的证据就是德国法西斯统治的出现,在民主的旗帜下,民选的领导者却是最残忍的独裁者,这无疑是对民主的最大讽刺。罗尔斯尽管支持民主政体是实现社会正义的前提,但他秉承了西方政治传统中对大众的警惕,"赋予太多权力给多数人,会产生压迫性国家,少数人的权利会受到忽视,或者会受到否认"③。这当然与他的自由主义立场有关,所以在罗尔斯看来,"任何可行的政治程序都可能产生一种不正义的结果。实际上,任何程序的政治规则方案都不能保证不制定非正义的法规。在任何形式的政权中,完善的程序正义的理想都不可能实

---

① [美] 丹尼尔·布尔斯廷:《美国人:民主的历程》,中国对外翻译出版公司译,生活·读书·新知三联书店 1993 年版,第 463 页。
② Keith Dowding ed., *Justice and Democracy*, Cambridge University Press, 2004, p. 15.
③ Chandran Kukathas, John Rawls, *Critical Assessments of Leading Political Philosophers*, Vol. III, Routledge, 2003, p. 338.

现"①。在他所设计的正义为社会制度首要善的正义理论体系中，正义与民主应该是相互促进的，社会正义以民主为条件，而民主程序则要以道德直觉上的正义结果为参照来设计和修正，民主只有在证明是有利于促进社会正义的情况下才是有价值的。"如果政治的正义观念包括了这些宪法根本内容和基本正义问题——就目前来看，这是我们的全部目的所在——则它就已经具有极其重要的意义，即使它对许多立法机构必须有规则地加以考虑的那些经济问题和社会问题涉及甚少也罢。……只要对这些被人们合乎理性地视之为公平的宪法根本和已确立的政治程序达成了坚定的一致，自由而平等的公民之间所自愿形成的政治合作和社会合作就可以得到正常维持。"② 从这个角度来说，公共行政正义的目的论与义务论的统一就体现于两者的相互矫正上，而法治是实现两者统一的关键，任何以特定程序形式出现的民主都必须受到宪法原则的约束，而民主要以正义目的为动力不断修复程序上的不完善性。当然，前提是要有一部正义的宪法。哈贝马斯是激进民主的倡导者，但他的民主设想中包含了对宪法原则的肯定，他说："任何一个群体，如果要把自己建设成一个由自由而平等的成员构成的法律共同体，就必须做出一个原初决定。为了合法地通过成文法调节他们的生活，他们进入一种共同的实践为自己制定一部宪法。制定宪法实践的意义在于共同探求并确定参与者必须互相承认为公平和有效的权利。因此，这种实践要依靠两个先决条件：以成文法作为有约束力的调节规则；以话语原则作为理性的审慎协商和决策的指导原则。"③ 也就是说，民主行政作为公共行政正义的条件必须以法治为前提，而法律制度和公共决策在公共行政程序方面要能够接受公共理性的公开审议。

---

① ［美］罗尔斯：《正义论》，何怀宏等译，中国社会科学出版社1997年版，第187—188页。
② ［美］罗尔斯：《政治自由主义》，万俊人译，译林出版社2000年版，第244页。
③ ［德］尤尔根·哈贝马斯：《后民族结构》，曹卫东译，上海人民出版社2002年版，第237页。

第二，行政民主的特殊性。

民主行政在相当长的时期内并没有得到充分的理论认识，也并不被作为公共行政的设计原则。韦伯很早就提出了民主制行政的概念，并且指出民主制行政要符合两个基本原则，一是它建立在所有人都原则上具有相同的领导共同事务的资格的前提下，二是它把命令权力的范围降到最低的程度上。但是他并不把民主制行政作为一种可以普遍推广的行政模式，他认为民主制行政只适用于"地区性的、参加人员有限、任务比较简单和稳定的"的情况下，不是"任何典型的（或者普遍的）发展进程的历史性出发点"，而只能处于一种"类型上的边缘状态"。① 在他的官僚制理论中，民主行政是一种可有可无的备选方案。从实践来看，西方公共行政基本从属于政治与行政二分法的逻辑。在政治与行政分化的制度设计中，公共行政人员主要服从于效率和命令的控制，民主在公共行政过程中是不被兼容的。在政治与行政二分的架构下，民主与政治有关而与行政无涉，行政人员虽然也要求过上所谓的组织民主生活，但整个行政系统对外部社会的关系却很少处于民主的审察之下。帕博斯和帕夫罗克认为 19 世纪 30 年代以后正义对于公务员或公共管理人员不是太重要，正义是民选官员的事情。② 这充分反映了当时的民主行政的薄弱性。而公共行政缺乏民主成分的最直接后果就是公共行政权力由于不能受到审察而不断膨胀，最终成为掘取社会权力并不断对社会施加控制的无限政府。

20 世纪 60 年代，新公共行政学派在批判威尔逊式的政治与行政二分法传统的基础上提出了民主行政的观念，并将实现社会公平内化为民主行政的基本指向之一。沃尔多反对传统行政理念中的

---

① ［德］马克斯·韦伯：《经济与社会》下卷，林荣远译，商务印书馆 1998 年版，第 271 页。
② Gerald M. Pops and Thomas J. Pavlak, *The Case for Justice: Strengthening Decision Making and Policy in Public Administration*, San Francisco, California: Jossey-Bass Inc., 1991, p. 6.

"效率至上"的价值观,他说:"在促进民主理论发展的路途中,有一个主要的障碍,这就是,效率是一个价值中立的概念,或者往更坏里说,效率是与民主相对立的概念。人们认为,我们应该将效率看作是行政'科学'的中心概念,但因为我们'信仰'民主,所以我们得容忍民主。"① 弗雷德里克森作为新公共行政学的提出者,认为"政治—行政二分法缺乏一种经验证明,因为很明显,行政管理者不仅执行政策,而且还要制定政策"。"新公共行政试图以这样一种方式做出回答:行政管理者不是中立的,应责成他们把出色的管理和社会平等作为社会准则。"② 奥斯特洛姆更是明确地提出,要促进公共行政实现从官僚行政向民主行政的范式转换。她总结了传统官僚行政的几个特点:(1)单一权力中心;(2)统一权力链;(3)议会主权论;(4)行政价值无涉论;(5)行政同质论;(6)人员的专职化;(7)科层制是效率的保证;(8)存在普适的善治模式。③ 传统官僚行政这些特点被20世纪60年代的官僚主义倾向和效率低下的社会事实,以政府不加选择地将几乎所有社会事务都标注为公共事务而加以管理的现象被证明是行不通的。因此,她倡导更关心社会公平的民主化的行政管理。但是实践表明,西方新公共管理改革并没有引入对民主行政的更多关注,改革措施基本上仍然从属于提高效率的管理主义路径。甚至,弗雷德里克森的民主的公共行政理论也曾被认为是无法实现的幻想。总体而论,如奥斯特洛姆所构想的,民主行政代表了一种公共行政的范式转换,必然要求政治社会基础的调整以为民主行政的发展留下空间。然而,在西方既定的政治框架内,民主与公共行政的兼容是缺乏先验基础

---

① 颜昌武:《沃尔多行政思想述评》,《公共管理研究》2008年第6期,第114页。
② H. George Frederickson, *New Public Administration*, The University of Alabama Press, 1980, pp. 7–8.
③ [美]文森特·奥斯特洛姆:《美国公共行政的思想危机》,毛寿龙译,上海三联书店1999年版,第36页。

的，是一个有待建构的体系，甚至也经常处于各种冲突之中。

民主行政的建构首先就要遭遇公共行政的价值性与工具性的冲突。政府既需要作为一般组织的管理体系，也需要作为公共组织的价值实现体系，政府决策既要保持与公众的接触，也需要专业化的理性力量，这就使得行政民主与我们传统意义理解的政治民主有很大不同。尽管政治与行政是不能分离的，行政从来都是一种政治活动，但公共行政作为一个独立的体系，在行政实践中践行民主却并不等同于普遍化的政治民主。首先，如果议会、国会等议事机构中的代表可以全额由某种类型的选举产生，那么行政机关中的公职人员则不可能全部来自选举，至少在规模上就不可能实现。所以，选举民主在公共行政领域中充其量只能是选择重要的行政首长，而在行政机构内部则基本实行任命制。① 西方历史上并不是没有民主行政的实践，但这实践却是失败的。我们都知道，政党分肥制曾给西方公共行政体系带来极大的冲击，但政党分肥制的设计初衷却是在行政系统中加强民主。在威尔逊提出政治与行政二分法之前，美国为了打破行政职位被上层社会精英垄断的局面，培育公共机构的民主体制，消除行政官员的常任化，实施人民轮流担任，在杰克逊总统时期开始实行政党分肥制，也就是实行行政职位随选举结果而轮换的制度。其次，民主行政要求公共行政组织及人员向公民负责，但他们又生存于组织内部，经常处于是向组织负责还是向公民负责两难选择之中。从原理上来讲，公共组织的人员向组织负责和向公民负责是高度一致的，但现实中行政活动所接触的公民必须是具体化的个体公民，并不是必然负责的对象，而组织的决策也并不能完全保证能够代表公共意志。因此，行政民主是一种特殊化的政治民主，它服从于主权在民的民主先验，但却不能完全按照已有的民主

---

① 刘兆鑫：《协商治理：服务型政府建设的路径依赖》，《行政论坛》2012年第1期。

实践去设计。

所以，公共行政的民主模式必然要走向参与式民主，即在承认政府拥有独立自主性的基础上，在行政过程中引入公民参与的民主成分，从而使行政过程不再从属于内部控制的体系。20世纪80年代开始，一些政策学家，如德雷泽克、德利翁、费希尔、德宁等人对实证主义政策科学和政策分析活动的行政垄断进行批判。他们认为政策分析逐渐背离了拉斯维尔所倡导的"民主的政策科学"，出现了潜在的反民主倾向。技术官僚和政策专家把持了政策分析的主导权，普通民众被排斥在政策过程之外，民主政治所要求的广泛参与无法得到满足，这种现象被称为"政策科学的专制"。以参与式民主为基础，这些后实证主义政策理论家提出了参与性政策分析。参与性政策分析是在否定两个相互关联的问题上提出来的，一是科学技术并不能成为公共政策分析的主要依据，"不在于顾问们的技术不够熟练，而是因为他们不能看透客户的眼神和心思"[1]；二是"要有助于普通公民而不是官员独自的需求"[2]。对技术理性的过分崇尚不能沦为排斥公民的工具，因此，要在公共政策分析过程中通过听证会、社区议事会、社会调查、政策咨询会等制度化公民参与建立起规范性的信息输入渠道。"在这种路径之下，政策科学家和技术官僚从一般民众的认知中寻找政策输入的资源，比如社会对特定问题是如何理解的，问题是如何被弄清的，以及不同政策选择会有何种影响。"[3] 从这一点上来说，行政民主是以决策民主为主要类型的。

---

[1] Udaya Wagle, "The Policy Science of Democracy: The Issues of Methodology and Citizen Participation", *Policy Sciences*, 2000, pp. 207 – 223.

[2] Charles E. Lindblom, *Who Needs What Social Research for Policymaking?*, Knowledge: Creation, Diffusion, Utilization, 1986, pp. 173 – 176.

[3] Udaya Wagle, "The Policy Science of Democracy: The Issues of Methodology and Citizen Participation", *Policy Sciences*, 2000, pp. 207 – 223.

当然，参与式的行政民主也必须具有相应的条件。一是必须有多样化的公民参与的渠道，原因就在于行政决策活动是多样化的、具体的，针对每个社会问题可能都会有不同的参与群体或者参与方式；二是有组织的有识公民的出现，随着社会进步，非政府组织的广泛出现，这个条件是可以不断得到满足的；三是要能够处理责任关系，组织中的人员对组织负责往往优先于对外部负责，要真正做到使行政人员向公民负责仅仅依靠增加与公民接触的机会是远远不够的。奥斯特洛姆给出的方案是实行"自治政府"，通过地方自治消解政府组织内部权力关系的一元性和统一链条，建立多中心的治理结构，从而使政府减缓来自组织内部的控制压力，从而更多地受民主参与的指挥。

第三，民主的道德风险。

民主最终都要落实为具体的程序制度，但是制度主义路径虽然十分肯定制度对行为的规范作用，但却始终无法解决制度随时都会受到制度中个体的"不道德"行为的破坏问题。民主最大的敌人就是不遵守民主秩序的个体行为对民主制度本身的挑战。卢梭很早就指出，公职人员身上存在三种本质不同的意志，"首先是个人固有的意志""其次是全体行政官的共同意志""第三是人民的意志或主权的意志"。[①] 这三种意志并不能做到统一，公职人员有其自身的利益，甚至政府作为一个整体也有所谓的政府利益，当个体利益或者政府利益与公共利益产生碰撞并最终胜出，那么很不幸地，公权私用、腐败等现象就会发生。性恶论者时刻警惕个体的这种道德冲动，"如果人都是天使，就不需要任何政府了。如果是天使统治人，就不需要对政府有任何外来的或内在的控制了"[②]。因而，外部控制

[①] ［法］卢梭：《社会契约论》，何兆武译，商务印书馆1997年版，第76页。
[②] ［美］汉密尔顿·杰伊·麦迪逊：《联邦党人文集》，程逢如等译，商务印书馆1997年版，第264页。

是十分必要的。但即使严密的监督体系也不能防止权力滥用的发生，所以才有了"任何有权力的地方就会有腐败"的论断。公共权力对于谋求公共利益是必要的，但同时也是一种谋取私利的便捷工具。只要有这种需求冲动，制度的规范作用就不是周延的。民主制度与民主观念都是十分重要的。库珀将行政责任划分为客观责任和主观责任，客观责任包括"公共行政人员最直接的责任，就是对自己的上级负责，贯彻上级的指示或是完成已达成一致的目标任务"。"其次，公共行政人员还要对民选官员负责，把民选官员的意志当作公共政策的具体表现来贯彻执行。""最后，公共行政人员还要对公民负责，洞察、理解和权衡公民的喜好、要求和其他利益。"而"外部强加的义务只是责任的一个方面。与此并列的是我们自己内心的情感和信仰赋予我们的主观责任。客观责任来源于法律、组织机构、社会对行政人员的角色期待。但主观责任却根植于我们自己对忠诚、良知、认同的信仰"。公共行政人员的责任是一个复杂体系，而在库珀看来，主观责任是控制行为的终极力量。"角色的价值和原则被内化得越多，我们的行为就越是会受控于主观责任而非依赖于外部结构。"[①] 库珀是正视责任观念的作用的，相信公共精神的存在。实际上，性恶论和性善论的争论是没有必要的，行动取决于我们需要什么样的行政责任及其实现途径。显然，我们更需要责任意识和民主观与制度程序一道来促进正义的公共行政。"所以，对于行政人员来说，把民主原则内化为内心信念和道德理想是关系着民主能否真正实现的关键。"[②]

三 走向自由裁量的公共行政正义

民主行政是公共行政正义可追求的基本条件，但是民主行政要

[①] ［美］特里·L. 库珀：《行政伦理学：实现行政责任的途径》，张秀琴译，中国人民大学出版社2010年版，第75—76页。

[②] 张康之：《公共行政中的哲学与伦理》，中国人民大学出版社2004年版，第267页。

正视自由裁量权的客观存在，也就是要正视政府作为公共利益代表的道德自主性和公共权力行使者的独立性。公共行政正义在义务论维度上需要走向自由裁量的正义。

自由裁量权首先意味着政府可以做出某些决策，其次意味着行政人员在执行决策的过程中有独立判断甚至有变更决策的可能性。无论是洛克的三权分立思想，还是西蒙的"执行即决策"论断，或者是新公共行政学对政策制定与执行分离的批判，我们现在都应该认识到，自由裁量权在公共行政中是不可避免的。实现公共行政正义要求约束自由裁量权的行使，但同时也要发挥自由裁量权的积极作用。戴维斯认为，有三个方面的原因决定了不可能废除自由裁量权：（1）执法者在发现事实与认定事实的过程中对事实的性质、准确性程度、与法律规则适用的相关性，以及评估和取舍相互冲突的事实等问题仍然具有做出自由判断的权力。（2）执法者在适用原则或规则之时，首先需要对该原则或规则的内容进行理解，也必须对这些原则或规则相对于特定事实的可适用性进行判断。因此，法律的适用过程并非是一个简单地将规则适用于特定事实从而自动产出某个具体决定的机械过程。（3）在事实和法律基础上的决定之做出，不仅仅受到事实和法律的影响，而且也受到执法者个人的价值判断、个性以及个人情感等因素的影响。所以，自由裁量权在行政过程中是广泛存在的。然后，他将具有普遍性的行政决定所涉及规范称为"群体正义"，如福利标准和发放标准的制定、价格与费率的确定等，并认为群体正义是一种间接影响公民权利的过程。而自由裁量权则直接影响到对公民个体的对待，是"个体正义"的问题，比如同样适合申请某项审批的两个人，政府有时会批准一个而不批准另一个，这就是典型的个体不正义。戴维斯认为自由裁量权对个体正义的影响是最常态化的和直接的。要防范自由裁量权对个体的不正义，戴维斯提供了一个思路：（1）通过对自由裁量的范围进行限制，消除那些不受原则和规则指引的自由裁量机会；（2）通过自由裁量权行使方式和程序的合理构造，使自由裁量权的行使产生"高质量的正义"；（3）通过完善对自由裁量权行为的事后监督体系，对因为自由裁量而产生的非正义进行矫正。[①] 可以说，戴维斯从个体正义的角度阐述的自由裁量权的正义性是一种更微观化的观察，这对于我们设计公共行政正义的实践秩序是有帮助的，即在承认自由裁量权的基础上，更要突出对自由裁量权的不正义结果的矫正。而戴维斯对自由裁量权的控制并不仅仅寄希望于特定的制度规定，他还着重强调了自我控制，并将其视为对自由裁量范围进行控制的唯一的希望。以笔者看，这是承认自由裁量权的客观存在，又希望自由裁量服从于正义规范的必然设计。

哈贝马斯也重视对行政结果的事后矫正，但也不放弃从开端就对行政系统施加影响的努力。在哈贝马斯的理论中，政府是个自成一体的独立体系，但政府决策必须接受市民社会中"传感器网络"的影响和制约，为此要通过"围攻城堡"和"构建水闸"的方式以公众舆论规制政府决策。哈贝马斯认为公共政策议程的创立有三种模式，即内部进入模式、动员模式和外部动议模式。内部进入模式是"议程设定的主要成员是由立法机关的代表、委员，接近政府机构的人员及政府机构内部的人员组成的。通常的情况是他们将制定某项公共政策的创议，不经过体制外的公众，而是在体制内部，直接推动这一创议进入政府议程"。所谓动员模式即"议程设定的主要成员是由执政领导集体及核心人物、政府主要领导人立法机构中的主要负责人等组成。他们或由个人提出动议，或由集体提出提案，形成关于制定某方面政策的动员，使政策问题进入议程"。而外部动议模式则是由政治系统以外的个人或群体发起政策议程的模

[①] K. C. Davis, *Discretionary Justice: A Preliminary Inquiry*, University of Illoinois Press, 1971.

式,"他们提出制定某项政策的创议,然后该创议弥漫到更广的范围,吸引公众更多的注意,再通过公意诉求或公众压力,引起政府官员的密切关注,最终使政策创议进入政府议程"。他认为外部动议模式才能够赋予政府决策完全的合法性。通过公共领域的舆论压力迫使政府创立政策议程的方式就是"围攻城堡"。"我把政治公共领域描绘为那些必须由政治系统来解决——因为在别处得不到解决——的问题的共振板。就此而言公共领域是一个预警系统,带有一些非专用的、但具有全社会敏感性的传感器。从民主理论角度来看,公共领域还必须把问题压力放大,也就是说不仅仅觉察和辨认问题,而且令人信服地、富有影响地使问题成为讨论议题,提供解决问题的建议,并且造成一定声势,使得议会组织接过这些问题并加以处理。"

如果"围攻城堡"是从政府决策的起点即政策议程的创立开始建构民主决策的输入机制,那么"建构水阀"就是要从决策终点对政府决策进行审察。"但在现代的服务性行政中,出现了大量问题是要对集体物品和价值进行权衡、在相互冲突的目标之间进行选择,并对具体案子进行规范性评价的。这些问题只能在论证性商谈和运用性商谈中才能作合理的处理,而这些商谈则是以规范上中立的方式解决问题的专业框架所容纳不了的。因此,必须借助于程序法在一个始终取向于效率的行政的决策过程中建立起合法化过滤器。"[1] 任何决策结果都必须由公众讨论所形成的舆论观点加以检视,被评判为合理的决策结果才能被贴上合法的标签予以公布和执行。

总体而言,以自由裁量为基础的公共行政正义需要更加注重矫正正义的原则。在自由裁量权的行使过程中,严密的监督控制体系

---

[1] [德]尤尔根·哈贝马斯:《在事实与规范之间》,童世骏译,生活·读书·新知三联书店2003年版,第543页。

是不可避免的，但同时也要注重为任何可能出现的不正义结果提供可以矫正的机会，形成事实与规范之间的持续张力。传统政治理论中的正义设计基本上是关于分配正义的和代议制民主的，但在公共行政领域内，正义的实现不是一次性的分配过程，是在防范不正义和对自由裁量的持续约束中促进正义品质的不断提升。因此，公共行政更要仰仗矫正正义和参与式民主，而参与式民主的新近发展表现为协商民主，是将公民参与纳入理性思考的同时又实现对公共权力的民主约束的努力。同时，对自由裁量权的承认，更要求公共行政人员的主观责任，需要他们将民主观念、责任意识和正义价值内化为自身的主体道德。

第二节　目的论维度的公共行政正义条件

公共行政正义的目的论维度要求审视公共利益及其实现方式，用公共利益的伦理取向去引导和约束公共政策的制定和执行过程。然而纵观行政发展史，政府对公共利益的追求既不是自发的，有时也未必是合乎本意的，许多标榜公共利益的行政实践经常在维护社会公正和制造社会不正之间徘徊。时至今日，尽管政府调控仍然被公认为是迄今为止人类社会发现的最佳的公共利益实现途径，但是如何保持行政活动的公共利益指向以及如何有效地供给公共利益仍处于不断探索与努力之中。在这个过程中，公共行政正义目的论维度的实现条件实际上可以归纳为三个方面的问题：公共利益导向的确立、公共利益的确认和公共利益的供给。

一　社会分化与公共利益

人类社会发展至今在整体上大致走过了前工业社会（农业社会）和工业社会两个阶段，现在正经历工业社会向后工业社会的过渡。在不同的社会特征之下尽管行政作为国家意志的具体实现部分，随着国家的产生便一直存在，但是我们现在所理解的公共行政则出现于工业化社会。原因在于，随着资产阶级革命的胜利、政治社会化的推进和国家权力秩序的重组，西方世界先行建立了现代国家和以市场为基础的交换体系，"主权在民"原则得以确立，统治者的权力来自被统治者的认可与服从塑造了公共权力及其运行逻辑。此时，我们才能说政府的存在是为了大众利益，而不是特殊阶级或集团，而国家意志的大众化则是公共性的开端。"公共行政是工业社会发展的结果。在近代社会，随着工业化的进程，社会生活出现了领域分离，公共领域与私人领域的边界逐渐变得明晰起来。接着，公共部门与私人部门的分化也呈现加速运动的趋势。随着公共部门的出现，也出现了公共物品与私人物品的区别。"[1] 从这个角度来说，政府作为国家的代表形式在逻辑上从隶属于私人目的或利益集团的组织转变为服务于公共目的的组织，在宏观背景上离不开国家与社会的分化和民主政治对公民权利的保障。所以，波利特认为"民主的几乎全部问题就集中于权力在国家与社会之间的分配。其中，相当一部分权力是由国家掌握的，而社会则更多地关心权利的实现"[2]。

当然，将公共行政界定为工业社会的产物并不是说前工业社会不存在利用公共手段实现公共利益的旨趣。马克思主义认为，国家是以维护阶级统治为根本职能的，而同时又必须以履行一定的社会职能为前提。换言之，无论何种形态的行政最终都必须以某种公益职能的形象示人。在前工业社会，行政职能与政治职能是一体化的，都统一在国家与社会未分化且高度一致性的共同体框架内。与

---

[1] 张康之：《公共行政中的哲学与伦理》，中国人民大学出版社2004年版，第1页。
[2] Christopher Pollitt, *The Essential Public Manager*, Maidenhead: Open, University Press, 2003.

之相适应，对公共利益的界定也难以超越整体主义的范畴，更多地表现为共同体本位的公益观。我们都知道，公共利益的概念诞生于西方，早在古希腊时期，亚里士多德就把公共利益作为公正社会的必备条件，并上升为对政体的判断标准。"依公正的原则来判断，凡照顾到公共利益的各种政体就都是正当或正宗的政体；而那些只照顾统治者们的利益的政体就都是错误的政体或正宗政体的变态（偏离）。"① 但是，亚氏所指的公共利益却受到古希腊社会特有的城邦体制的规定，而只能将公共利益限定在共同体的视野之上，即共同利益。在共同利益的范畴内，共同体优先于个体，个体目标要一致于共同体的目标。但是不可否认，相比于柏拉图的机械一致性原则，亚氏的共同体观念更加注重个体的特殊性。在柏拉图构筑的城邦正义中，"当商人、辅助者和监护者这三个阶级在国家里面各做各的事而不互相干扰的时候，便是有了公正，从而也就使一个国家成为公正的国家了"。"倘若其中三个阶层身份的人都各自专心尽其本分职责，那么它便是合乎正义的。"相反，"如果一个人天生是一个手艺人或者商人，但是由于财富的引诱，或者由于控制了选举，或者由于力量以及其它类似的有利条件而企图爬上军人阶级；或者由于一个军人企图爬上它所不配的立法者和监护者阶级；或者这几种人相互交换工具和地位；或者同一个人同时执行这些任务，我想你也会相信这种互相代替和互相干涉是会把国家带到毁灭的路上去的吧！"② 显然，这种正义设想中的个体必须"听天由命"地服从城邦的整体安排，任何僭越固有的社会职位、财富分配和能力素养等的私利都是不被允许的，所以个体特性在他的理想国中是被驱逐的。但最终，这种理想城邦只能导向依靠最具美德和能力的"哲学王"来统治的乌托邦。而亚里士多德则要显得更自由，他承

---

① ［古希腊］亚里士多德：《政治学》，吴寿彭译，商务印书馆1965年版，第132页。
② 周辅成：《西方伦理学名著选辑》上卷，商务印书馆1996年版，第29—157页。

认差异的存在以及公民通过享有平等的政治权力来改变形形色色的不平等待遇的机会，但同时也要求个体应该具有根据共同善来修正个体行为的德性，德性也成为实现公共利益的途径。所以，在他的《政治学》中，开篇第一句话就提到："所有城邦都是某种共同体，所有共同体都是为着某种善而建立的（因为人的一切行为都是为着他们所认为的善），很显然，由于所有的共同体旨在追求某种善，因而，所有共同体中最崇高、最有权威、并且包含着一切其他共同体的共同体，所追求的一定是至善。"[①] 但是同样，这种公共利益观也是有局限性的，其保持公共利益指向的动力来源于两个方面：一是政体上由多数人统治的直接式民主，二是共同体成员的德性潜能。前者在走向大共同体时代的现代社会很难实现，而后者最终则只能导向对个体诉求的压抑。

前工业社会的中国是典型的大共同体，整体主义的公共利益观比西方表现得更为明显，甚至超越了城邦、宗族等小共同体的范围，而在整个民族国家层面上实现对个体利益的压制。一部分原因在于政治发展上的非民主传统。有学者论，西方先于中国开辟了民主政治不是偶然的，西方社会的民主观念自古就存在，古希腊的执政官要受到公民审议会的制约，而即使在最黑暗的中世纪，教皇的决定有相当部分也会受到"百人团"的审查。而与此相反，前工业社会的中国始终保持着专制体制和文化的主流地位。秦晖认为，古代中国通过专制体系对社会进行强有力的控制，从而形成"大共同体"，这种"大共同体"不仅不是以小共同体为基础的，而且是在打破小共同体的自治躯壳而把强制关系直接伸及每个臣民的基础上建立的。[②] 在这种大共同体中，"天下为公"的理念根深蒂固，追逐

[①] ［古希腊］亚里士多德：《政治学》，苗力田主编，颜一等译，中国人民大学出版社1994年版，第3页。

[②] 秦晖：《政府与企业以外的现代化——中西公益事业史比较研究》，浙江人民出版社1999年版，第10—17页。

私利不仅是不正当的,而且是要受到道德批判的。通过在纵向阶层关系中的"尊尊原则"和横向差序格局中的"亲亲原则",国家使用道德的力量实现了个体对共同体的绝对服从。"然而,在一个个人没有任何权利的共同体中,个人对共同体的依附往往等同于所有共同体成员对作为共同体人格化体现者的某个人的依附,他可以以共同体或公益的名义侵犯任何个人的利益……虽然在古代中国,政府是最为强大的力量,也是最有能力为国民提供公共利益的组织,但是强制实现的却往往是最极端的私利。"① 总体来看,无论是西方的小共同体还是中国的大共同体,整体主义公益观下的国家和政府要么提供的不是公共利益,要么就是最低限度的公共利益,即社会成员所共有共用的那部分利益。

在此,作为一个插曲,我们可以说,从观察前工业社会的公共利益观可以更加印证公共行政正义的目的论维度和德性论维度的统一关系。可以说,目的和德性从来都不是相互独立的存在,道德所规范的利益诉求和利益诉求所建构的道德是相辅相成、相互支撑的。即使在现代社会,服务于公共利益的行政活动也必须借助德性的作用。道德本身就是一种公共利益,它既规范着作为公共利益享有者的公民,也规范着作为公仆的政府及公职人员。然而,随着西方社会现代化大幕的开启,德性的功能变得越来越不被重视,非物质化的善让位于物质化的善。同时,借用米勒对公共利益的分类②,作为物化善的直接形式的公共利益又被产品形式的公共利益所占据。最终,导致了现代社会的治理困境,即"不可治理"。

现代社会肇启于工业化的快速发展,生产力有了极大提高,同

---

① 麻宝斌:《十大基本政治观念》,社会科学文献出版社2011年版,第26页。
② 米勒在《市场、国家与社群》一书中将公共利益分为两大类:一类是产品形式的公共利益,如各种各样的社会福利;另一类是非产品形式的公共利益,如社会组织的活动规则以及诚实、无私、奉献等道德规则。参见俞可平《社群主义》,中国社会科学出版社2005年版,第130页。

时社会分工日益明显，个人变得越来越不能依靠家庭和共同体获得必需的生产生活资料，交换关系摆脱了偶发状态而成为社会交往的基本形态，形成了我们现在称之为市场的交换领域。这种交换领域显然是以个体选择为基础的，而其长期维持的前提必然是个体的独立性和交换原则的平等性，于是以个体自由平等为基础的市民社会开始从高度整合的国家体系中脱离出来，并且在反抗国家对社会的等级控制中不断实现着个体权利的扩张。通过公民社会的不断争取，形成了约束政府私利化的基本能量场。在这个能量场中，舆论、观念、道义和制度都共同指向对政府私利行为的矫正。而实际上，社会对国家失范行为的矫正就是亚里士多德在《伦理学》中所提到的，与分配正义相并列的"矫正正义"。与这种国家与社会的脱域化相适应，以个体为基础的自由主义公益观为公民社会反抗专制统治提供了理论准备，集中表现为：一是政府对个体权利的保障；二是政府对交换领域的不干预。

在工业社会早期，自由主义公益观是以功利主义善的形式表现出来的，而在此之前，个体权利是被模糊化为公民权利而在创制公民社会优先于国家的秩序时使用的，并不具备具体化公共利益的形式。而边沁则将个体权利具体化为了可以感知的苦乐，从而确立了功利二原则：第一，所有人类行为的最终目的就是个人快乐最大化；第二，每个人在自由追逐幸福的同时，全社会的幸福也随之增大。由此，也确立了政府职能的唯一内容，即最大限度地增进功利，为最大多数人谋取最大限度的快乐。但是，政府为最大多数人提供最大幸福又是与个人的绝对自由相矛盾的。因此，密尔进一步对功利原则进行了修正，他仍将最大化多数人的最大幸福作为正义的基本准则和政府的根本职责，也认为任何有助于最大多数人的最大幸福的行为都是正义的，但个人自由只有在不侵害他人的时候才是正当的，社会应该管理那些侵犯他人的个人行为。其后，经由亚当·斯密对市场这个社会资源的最佳分配手段的发现，形成了我们现在所熟知的"个人利益在市场中实现，而公共利益由政府来提供"的观点，从而也明确确立了个人利益与公共利益的二元分野。但从这个时期的实践来看，政府的职责是相当有限的，主要集中于维护社会治安、交易规则和国家安全等少数几个领域。由此，我们可以看出，在工业社会早期，政府的公共利益导向主要是通过两个途径来实现的，一是通过以个体权利为特征的公民社会对政府行为的约束，二是将政府职责限度限定在唯一的公共利益指向上。其中暗含的是对政府这个"必要的恶"的高度警惕。时至今日，西方学界将反抗性公民社会的存在视为抗衡政府私利化的前提的观点仍相当有市场。

随着现代国家与社会关系和民主政治的建立和完善，通过公民反抗专制统治的任务已经基本完成，个人平等、自由和权利得到持续的保障和张扬，公共利益从苦乐感受进一步具体化为可使用的福利，在交换领域之外通过公共手段谋求最大化的公共产品成为一种必然选择，这种转变的导火索就是20世纪30年代那场震动整个西方世界的经济大危机。由市场分配社会资源的做法不仅不是最有效率的，反而造成了社会贫富分化等最大的不快乐。在对"市场失灵"进行解读的同时，"重新发现政府"的过程也随之开始。凯恩斯主义的兴起，政府开始全面干预社会，一方面是开始使用大规模的财政政策对市场运行进行调控，另一方面是通过福利制度对社会资源进行再分配。但是，以福利为核心的再分配的正义很快就受到新的社会现实的冲击。在时任英国首相的亨利向全世界宣布英国建成了福利国家没多久，整个西方福利体系就陷入了重重危机，国民经济陷入滞胀，而福利赤字迅速攀升，使政府无力负担。

对于福利国家危机，新公共管理改革者的批判矛头直指官僚制的低效率。但公共选择学派则从非市场领域的产品生产入手将其解读为"集体行动的困境"。奥尔森认为，基于三个方面的原因，即使理性个体采取行动实现共同的利益或目标后都能获益，他们仍然不会愿意自觉地采取行动以实现共同的或集团的利益：第一，集团成员采取有利于集团利益的行动所获得的收益与集团规模成反比；第二，集团规模越大，其成员为集体物品所支付的成本与从集体物品中分得的部分也成反比；第三，大集团达成集体协议的成本较高。① 而要化解悖论无非有两种路径，一种是增强组织的强制力，以使其成员承担维持共同利益的成本，避免"搭便车"现象；另一种就是给予成员非集体物品的利益刺激，也就是公共利益之外的特殊利益。起初这种集体行动的逻辑是用于分析市场失灵的问题，但随后人们发现在非市场领域要达成集体行动也是非常困难的，政府也必须不断强化公民特殊利益才能促进纳税去支持整个福利体系。所以，奥尔森在其后的《国家的兴衰：经济增长、滞胀和社会僵化》一书中指出，英国的政府危机要比美国更严重是因为英国的利益集团过于发达了，社会偏好过于分散，以至于政府无力供给不断增长的特殊利益。② 当然，公共选择学派的理论解释是建立在选民、政治家、官僚的理性经济人假设上的，从而否定了公共福利和公共精神的存在。而在实践层面上，接受了新自由主义观点的福利国家选择了对福利体系的削减，但是直到今天压缩福利规模的改革运动由于受到社会抵制而步履维艰，这是由个体权利的固执所决定的：没有对个体偏好的转换就无法达成集体行动，而任何对个体偏好的转换行为在现代社会都容易被当成对平等的践踏，这样政府对社会就处于"不可治理"的状态，而政府提供最大化共同福利的做法则只能走向更大层面的不正义。20世纪70年代，社群主义的兴起就

---

① [美]曼瑟尔·奥尔森：《集体行动的逻辑》，陈郁等译，上海人民出版社1995年版，第40页。

② [美]曼瑟尔·奥尔森：《国家的兴衰：经济增长、滞胀和社会僵化》，李增刚译，上海人民出版社2007年版，第8页。

是对这种社会现实的反映，是对物化的个体社会进行道德规劝的努力。然而，整个西方现代化的进程都是以对个体权利的不断承认和自由主义秩序的建构为基础的，以至于福山认为历史终结于自由主义，人类社会剩下要做的就是完善自由主义秩序。

总体而论，无论是整体主义公益观、功利主义公益观、新自由主义公益观、福利主义公益观，还是社群主义公益观都不能提供一个妥善处理个体与共同体关系的方案，也无法形成关于政府公共利益导向的明确规范。可以说，现代化的进程是个体自主性不断增强的进程，同时也是一个中心边缘化和边缘中心化的后现代社会结构建立的过程，表现为个人相对于他人的独立性的增强。随着个体自主性和独立性的增强，个体权利与社会分化相配合使整个社会呈现高度多元化，而个体利益的可通约性不断降低，出现了所谓的多元淡化现象，即持每一种文化观念的人都不能否定其他人生活方式的正当性，"把现代社会比喻成一个大熔炉，在这里，不同文化背景的不同人群会被同化成一个同质性的社会；而把后现代社会比喻为拼盘，在这里，各种成分保持着各自的独立的完整性，又同时互相补充"[①]。这就带来政府决策上的一致性困境。即，政府既要对共同体的长远发展负责，也不能忽视个体的社会需求；政府在提供公共利益时，也必须兼顾各种彼此不相融的少数利益。所以，国内学者张康之认为权利观念在农业社会向工业社会过渡反抗专制统治时是有存在价值的，而在当今时代建构公共治理体系时却是一种妨碍。这对于身处全球化浪潮中，工业化与后工业化同时进行又多少保留着农业社会特性的中国而言，便要实现二重超越，一是对国家与社会未分化的行政控制体系的超越，二是对国家与社会分化后集体不负责任的治理体系的超越。所以，公共行政正义目的的实现如果仅

---

① [美]特里·L.库珀：《行政伦理学：实现行政责任的途径》，张秀琴译，中国人民大学出版社2010年版，第44页。

仅集中于呼吁政府对社会需求的关注是远远不够的，还必须建构政府、市场和社会为了公共利益共同负责的责任体系，形成多样化的社会需求转化为正当的公共利益的机制。对于政府而言，合理界定职能范围是树立公共利益导向的开端。我国从计划经济体制向市场经济体制转型的过程中，政府对社会的控制职能不仅没有缩减，反而形成了与市场相结合的新的权贵控制体系。可以说，没有对政府应为什么和不应为什么的合理界定，即使是关注社会需求的决策也可能是不正义的。简言之，政府不仅要高效地去做事，还必须高效地去做正确的事。

二 公共利益的确立及其困境

公共行政的公共利益指向是抽象权力的公共性所赋予的，受到防止公共权力私用的伦理矫正。而作为具体权力的实现形式，公共行政的公共利益指向则表现为具体决策的属性，即社会需求或者说社会期望是如何被确认为公共利益的，以及公共利益的生产是如何被具体化为公共行政的核心价值维度的。也就是说，公共行政的正义价值的选择及其实现程度受到特定的民主制度的制约。

近代社会以来，公共决策要遵从公共意志的要求是一条几乎可以成为定理的原则。公共行政的决策设计基本延续的是洛克、卢梭式的公意说逻辑，"唯有公意才能够按照国家创制的目的，即公共幸福，来指导国家的各种力量"。公意从基本范畴上来说属于大众意志的表现形式，又表现为由人民决定的事项可以上升为国家行动的基本参照准则。而在大规模直接民主不具有现实可行性的情况下，公共行政依照公意运行的制度设计就自然地落到选举民主和代议制政府的模式上，也就是通过选举聚集民意，再通过由政治家控制的行政系统将公意付诸实施。在这个体系中，民选官员是公共意志的接受者，而行政官僚是公共意志的执行者，从而在理论上形成了立法与行政的分化、政治与行政的分野，前者关注公共利益的代表性，而后者关注公共利益的可实现性。在实践上，西方国家先后形成了一系列以此逻辑为主线的行政体系，具体表现为政务官与文官的区分、政策制定与政策执行的分工、工具理性与价值理性的分离。尽管这些分野还受到避免政党分肥现象和工业社会的技术理性氛围的影响，但我们也有理由相信这是公意说逻辑发展的自然结果。同时，公意说也是与最大化功利的公益观相对应的，即最大多数选民的共同选择就代表了公意，是政府最应该优先保证的公共利益，一旦其无法有效实现社会多数的意愿，那么就会被人民否定并失去掌管公共权力的机会。所以，密尔在其功利主义原则的基础上，进一步提出一个完善政府的理想类型一定是"代议制政府"。然而，公意说在现实运作中却遭遇到多重困境：

第一，多数规则困境。"多数即公意"是公意说逻辑的核心要素，而多数选举是对亚里士多德的多数人的统治是最好的政体的间接实现。但是，多数规则在社会利益分化尚不明显，或者说没有大规模出现的时候是可行的，随着社会阶层分化的加剧，多数规则变得无所适从。首先，多数的规模日益缩小，而使多数的代表性问题受到质疑。如果说80%的选民共同支持的候选人及其施政纲领是可以接受的公共意志，那么51%的选民胜出是否意味着其他49%的选民意见是可以忽略不计的？观察现实世界，我们可以发现，以选举制度为主要政治制度的国家越来越表现出微弱多数胜出的政治现象，这既反映出社会利益偏好不断分散化的社会现实，也使多数规则能否代表真实的公共意志受到挑战。尽管西方国家不断修正选举规则，发展比例代表制、差额选举制、选举团制等多种民意聚集形式，但多数规则少数化的局面始终没有得到有效应对。其次，多数规则存在多数暴政的风险。多数胜出的社会团体可以分享相应的利益要求，但少数群体的利益诉求也不能被轻易地否定为不正当的。

可以说，即使是占人口1%的少数族群的利益诉求也不能说是完全不正当的，而他们的意愿不能得到体现和保障则促使少数群体与多数群体在发展资源上的进一步不公正分配。也就是说，"胜者通吃"的政治结果排斥少数群体的利益诉求，而使它们长期处于不被承认的边缘地位，最终形成多数对少数的压制，也就是通过公共手段造成了多数与少数的进一步分化和对立。最后，多数规则不具有稳定性。面向众多社会偏好，投票结果并不是唯一的，不代表统一的多数人。阿罗不可能定律发现，在有超过三个偏好和三个投票人的情况下，可能存在一种所有偏好都不能胜出的态度，即"投票悖论"，而投票悖论则一直是福利经济学试图破解的难题，同时也被用来否定政府对社会干预的正当性。

第二，决策执行困境。代议制政府形式在政府与公民之间建立的是一种代理委托关系，这就决定了聚集的民意并非直接可以转化为现实的公共政策，需要公民代理人的间接整合。这样一来，政府在决策时对民意的任何加工处理都面临被异化的风险，也就造成了选举承诺与施政方针不一致的局面。同时我们都知道，公共决策的执行过程并不是完全地照章办事，自由裁量权的行使过程时刻都有进行决策的机会。洛克很早就指出，"立法者既然无法预见并以法律规定一切有利于社会的事情，那么拥有执行权的法律执行者，在国内法没有做出规定的许多场合，便根据一般的自然法享有利用自然法为社会谋福利的权利，直到立法机关能够方便地集会来加以规定为止"[①]。而行政活动所遵从的自然法就是基于理性的正义体系。所以，公共行政正义经常面对政治义务与人的自觉意识之间的冲突，使得行政人员经常处于服从组织命令还是服从公民意愿的两难选择之中。不过，随着政治与行政的分离和控制论的加强，以现代

---

① ［英］洛克：《政府论》，叶启芳等译，商务印书馆1964年版，第78页。

文官制度为基础的西方公共行政体制越来越走向工具理性的一面，而将行政体系塑造成封闭的自我系统。

第三，非理性竞争困境。选举民主的持续发展造就了以赢得选举为目的的职业政治家，一方面他们作为政治精英和集团领袖在整合民意的过程中附加上了符合竞选需要的内容，另一方面他们为了赢得选举在竞选中往往设计出比对手更优惠的条件以吸引选票，这些条件有时并不代表了公众的真实需求，是政治宣传不断强化而塑造的虚假的社会需求。其结果就是，与其说选民在选择符合自身意愿的公共权力行使者，不如说是政治家在向选民灌输社会选择的价值标准。公意在这种体系中实际上是值得怀疑的，同时也造成竞选承诺不断抬升的过度福利化。尽管这种局面是政治制度的设计问题，但不可否认，政治生态作为公共行政的重要输入端对行政活动的价值选择有着十分深刻的影响。正是因为这个原因，西方新公共管理改革要求去除繁文缛节对行政人员的束缚，使工作在第一线的公共管理者以"面对面"的方式倾听公民的声音，也就是所谓的"让管理者去管理"。但是，由于整体政治环境滞后性的制约，以及传统官僚制作为基础制度的地位还无法被有效地替代，这种直接向公民负责的公共行政模式在实践中仍然难以摆脱形式化的弊病。

面对公意说的重重困境，精英主义者给出了另外的答案。精英主义者认为社会中总是存在少数掌握权力的人和多数不掌握权力的人，少数对多数的统治是亘古不变的铁律，在这种精英社会中实行民主只能是精英主义民主。作为精英主义的杰出代表，熊彼特明确反对传统的公意说，他认为"民主方法就是那种为作出政治决定而实行的制度安排。在这种安排中，某些人通过争取人民选票取得作出决定的权力"[1]。所谓公共利益的东西是不存在的，一切为了公共

---

[1] ［美］熊彼特：《资本主义、社会主义与民主》，吴良健译，商务印书馆1999年版，第395—396页。

利益而采取的行动也都是错误的，衡量组织行动正当性的标准不是目的本身，而是程序要符合理性要求。这种程序理性在熊彼特看来就是：（1）政治家们要有很高的才能；（2）对立的领袖（或政党）之间的竞争；（3）官僚制度；（4）存在"民主的自我控制"；（5）有并能容易地让不同见解表达的文化能力。① 作为官僚制理论的创始人，韦伯是在反大众的基础上提出科层制组织的。"因为群众民主在国家政治方面的危险，最最首当其冲的是感情的因素在政治中占强大优势的可能性。'群众'本身不管在具体情况下，由哪些社会的阶层组成群众是无关紧要的'只想到后天'；因为正如种种经验告诉我们的一样，群众总是处于现实的纯粹感情的和非理性的影响之下。"② 科层制能够同时满足合法性和合理性的双重要求，好的政府应该是受人民控制并能够不受干扰的支配权力的有能力的精英集团。

但是，精英主义也受到不断的质疑，精英的极权化倾向和工具理性批判是精英论备受挑战的主要问题。对于前者，戴伊试图将目的理性与程序理性结合起来，他仍然坚持精英政治的现实性，他认为公共政策的实际掌控者是国家的精英集团，公共政策的制定是自上而下的，而不是人们传统想象中自下而上的。他并不认为在民主社会中自上而下的政策制定就是不合理的，"自上而下的政策制定与民主的真谛并不矛盾。美国民主的核心价值是个人自由、私人财产和机会均等。这些内容在自上而下的政策制定过程中都不会受到损害。因为，一个权力真正受限制的国家精英集团，一个受到宪法的约束禁止侵犯基本公民自由权的精英集团，可以被公正地称为是一个民主的精英集团。同时，精英集团的要求还受到宪法另外一条

---

① 郎友兴：《精英与民主：西方精英主义民主理论述评》，《浙江学刊》2003年第6期，第72—73页。

② ［德］马克斯·韦伯：《经济与社会》下卷，林荣远译，商务印书馆1997年版，第810—811页。

规定的约束，就是国家政治必须执行'政府按照民众的意愿治理'的原则"①。从这个角度来说，一个国家之宪法精神实现的好坏对公共行政及其人员有至关重要的制约作用。

而对后一个问题，韦伯后期已经意识到官僚制可能造成社会统治的精英化以及工具理性所带来的组织的自我封闭和碎片化。但是，在一个遍布卡理斯玛型支配关系的社会中，官僚制理性却是相对较好的，它是理性决策的基础。然而，斯通将这种基于专业技术理性的精英决策称为"临床推理"模式，"临床推理是一种对人类问题进行思考和采取行动的方式。它来源于临床医学，但它不仅为医学领域所应用，也发展到一系列研究人类社会活动规律的专家们所应用。……首先，它的基本原理在于对个人的观察，从这些观察中得出某些规则，然后将这些规则运用回个人身上。其次，临床推理把对个人的观察建立在影像技术（imaging techniques）的基础上，也就是一种能让普通人看不见的东西变得可以看见的观察和测量方法。最后，它使用测量法和量化法来描述个人的基本特征，以及通过测量法来断定客观事实"②。临床推理是能力精英做出决策的基本方法，它不需要政策受众过多的陈述理由，而只要依据事先制定标准做出决定就行了，就如同医生给病人诊断只需要参照统一的病理学标准一样。但是，"从社会问题到临床推理综合征的演变其实内涵着一种反民主的意义……临床权威的崛起也限制了个人选择的范围……最后，临床权威崛起的最深刻的影响在于它掩盖或者转移了政治和社会冲突"③。而有能力的精英却总是做出错误的决定，总是在解决问题和制造问题之间徘徊。总体而言，精英论者多数都

---

① ［美］托马斯·戴伊：《自上而下的政策制定》，鞠方安译，中国人民大学出版社2002年版，第17页。
② ［美］海伦·英格兰姆、斯蒂文·R. 史密斯：《新公共政策——民主制度下的公共政策》，钟振明等译，上海交通大学出版社2005年版，第40页。
③ 同上书，第56—57页。

秉持程序至上和工具理性的价值思考，他们不关心什么是公共利益，而更关心公共决策如何做出才是正当的。不过，精英主义的最终结果是，除了在权力上排斥大众以外，更逐渐形成了行政系统通过经验数据处理社会问题的习惯，而知识权威则进一步排斥与社会真实需求的接触。由此来观察西方现实，我们可以发现行政系统缺乏有效的与外界沟通的渠道、机会和意愿，也曾经醉心于各种可以量化的、以数据观察社会的状态之中。

无论是依赖公意还是依赖精英，或者是所谓的科学决策，在现实中都遭遇到各种各样的困境。随着理论的发展，有一种倾向开始占据上风，即共识论。共识论产生于整体的中性思维，是对将公共利益的实现寄希望于抽象大众和有识个体都不能良好运转后的反思。共识论承认公共利益的存在，但否定公共利益是某种一成不变的事物，公共利益是社会成员共同接受的一致结果，但通过形成共识获致对公共利益的确认并不代表其结果是共同利益。共同利益是社会共有共享的那部分利益。共识利益承认利益分配上的差异性，但这种差异性应该是被广泛认可的。罗尔斯的正义二原则就是在承认差异的基础上实施最小受惠者利益最大化，但罗尔斯的共识论形成过程却是一种重叠共识。重叠共识是罗尔斯政治自由主义理论的核心概念之一，他设想处于"无知之幕"背后的自主个体会做出一些共同的选择，而这种共同选择就应该成为大家共同接受的行动准则。哈贝马斯则将共识的形成归类为三种典型方式，即同化共识、重叠共识和协商共识，其中也包含对罗尔斯重叠共识的批判。他认为，同化共识是依靠文化优势的同化作用，使个人或者某个群体转变观念，认可其他文化团体的观念和行为方式，从而在不同文化群体之间达成共同的认知。"只要任何一种正义观念都不可分割地为某种特殊的善的概念所浸染，那么，即使是在判断正义问题时，我们也不可能超越我们自己的自我理解和世界观所确定的视角。在这种情况下，具有不同背景的人只能以同化的方式达成一致，或者是他们放弃自己的标准为我们所同化，或者是我们放弃自己的标准而皈依他们的。"同化共识是一种观念殖民，因而是应该被抛弃的。对于重叠共识，哈贝马斯认为它是一种多样化的社会观念中提取出来的共同的部分，"如果我们考虑到'现代'世界观的多样性，由于其内在的普遍主义潜力，它们是能够互相宽容的，那么，我们就可以指望在政治正义问题上达成一种重叠的共识"。也就是说，重叠共识是可以形成，但重叠共识需要一种具备普世功能的社会结构，是在完全尊重个体偏好的不可变更性前提下做出的最小化的共识。而他则更提倡协商共识，即通过一种话语的互主体性实现社会成员间的彼此理解。"相对于各自的自我解释和世界观，每一方都参照一个共同接受的道德视角，在话语的均衡状态（和互相学习）的条件下，这种道德视角要求各种视角不断地消解自己的中心地位。"① 协商共识要求消解绝对的个人主义情怀和政府的独断专行，通过持续的偏好转换发现社会共同接受的行动准则。对照社会现实我们可以发现，在多元社会中，协商共识代表了一种道德规劝，是一种消解个人中心主义和政府中心主义的努力，相比于重叠共识的简单提取要更有利于形成广泛的社会认知。

当然，公共利益的共识论也是需要满足一定的条件才能实现的。第一，共识的形成需要一种公共协商的形式。"当政策通过公共商讨和辩论的途径制定出来，且参与其中的公民和公民代表超越了单纯的自利和有局限的观点，反映的是公共利益或共同利益的时候，政治决策才是合法的。"② 公共协商作为一种决策模式要求在政府制定公共政策之前各种观点都应该接受检视，在商谈中形成最终

---

① ［德］尤尔根·哈贝马斯：《后民族结构》，曹卫东译，上海人民出版社 2002 年版，第 89 页。
② ［美］詹姆斯·博曼：《公共协商：多元主义、复杂性与民主》，黄相怀译，中央编译出版社 2006 年版，第 4 页。

意见，从而促进公共决策的合理性与合法性的统一。所以，库珀在他的《行政伦理学》一书中指出公共协商是促进形成负责任的公共行政的可借鉴的模式，"我们倾向于认为，公共协商一般只能以相对较小的规模进行，但我们看到，开展更大规模的协商活动所需的配套技术也开始出现"①。在公共协商的过程中，政府既不是听命于公意，也不是服从于命令或者专业技术，它的决策活动必须接受来自舆论的监督。"在现代的服务性行政中，出现了大量问题要对集体物品和价值进行权衡、在相互冲突的目标之间进行选择、并对具体案子进行规范性的评价。这些问题只能在论证性商谈和运用性商谈中才能作合理的处理，而这些商谈则是以规范上中立的方式解决问题的专业框架所容纳不了的。因此，必须借助于程序法在一个始终取向于效率的行政的决策过程中建立起合法化过滤器。"② 第二，共识的形成需要社会信任。"公共利益是就共同利益进行对话的结果，而不是个人自身利益的聚集。因此，公务员不是仅仅关注'顾客'的需求，而是着重关注于公民并且在公民之间建立信任和合作关系。"③ 信任是共识的基础，唯有信任才能促进相互理解和倾听。信任代表了一种社会资本，是社会网络得以有效展开的润滑剂。帕特南指出，"社会资本，如信任、规范和网络同一般说来都是公共用品（public goods），而常规资本一般则是私人用品。……信任是社会资本的必不可少的组成部分"④。社会资本是民主制度得以有效运转的决定性因素。

---

① ［美］特里·L. 库珀：《行政伦理学：实现行政责任的途径》，张秀琴译，中国人民大学出版社2010年版，第71页。

② ［德］尤尔根·哈贝马斯：《在事实与规范之间》，童世骏译，生活·读书·新知三联书店2003年版，第543页。

③ ［美］珍妮特·V. 登哈特、罗伯特·B. 登哈特：《新公共服务：服务，而不是掌舵》，丁煌译，中国人民大学出版社2004年版，第62页。

④ ［美］罗伯特·D. 帕特南：《使民主运转起来》，王列等译，江西人民出版社2001年版，第199—200页。

综上所述，公共利益作为公共行政正义目的的实现是一个非常复杂的过程。公共利益作为行政组织及行政人员个体的基本行为取向是正确的，在审察行政人员的因私损公的行为时是清晰的，但于实践而言，公共行政不是一次性的立法活动，行政活动是微观的，公共政策是具体的，每一项以公共利益为名的公共决策或者行政行为都不能完全保证是真正有利于公共利益的，即使是发自公共利益意愿的行政活动，也可能因为错误的政策知识而损害公共利益。公共行政必须也是一种工具性的存在，抽象公共利益代表了公共行政活动的价值理性，而具体公共利益则是要求发挥公共行政的工具性价值。所以，公共行政正义目的的实现除了受到特定社会价值体系的影响，更重要的是要符合程序理性的要求。只不过这种程序理性应该以制度伦理为基本出发点，接受正义价值的不断矫正。第一，公共行政要保证组织和个人的权力与责任的对等实现。现代公共行政的制度设计基本从属于权力制约监督的思维模式，以控制论为基础搭建整个行政系统，过多地强调对权力行使过程的监控，而忽视权力行使者积极地运用权力去实现公共利益的责任。现在，各种制度设计应该要注重权力与责任的双向促进，使行动网络中的每个行政组织和个体都成为权力与责任的平衡体，这样整个治理网络才可能良性运转。第二，公共行政要促进公民权利与义务的对等实现。公共决策既不能对公民需求视而不见，也不能对多样需求来者不拒，在公共领域中任何对个体偏好的固执叫嚣都是有损于公共利益的，公共行政要在鼓励公民通过民间契约实现社会价值分配的同时，也要有积极的政策议程创立渠道和制度，使行政决策接受公共审议。第三，公共行政要帮助行政人员树立合作的观念。公共利益既不是政府的一家独白，也不是完全的政府制造。社会进步造就了新的公共组织，即非营利组织和非政府公共组织，第三部门的崛起弥补了政府失灵与市场失灵的空缺。为此，公共行政要建立促进政府、市场和社会围绕公共利益而展开合作的组织文化。一方面，在组织内建立合作关系，打破部门分割的，樊篱避免对公共利益整体性的破坏；另一方面，建立组织与外部主体的合作关系，形成公共领域为了公共利益而共同努力的氛围。

第三节　德性论维度的公共行政正义条件

在人类现实的道德生活中，总是存在着诸多的道德冲突，道德冲突是社会的普遍现象，它既存在于政治社会的始终，又贯穿于行政运作的各个领域，而且这些冲突会随着我们的内部法则或主观责任的增强而更频繁地发生。尤其是那些拥有行政职位的人，他们不仅需要面对自己所面临的各种道德冲突，还被期望帮助他人摆脱伦理困境，管理者的任务之一就是"为解决道德冲突创造道德基础"[1]。这意味着公共行政人员所面临的道德冲突更加复杂，任务更加艰巨，从而也对公共行政德性正义的实现提出了严峻的挑战。

一　公共行政伦理冲突及其根源

美国行政伦理学家库珀总结出三种最常见的行政伦理冲突为权力冲突、角色冲突和利益冲突。具体到行政主体，公共行政中的伦理困境或道德冲突表现为三个不同的层次：一是行政主体道德心理上的冲突，如道德认知、道德情感、道德信念中的冲突；二是行政主体伦理行为选择和实施中的冲突，如不同的评价系统、多重选择方案和多重价值准则对公共行政主体的行为产生种种影响，从而造成背离与冲突；三是不同伦理体系之间原则规范要求之间的冲突。公共行政实践中伦理冲突或道德困境的广泛存在，有着其深刻的结

---

[1] Barnard C. I., *The Functions of the Executive*, Cambridge, Mass: Harvard University Press, 1964, p. 279.

构性根源，是官僚层级制与现代行政管理体制难以逾越的制度性弊端，也是官僚制工具理性的必然结果。

第一，自由裁量权一直都是公共行政理论与实践中的一个棘手的问题，对行使自由裁量权的争论最为激烈，同时也彰显了对这一问题关注的价值与意义。虽然对于自由裁量权的这种广泛而深刻的讨论难以达成共识，但在行政自由裁量权的运用与公共行政人员的德性要求之间建立一种必然的联系，似乎在学者和行政实践者之间达成了一种共识，即行政自由裁量权的存在是公共行政人员德性要求的主要根源，也是公共行政正义实现困境的主要原因。

当代社会行政自由裁量权的迅速扩张与广泛存在首先应该归因于立法者认识能力的局限性。人类进入现代社会以后，随着社会事务的迅速增加和社会关系的日益复杂化，现代政府公共行政也越来越趋于多样化、复杂化，行政管理的专业性、技术性不断增强，立法者认识能力的局限性等都使其无法规定行政事务的一切细节，不可能对行政行为做出非常细致的规定，从而不可能制定出包罗万象、严谨周密的法律法规来满足公共行政活动各个方面的需要。从立法技术上看，有限的法律只能做出一些较为原则的规定，从而使得法律规则不可能完备无遗，不可能对行政活动的每一环节甚至所遇到的突发情况做出事无巨细、详尽无遗的全面规范。加之不可避免的法律表述的模糊性，包括立法的用词不当在内，规则的歧义和冲突在所难免。其次，法律的制定总是滞后于现实生活的，无论立法者如何高明，都不可能完全预见公共行政活动的未来样态，加上立法的周期性，导致难以将全部行政活动完全纳入到法律规范的范围内。最后，现代社会生活纷繁复杂与科学的高度发展，现代行政权力在广度和深度上的扩张以及行政分工的技术优势，使得政府干预社会的范围不断扩展，已经渗透到人类生活的方方面面。

在这种情况下，行政自由裁量权作为确保公共行政人员充分发挥能动作用的重要方式，就得以合理存在并不断扩大。它允许公共行政主体依据赋予其权力的法律、法规所确定的法律目的、精神、原则和行政合理性的法治原则，在法律规定的范围内自行判断、自行选择和自行决定其具体的行政行为。正如洛克所预见的，"有许多事情非法律所能规定，这些事情必须交由握有执行权的人自由裁量，由他根据公众福利和利益的要求来处理"①。但行政自由裁量权的客观存在以及不断扩张的趋势，如不加制约则势必存在滥用的可能，从而会降低公民对政府公共行政合法性的认同。在一些国家发生的政府合法性危机便与政府行政自由裁量权的无限扩张与滥用不无关系。当国家的行政体系中存在着贿赂、公共权力出租、以权谋私等腐败问题时，人们往往寄希望于法律和制度方面的进一步完善。法律和制度作为对行政人员行为外部控制的不可缺少的力量，它们界定了行政自由裁量权的最大范围，但法律和制度不可能涵盖行政行为所遇到的所有情形和偶发事件，行政主体的外部控制无论多么周全和严密也决不可能是充分的。它必然会为行政行为留下一定的自由空间，而这个空间既有可能成为行政主体发挥创造性的前提，也有可能为行政主体滥用权力和以权谋私提供机会。法律、制度的正义设计是实现公共行政德性正义的外部控制力量，但我们在寄希望于法律、制度实现人们赋予给它的正义价值之时，不能忘记，法律和制度的制定和实施都离不开拥有自由裁量权的人来完成。因此，只有行政主体自身的德性正义品质才能保证行政自由裁量权的有效实现，因为只有具备德性正义品质的行政人员在行使行政自由裁量权时，才能以社会公共利益为重，获得行政实践所固有的内在利益，并像库珀所说的，选择了公务员这一职业就必须准备为公众利益而献身。

---

① ［英］洛克：《政府论》下篇，叶启芳、瞿菊农译，商务印书馆1964年版，第99页。

第二，面临伦理困境的责任是公共行政人员体验道德冲突性的最典型的方式，也是阻碍公共行政德性正义得以实现的主要根源。现代社会对于公共行政的一个重要影响就是，公共行政人员的角色逐渐从公民角色中分离出来。行政人员既是公民利益的代理人，又是公民中的一员，与这种角色分离相关的道德冲突是：行政人员是以所就职的组织利益为重还是以社会公共利益为重。从理论上说，这两者的利益是统一的，因为公共行政组织是服务于社会公共利益的，然而现实中往往会出现组织利益与公众利益不一致的现象。这一"道德困境"从更深的层次上说，表现为一个更为具体的道德冲突，即行政人员到底是对上级和组织负责，还是对公民及其利益负责之间的冲突。行政人员总是属于特定组织的，他所属的组织的利益与公众利益之间可能存在冲突，一旦出现这种情况，忠于组织的公务员道德要求，与维护公共利益的道德要求，就会构成对行政人员道德选择的严峻考验。由于前者的道德约束力和激励机制强大而具体，而后者却往往是模糊而缺乏硬性约束的，此时，公共行政人员的角色就可能受制于特定的组织，为特定组织所界定——执行上级的命令、维护组织的利益就等于实现了公务员应尽的职责。其结果，行政人员就可能为了组织利益而牺牲公众利益。行政人员的这种道德冲突不仅是其社会化过程中可能出现的问题，而且还有着更为深刻的心理发生机制的影响。一方面，由于利益是伦理的基础，伦理是利益的体现，社会各公共团体利益不同，它们的伦理观念、伦理意志也截然不同，这就使得同一社会出现体现各种团体利益的伦理价值体系，因而产生伦理冲突；另一方面，由于同一社会里既有反映现有经济关系的伦理原则规范体系，也存在反映过去和未来社会经济关系的伦理原则规范体系，这些不同性质的伦理原则规范，必然对社会各团体的成员发生影响。对个体来说，既会接受当时占主导地位的伦理原则规范体系的教育，也会或多或少地受未来伦理观念的冲击和旧的伦理意识的渗透和影响。伦理冲突可以发生在伦理活动的全过程中，但由于伦理困境总是通过伦理主体才能表现出来，是在伦理主体内部和伦理主客体双方相互冲撞、抵触的情况下才发生的，因而伦理冲突尤其明显地发生在伦理主体的行为选择过程与责任履行过程之中。

二 制度德性：德性正义的基础

如何消解行政组织中的伦理冲突？尤其是在公共行政正义核心价值实现过程中，公共行政正义的多维度又在伦理冲突的基础上，增强了核心价值确立与运行的困难。行政理论家以及实践中许多行政人员都在试图寻找一种外部控制的方式对组织权威进行限制，认为制度对于公共行政价值的实现至关重要，道德的制度设计是行政个体德性正义实现的基础。

（一）制度及其特征

所谓制度，是指在一定的历史条件下形成的政治、经济、文化等各方面的准则体系和某群体、行业、部门根据其具体情况制定的要求相关成员共同遵守的办事程序或行动准则。制度旨在对人们的行为进行约束和保护，而且这种约束和保护带有一定的强制性。新制度经济学派代表人物诺斯认为，制度是构建人类相互行为的人为设定的约束，包括规则、法律、宪法等正式约束和行为规范、习俗、自愿的行为准则等非正式约束。公共行政制度是指政府的组成、体制、权限、活动方式等方面的一系列的规范与惯例。公共行政制度一般是指正式制度，即由公共权威机构按照合法的程序有意识创制的制度。如国家法律、法规，政府政策条例、组织规章等。一般来说，制度具有以下几个方面的特征：

第一，制度具有强制性。强制性是制度的最基本的特征，没有强制性的制度形同虚设。制度的设立和运行，其目的是规范和修正人们的行为。通过法律、规范、规则的正式强制，以及行为规范、社会惯例等的非正式强制达到调整人们行为的目的。

第二，制度具有确定性。制度通过对所涉及对象的权利与义务的明确规定，为人们的责、权、利的限度及活动空间划定了范围，减少人们行为的不确定性。也就是使行为主体在特定领域内，明确其享有的权利，应该履行的责任与义务，告诉人们能做什么、能在多大程度上做什么，以及相应行为的限度及其奖惩机制。

第三，制度的有效性。制度的有效性体现在三个方面：一是制度通过规范机制，能够为人们的社会交往提供有效途径；二是制度通过激励机制，能够激发个人和社会整体的生机和活力，更有效地促进社会的进步；三是制度通过创新机制，能更有效地适应社会需要和社会发展。

第四，制度的平等性。制度面前人人平等，制度对于特定领域内的所有成员普遍适用，没有任何人可以超越于制度之上。也就是说，制度对于所有人一律有效，没有差别对待。所有人在制度面前都平等地享有制度所规定的权利与义务，任何人违背制度规定，都要平等地予以追究或受到惩罚。

第五，制度与伦理的同质性。制度与伦理同属于上层建筑领域，是上层建筑的重要组成部分，共同发挥着调整和规范人们行为、社会关系、社会生活的作用，都是人类社会生活所不可缺少的行为规范。通常情况下，制度所禁止的，也就是伦理道德所谴责的，制度所允许的，也就是道德所褒扬的。

（二）制度德性的内涵与标准

制度德性是指制度本身蕴含着道德性。一定的制度蕴含着相应的道德观念和道德意识，制度以道德性作为基础。任何一项制度在制定之初，总会蕴含着一定伦理要求和道德原则，都会体现制度背后的利益诉求。因此，制度德性是制度的一种内在属性，是由制度内在的一系列分配权利和义务的原则、规范所构成，并通过社会结构关系、一系列的政策、法规、条例和成文的或不成文的制度等环节表现出来的。

制定的社会制度在道德上具有多大的合理性，主要是通过制度自身的道德性显示出来。同时制度德性还必须以伦理道德作为尺度和标准，对一定的制度做出道德评价，看其是否合伦理性，合道德性，以及合伦理性、合道德性的程度。因此，制度的设计、评价以及制度的目标都应符合一定的伦理要求、道德原则、价值判断。一方面，人们要追问制度本身的道德性，将一定社会的道德原则和伦理规范融入制度之中，并以制度的形式表现出来，使制度与伦理的同质性得以体现，并在制度设计中体现制度的道德目标。另一方面，伦理道德作为一个尺度和标准，对一定制度的正当性、合理与否进行伦理评价。对于制度的道德性，许多学者都有过经典的论述。诺斯主张将一定的伦理道德作为制定规则的规则；富勒指出，一个真正的制度包含着自己的道德性，一旦国家所实行的制度没有包含道德性质，就会导致一个根本不宜称为制度的东西；博登海默认为制度是包含着道德的广义的概念。当然，制度德性一定是与一定社会的政治、经济、文化传统相适应的，并与随着社会发展要求相适应的道德原则与伦理规范相一致的，制度德性是一定时代伦理精神与道德价值的体现。对一定的制度体系来说，做出伦理道德上的论证是非常重要的问题。一种制度体系只有在做出伦理辩护、找到其在伦理道德上的正当性和合理性的充分论据之后，才能使之得到全体，至少是大多数社会成员在价值观念上的认可和支持，从而形成一条维系制度体系正常运行的伦理道德纽带。

制度总是和一定的历史条件相联系的，又总是和社会的发展密切相关的。相同的制度在不同的历史条件下会产生不同的道德评价。即使相同的制度体系在同一时期和同一领域，在不同的角度也会产生不同的评价结果。但制度德性的一般原则和要求概括起来有以下几点：

第一，制度的首要原则是社会的正义和公平。美国著名的哲学家、伦理学家罗尔斯说："正义是社会制度的首要价值，正像真理是思想体系的首要价值一样。一种理论，无论它多么精致和简洁，只要它不真实，就必须加以拒绝或修正；同样，某种法律和制度，不管它们如何有效和有条理，只要它们不正义，就必须加以改造或废除。"① 正义的社会制度首先意味着制度约束和保护下的个体是自由和平等的。一项正义的制度安排就是使其最大限度地实现某种平等。政府应该把所有的公民视作平等者，视作独立、自由和拥有同样尊严的个人。社会在分配各种基本权利和义务时应该坚持人人平等、机会均等的原则，坚持各种职务和地位向所有人开放。这样的制度才是合理的、道德的。当然，有时候绝对的平等并不意味着正义，而正义则表现为某种不平等。在财富和收入方面，以及不同的负责地位方面，如果强求绝对的一致和平等反而会损害社会进步和体制的正义。因为人们的自然趋向是产生不平等——从任何平等的水平基点或者说任何平等的起跑线上，一旦人们开始活动，都会自然而然地产生出差距来。产生差距是自然的，而不产生差别却一定要借助各种外部力量的不断干涉，因为人事实上是千差万别的，人在天赋、能力、性格、志向等方面都是有差别的，因此社会制度和国家的任务不在于强行抹去这些差别，而是允许这些符合每个人利益的差别，并且适当控制这些差别的距离。计划经济体制实行绝对的平均主义，而社会主义市场经济允许有一定的贫富不均，但后者却是更符合社会正义的。其次，正义的制度体制应该保证人们基本的自由。制度规范不仅限制人们的行为而且还为人们的行动提供保

---

① ［美］罗尔斯：《正义论》，何怀宏等译，中国社会科学出版社1988年版，第1页。

护。社会应该为人们提供更多的符合人性的自由选择的机会，营造自由、宽松和谐的社会环境。如思想、言论的自由和参政议政和择业的自由，都是制度规范加以保护的。

第二，有利于社会整体利益的最大化。制度的合道德性表现为在既定条件下，必须最为有利于社会生产力发展和人类物质、精神生活水平提高。衡量一个制度的优劣，其主要标准之一正在于能否保证和促进社会最大发展。任何社会的发展，都是以生产力的发展，社会整体利益的增加为前提的。制度的首要原则是社会的正义和公平。正义的制度应该保证在社会生产和生活中人人具有平等的权利。但是，在社会发展中，有时需要牺牲一部分人的权利来保全另一部分人的权利，对这一制度的合理性即道德性应该具体分析。首先，区分一下这种制度决定的动机。如果是万不得已，必须牺牲一部分人的权利来保全更多人的权利，且从社会整体利益考虑，有利于社会整体利益的提升和扩大。这样说来，这一制度还是具有一定的合理性的。如果只是为了保护当权者或少数人的利益而牺牲其他人的利益，并且无益于社会整体利益的增加，这种制度规范是缺少伦理性的。我国正处于社会主义的初级阶段，发展经济是我们的中心任务。我们提倡效率优先，兼顾公平，就是为了促进社会整体利益的最大化和生产力的发展。制度体制与生产力的关系非常密切。制度体制合理就能促进生产力的快速发展，如果相反，则阻碍生产力的发展和社会的进步。我国改革开放前后的社会发展事实已经证明了这个问题。

第三，有利于社会的可持续发展。可持续发展是当今理论界的一个热点问题。它要求社会发展应该着眼于人类整体和长远的利益，当代的发展不能以损害子孙后代的发展为前提，而是应该为后代的发展创造条件。因而当今的制度安排应该有利于自然、社会与人之间的和谐发展。不仅人与人、人与社会的关系具有伦理道德的属性，而且人和社会对自然的关系也具有重要的伦理道德性质。近年来，我国经济发展过程中，一些人极端片面地追求产值和利润，竭泽而渔式和杀鸡取卵式地"掠夺"土地榨取资源，严重破坏了自然生态环境，已经引起了大自然的抗议和深重的报复。这种制度安排虽然在短时期内为社会发展带来利益并且促进了生产力的快速发展，但是最终却会阻碍社会的整体发展和进步。因此，制度安排不仅要处理好人与人之间，人与社会之间的道德关系，还要处理好人和社会与自然生态环境之间的道德关系，从而有利于人类社会长久、稳定地发展。

第四，有利于人的全面发展。人类社会的发展规律和根本目的是人的发展，人的发展是历史发展进步的基本标志。人的发展过程也就是人的最高本质——人的主体性不断实现的过程。制度与人的关系具有内在性和紧密性。制度作为调节主体活动与主体间关系的规范或规则是在主体的实践活动中产生和形成的。它体现和满足了人类自身存在和发展的需要，同时也是人类发展自己、完善自己需求的保证。制度的发展是人类摆脱原始本能而不断拓展其社会性的标志。因而制度是主体的社会属性的一种物化形式，是社会关系的整合机制。制度一旦产生和形成，既成为人的发展的社会客观条件，又成为实践主体运用社会客观条件的主要方式。为此，制度的建立与选择，变革与创新是否与人的发展的根本目的——人本身自由而全面的发展相一致符合，即制度安排是否有利于调动主体的积极性、主动性、创造性，是否有利于人的个性的解放，是否有利于培养和提高人的素质，促进人的全面发展就成为制度德性的重要标志。凡是有利于解放人、发展人、促进人的全面发展的制度规范就是合理的，否则就是缺少道德性的。

第五，有利于个体道德的发展。制度德性和个体道德既有区别又有内在的联系。两者之间最大的区别是它们有着不同的依附体。

前者依附于制度，而后者依附于人自身。但是合理正当的制度应该为个体道德的发展提供条件，制度安排的主要目的是禁止、惩罚人们违背社会价值和社会利益的行为，而保护人们符合特定价值和利益的行为。禁止、惩罚的否定性作用方式在制度安排中占据主导地位。因而制度设计与安排在起点上就必须最充分、最周到地设想人们可能实施的恶的行为及其后果，而后据此制定、实施详细、周密的对策，严密地界定人们的不可为。道德建设是规劝、引导人们向善，而制度安排则主要在后面监督预防人们从被引领的向善大道上歧向逃跑。制度安排可以分为两种：一是防范；二是惩罚。合乎道德的制度安排应该针对人性的本质能防患于未然，并不是置人性的弱点和缺点于不顾并为其恶向发展提供条件和环境，直到最后再运用制度的惩罚功能。这种制度是不合乎人性的，更是缺少德性的。当前政治领域的贪污腐败之风愈演愈烈，经济领域中的混乱局面几经整顿不见好转，并不是因为我国道德宣传不够，而主要是因为制度安排没有很好地防范人们的不道德和违法行为。人的本质具有追求个人利益的要求。发自于人生命深处的那种私欲、物欲、权欲并不能通过宣传教育而消失，它会顽强地表现出来，表现为对个人利益的无限制地追求。这时就需制度规范来限制人们私欲、物欲、权欲的膨胀，使它们没有机会得到满足。同时辅之以道德教育的宣传、引导，使人从无法腐败、再到不想腐败，从而提高个体道德素质。因而道德的制度安排应该有利于个体德性的提升。

制定的社会制度在道德上具有多大的合理性，主要是通过制度自身的道德性显示出来并得以确证的，而不是通过个体道德体系显示出来的。与个体道德相比较，制度的道德性对于维系社会秩序，规范人们的社会行为具有绝对的优先地位。因此，对制度的道德评价应该优先于对个人的道德评价。相应地，有关制度正义的道德选择比有关个人义务的道德选择占有优先地位。要保证制度合乎伦理道德的要求，实现制度德性，有两个主要的途径，即伦理的制度化和制度的伦理化。二者互相补充，缺一不可。伦理制度化是指人们把一定社会的伦理原则和道德要求提升、规定为制度，并迫使行政人员遵守。伦理制度化试图从制度方面解决行政人员的道德问题，制定或完善符合社会规范的制度，以强制力保障其实施。有观点认为伦理制度化已使伦理规范超出了伦理的范畴，变为法律制度的问题。事实上，任何一种立法活动都是一种集体道德裁决，一种政治性社团建立的道德最低标准。① 伦理制度化以成文的形式确定道德底线，法律规范是最起码的道德要求。伦理制度化从两个方面入手：一是通过制度安排，建立和形成道德赏罚机制。任何规范在得到行为主体普遍接受并自觉自愿地恪守之前，都离不开奖惩机制的保证。因为所有规范都只是大多数人意志的体现，而非全民同意。二是行政公开，完善监督机制。公共行政的公开包括政务公开，公众参与，建立财产登记和申报制度，畅通公众举报和申述渠道等，这些都成为公共行政人员实现责任行政的重要外部机制。道德的规范性一直是具有权威性的，这种权威性如果得到了制度化的肯定和支持，必然会形成一个不得不服从的氛围。②

强调制度德性对于公共行政德性实现的意义是必要的，但无论是理论研究还是实践论证都表明，制度不是万能的，制度的规制对德性正义的实现具有决定性的意义，但是任何一种制度都是存在着一定缺陷的。更为关键的是，任何制度效能的发挥都要依赖于公共行政人员自主性的发挥。正义的制度只有对拥有正义美德的人来说才可能有意义，③ 而且是对于那些具备良好道德能力的人才能真正起作用。因此，负责任行政行为的实现有赖于良好的制度安排和公

---

① ［美］特里·L. 库珀：《行政伦理学：实现行政责任的途径》（第 4 版），中国人民大学出版社 2001 年版，第 130 页。
② 张康之：《寻找公共行政的伦理视角》，中国人民公安大学出版社 2002 年版，第 246 页。
③ 万俊人：《现代公共管理伦理导论》，人民出版社 2005 年版，第 256 页。

共行政人员自身道德能力的提高，二者缺一不可。

三 道德能力：德性正义的根本

现代社会中的社会关系和个人身份认同变得越来越复杂，人们不再将自己的身份认同为某一角色或某一些角色，而是复杂的网络系统中相互关联的角色群，我们穿插活动于各种角色之中。每一种角色都有特定的利益和义务。这就要求行政主体以道德主体的面目出现，处处坚持道德的价值取向，并置身于行政行为的全过程，公正地处理行政伦理关系，追求公共行政正义价值的实现。作为行政德性主体的公共行政人员，如何在纷繁复杂的行政伦理责任困境之中，能够正确地认识行政伦理责任冲突，并有效处理与化解行政伦理责任困境，必须具备相应的行政道德能力。人的道德能力是人的全面发展的重要内容，也是实现德性主体道德理想的基础。德性伦理在处理社会生活的过程中，不是将某种天赋的法则作为社会有序化的依据，而是立足于主体自身道德能力的完善。使主体（道德自我）在成其德性的前提下，达到明其规范。马克思主义理论认为"任何人的职责、使命和任务就是全面发展自己的一切能力"，"每个人都无可争辩地有权全面发展自己的才能"，人的全面发展是"作为人的目的本身的人类能力的发展"，[1] 马克思主义理论所强调的人的全面发展作为人类社会发展的终极目标，同时也是公共行政目的性价值的体现，在其实质性上其实是对人的能力的发展，人类能力的发展是人存在的目的本身，能力的发展是人的发展的目的与根本任务。但同时，人的能力的提升与发展又构成了人的全面发展的条件与基础，不具备一定的能力，人类便无法客观地认识自我与外在的物质世界；不具备相应的能力，人在客观世界

---

[1] 《马克思恩格斯全集》第3卷，人民出版社1979年版，第33页。

面前只能束手无策，更谈不上改造世界、与外部世界和谐相处。因此，一方面人的能力的发展是人类社会发展的目的与任务；另一方面，人的能力的提升与发展又是促进人类社会发展与人类自身全面发展的基础与条件。在伦理学视野中，德性主体道德能力的发展是其德性发展与完善的目的，同时又是德性主体实现德性正义、追求至善人格的条件。公共行政实践是行政人员依据社会正义原则和行政目标在实践过程中创造性地履行职责的美德践履过程，是行政人员通过行政活动实践德行、提升道德能力的动态过程。同时，对于公共行政人员而言，一定的道德能力是其胜任本职工作的基本条件，更是其追求德性正义，成就其"最主要美德"的前提和必备的条件。

（一）道德能力的界定

道德作为人之立身行事所应遵循的普遍规则，人们毫不陌生，并为人们所普遍认同与遵循。道德能力作为伦理学的一个基本问题，是人之为人的必然要求与实践体现，道德能力在人的生活实践中具有相当重要的地位。因为道德现象是复杂的，如果不依靠人的能力或者没有人之能力的参与，人的道德活动以及道德现象便无法理解和解释，道德理想也无法实现。人作为一种道德存在，这实际意味着人具有道德能力，离开了个体的道德能力，则人之道德存在就是无源之水，亦根本无法实现。也就是说，作为人类社会生活实践主体的人，都具有一定的道德能力。然而，公共行政正义作为行政实践中的一种最高的道德，不是具有一般道德能力的人就能实现的，公共行政人员必须是具有一种特殊道德能力的人。例如张康之教授提出的"公共行政拒绝权力"的观点。罗尔斯认为人的这种道德能力是社会合作的基础，没有这种道德能力，社会合作是不可能的，建立正义的制度需要道德的能力。

对于道德能力的研究在学界尚未构成一个学术热点，一方面表明道德能力作为一种道德现象还未引起人们的广泛关注，另一方面也表明对于道德能力的研究存在较大的困难。从目前研究的现状来看，有学者认为道德能力是人的能力中的一个维度，即"道德力是依德行事的能力，德见之于实践行动及其绩效的能力和依德能而发挥更大作用的能力"①。这种观点注重的是人对道德规范的遵从，是主体能够按照道德规范的要求行动并取得道德所要求获得的结果。持这一观点的学者认为，道德能力是人认识、理解道德规范，在面临道德问题时能够鉴别是非善恶，做出正确道德评判和道德选择，并付诸行动的能力。也有学者认为道德能力是道德思维与道德实践、道德认知与道德行为相统一的特殊能力。道德能力是"人认识各种道德现象，在面临道德问题时能够鉴别是非善恶，作出正确道德评判和道德选择并付诸行动的能力"②。具体来讲，道德能力由道德认识能力、道德判断能力、道德践履能力、道德直觉能力和道德创造能力等要素构成，构成要素既相对独立又互相连贯，既相对稳定，又不断变化发展，它们相互作用，相辅相成，统一而成为道德能力这一充分体现人的主体精神气质和道德能动因素的特殊能力，人正是依赖这种特殊能力才能应对纷繁复杂的道德实践。持这种观点的学者对于道德能力的理解偏重的是"能力"而非"伦理"，缺乏对人、对人的完善的关注。

也有学者强调道德能力是人之仁化的能力，是一个人自觉实现其道德潜能，追求其道德人格的道德自我修养能力。在此，道德能力的界定是从人之成人的角度而言的，以此表明道德能力不是某种特殊意义上的人之技能，而是人之根本意义上的做人能力，其与人的精神成长与人格建构息息相关。道德能力作为人之仁化的能力，其本质上是一种人自觉追求其道德完善即"立己达人"的能力，而

---

① 韩庆祥：《能力本位》，中国发展出版社1999年版，第79页。
② 蔡志良、蔡应妹：《道德能力论》，中国社会科学出版社2008年版，第57页。

这具体表现为道德能力之"为己"与"利他"的伦理实现向度。在此，为己与利他是道德能力的根本价值承诺，亦为道德能力的合法性基础。

学者曹刚认为道德能力是"人把握做人的合理价值观念的能力，其实质是对价值观是否合理的一种判断"①。按照这种观点，道德能力是主体在一个目的论的框架内，依照其善观念对需要做出合理与否的价值判断的能力。持这种观点的学者将道德能力的根源追溯为人的存在的实践本性，将道德能力放在一个人的自我实现的背景下来加以探讨，表明道德能力是人在追求其存在的提升与完善的过程中加以呈现的，并因此具有其合法性。

国外学者对于道德能力的专门研究也不多见，在两本相对系统地研究道德能力的著作中，作者对于"能力"概念的理解有所不同。在 Moral Competence: An Integrated Approach to the Study of Ethics 这本专著当中，作者认为，能力（competence）是一个在众多领域中广泛适用的术语，以此表达个人的精通（mastery）和对规则、程序及对语言、技艺、职业和知识的内在化程度；而道德能力（moral competence）亦是一种精通，即保持做正确事情上的普遍一贯性。具体而言，他认为道德能力是"一系列重要能力的综合：它们包括道德情感，即做正确事情的愿望；道德力量（moral strength），即去做正确事情的力量；美德，即保持做正确事情的性情；慎思（prudence），即如何去做正确的事情；知识，即知道什么是应当去做的事情"②。不难看出这种观点也是重在从"能力"的视角来界定道德能力，注重对于道德能力的构成的研究。

另一本有关道德能力的著作是 David C. Thomasma 和 David

---

① 曹刚：《论道德能力》，《哲学动态》2006年第7期。
② James Jakob Liszk, *Moral Competence: An Integrated Approach to the Study of Ethics* (2th ed), Newjersey: Prentice Holl, 2002, preface xii.

N. Weisstub 所编著的 *The Variables of Moral Capacity*，作者使用"capacity"而不是"competence"来描述道德能力，更多强调的是人所具有的潜力，更多地表现道德能力的能动性与发展性。David C. Thomasma 将道德能力定义为："个人做出能够予以道德评价（morally-evaluable）之决定的潜力（potential）。"① 作者对此定义做了进一步分析：首先，道德能力是人皆有之的功能（function）；其次，道德能力的获得前提，在于人必须具备基本的决定能力；最后，道德能力的核心在于其作为决定能力，能够被予以一种开放的道德评价。David C. Thomasma 在此是将道德能力做了层次上的划分，一般意义上，道德能力是人的一种功能性存在，也就是具有健全心智的人都应该具备一定的道德能力，在此基础上则强调道德能力的前提与核心是人对事物情况具备判断和做出决定的能力，人必须是在一个开放的道德环境中其道德能力才能得以体现。

从以上学者关于道德能力的界定中可以看出，第一，人作为社会之人，其必然要具备道德能力，道德能力在此是人作为社会成员的基本素质规定，是人的一种功能性存在，这是一种带有普适性的对道德能力的理解。第二，道德能力是一种个体修养之能力，其为人追求自身完善所必须养成之能力。人之存在，是一种超越存在，而人之超越是通过道德来加以实现的，即道德是人之自我超越的文化通道。因此，从个体的角度而言，人之道德能力是人之自我超越的现实体现，其寄予并彰显了人之存在的理想期许。第三，在承认道德能力是一种自我超越的能力的同时，较前者更加关注道德的实践性品质，人只有在道德实践中，在追求自我完善与成长的过程中，通过对主体自身的个性和社会性的反思，确立主体在实践中的自主意识和责任感以及正义感和仁爱心。而这一切

---

① David C. Thomasma, David N Weisstub (eds.), *The Variables of Moral Capacity*, Klumer Aeademic Publishers, 2004, p. 10.

的前提是主体必须确立价值判断的合理性,这是道德能力的实质。这意味着,"主体在追求自身需要的满足过程中,还受着一种最高的目的和终极价值标准的制约。道德能力就是对这一标准的体认和实现"①。

上述的第三种观点实际上来自罗尔斯对于道德能力的认识。在罗尔斯看来,道德能力是每一个达到某一年龄和具有必要理智能力的人,在正常的社会生活环境中都应该具有的,但它又是极其复杂的。罗尔斯在其鸿篇巨制《正义论》中将道德能力作为其理论建构的逻辑起点,但同时他也承认道德能力本身极其复杂,要准确描述它是一件极其困难的工作。但罗尔斯还是概括性地描述了道德能力的内涵:"我们在判断事物是否正义并说明其理由的过程中获得了一种能力。而且,我们通常有一种使自己的行为符合这些判断的欲望,并希望别人也有类似的欲望。"② 罗尔斯把道德能力作为其考察和建构现代社会的逻辑起点和价值支点,以此为基础寻求正义的社会制度,其内涵可以概括为三个层面,即合理的价值观、正义感和仁爱心、自主意识和责任感。这实际上是一种超越了心理学意义上的能力,是一种更为高级的道德哲学意义上的道德能力。

(二) 道德能力的内涵

公共行政的实践品质决定了公共行政德性正义实现所需要的道德能力,必须具有道德哲学意义上的意蕴,这种道德能力来自对实践本性的深刻反思,并在实践中确立其价值观,树立正义感,培养伦理自主性与责任感。

合理价值观。公共行政价值是公共行政对人类社会的积极意义

---

① 曹刚:《论道德能力》,《哲学动态》2006年第7期。
② [美]约翰·罗尔斯:《正义论》,何怀宏等译,中国社会科学出版社2003年版,第45页。

和有用性，是公共行政价值客体（行政活动和行为）对公共行政价值主体（包括个体的人以及由人构成的不同的群体和社会）的存在、发展与完善需要的满足。"新公共行政运动"将负责任的公共行政人员界定为让自己的价值观引导自己行动的人，行政人员是决策者，而不仅仅是对行政上级和民选官员负责的工具。从而提倡公共行政应该以对人类的尊严、人的需要的尊重为导向，这种导向不是通过外部的制度得以实现的，而是通过唤起行政人员的内在的道德敏感性与价值认同而完成的。

人的需要能否转换为现实的价值追求，不但受到自然条件的限制，更重要的是受到社会条件的制约。正是社会条件的制约，决定了人的需要系统内部存在着自我否定的因素，从而并不是每一种需要都能现实地参与价值的具体生成。只有当这个需要符合社会的存在和发展时，满足主体需要的对象才能转化为现实的价值物。由此，主体需要的合理性问题才被客观地提出来，道德能力才成为人的存在的必然要求。但道德能力要成为人的现实要求，还取决于一种更高的价值形态，即随着人的意识和自我意识的产生而产生的自我实现的需要。自我实现是人的存在的一种完满状态，是人的全面发展。在人的多方面价值追求中，只有当这一追求成为促进人的自由本质的实现的一个必要环节时，自我实现才是合理的价值追求，把握价值合理性的道德能力才成为一种现实的要求。

正义感。正义感是公共行政人员道德能力的最基本的要求和内涵，是公共行政人员在对行政实践的社会性的反思中得以确立的。正义感是人们发展和实践人们理解、运用其所合理采纳的正义原则并按这些原则而行动的能力。人们凭借这种能力以及理性能力而成为自由的社会合作者。罗尔斯强调，一个人要想成为社会合作体系中的成员，而且是一个能够充分参与其中的成员，必须具备正义感和善观念的能力这两种道德能力。罗尔斯是从一个人要成为一名合格的社会成员所必须具备的资格的角度来论证的，也就是在一个组织良好的社会里，正义感能力和善观念的能力是其成员所必须具备的基本的道德能力。罗尔斯认为，社会中有一部分人拥有超出一般人的特殊的品性和能力，这些品性和能力使他们有资格占据具有更大责任的职位，并获得相应的报酬。在这里，实际上有一个前提预设，罗尔斯认为存在一个特殊的群体，他们是一个社会的成员，这些人成为公职人员的前提是他们拥有比普通公民更高的道德能力，正是由于他们所具有的这种更高的道德能力，他们才能担任公职并具有更大的责任。罗尔斯在此表达了对一种组织良好的社会形态的理想设计，但在一定程度上也表明了社会对于拥有公权力人群的道德期许，同时也是一个设计良好的社会良性运作的前提。公共行政人员是一个社会中拥有公权力的特殊群体，所以，人们期望公共行政人员能比其他人更深刻地理解社会的政治正义观念，并在应用该观念的原则和做出理性的决定（尤其在较为困难的案例中）方面比其他人更为灵巧。公共行政方面的美德依赖于公共行政人员所获得的智慧，需要有特殊的道德能力——正义感的训练与培养。"一个组织良好的社会是一个被设计来发展他的成员们的善并由一个公开的正义观念有效地调节着的社会。——其中每个人都接受并了解其他人也接受同样的正义原则，同时，基本的社会制度满足着并且也被看作是满足着这些正义原则。"[1] 正义感至少以两种方式表现出来：首先，它引导我们接受适用于我们的，而且是我们已经从中获益的那些公正的社会制度；其次，正义感产生出一种为建立公正的制度，以及出于正义的要求而改革现存制度而工作的愿望。正义感归根结底是一种接受并希望遵循道德观点、至少是为正义原则规定

---

[1] [美]约翰·罗尔斯：《正义论》，何怀宏等译，中国社会科学出版社2003年版，第455页。

的道德观点的确定倾向。正是由于公共行政人员在他们对其政治生活中正义原则的公共认识和明智运用，也正是由于他们有效正义感的指导，才使得合作成为可能，也才能实现通过社会合作达到实现社会公共利益的目的。

伦理自主性与责任感。美国学者小威廉姆·H. 怀特和特里·L. 库珀提出了"个人伦理自主性"的主张，以有效地保护行政人员的内在道德意识，保持对组织的限定和超越。对组织的限定意味着在组织内工作的同时又有能力超越组织的范围，使自己负有更大的作为政治共同体的公民的义务。库珀认为行政人员个体的伦理自主性由三个因素组成：有必要对工作组织进行限定并培养一种超越组织的身份认同；有必要建立法律和法规机制限制组织的权力并保护个人行使伦理自主性的权力；如果我们能够在特定的情形中作为个体而行动，则要求具有组织内外的自我意识，这些自我意识包括价值、权利、需要、职责和义务。① 通过综合行政人员负责任的构成因素以及个人伦理自主性的组成因素，库珀提出了行政人员"负责任的管理模式"，"这种模式既承认对组织的义务也承认对公民的义务，然而，我们认为，公民角色的首要性必须得到保证。当这两种义务发生冲突时，更为根本的义务是对公民的义务"。② 从理论上说，这种主张是可能并且可行的，美国公共行政伦理理论与实践在这个方面也做出了努力。以库珀为代表的一批公共行政伦理学者在美国公共行政官员中广泛开展的伦理培训，便是对行政人员以伦理自主性为主的内在控制能力的培养训练的一种有效尝试。有了这种对公民负责的伦理意识与道德自主性，便需要在行政实践中转化为一种道德责任，培养对公民，对法律，对社会负

---

① Terry L. Cooper, *The Responsible Administrator: An Approach to Ethics for the Administrative Role*, 5th edition, San Francisco: Jossey-Bass, 2006, p. 257.

② Ibid., pp. 287–288.

责的责任感。

（三）道德代理人：德性正义的理想人格

"一个政府及其公共行政不在于致力于用关于未来社会的理想去激励当代人的热情，而在于现实地为当代社会提供充分的正义。"① 公共行政人员要实现这一正义目标，为社会提供充分的正义，首先必须具备正义的德性。那么怎样的人才能成为具备正义德性的人，公共行政人员德性正义的具体表现或实现目标是什么？这可能是一个难以准确界定的概念。但笔者认为 Charles Garofalo 和 Dean Geuras 提出的"道德代理人"概念，较为贴切地反映了对公共行政人员德性正义的要求。在他们看来，"道德代理人"（Moral Agent）作为道德的行动者，不仅仅是以与道德要求一致的方式行动，而且道德是他们行为的动机。"道德代理人"不仅遵循道德原则，而且承认道德是他们的委托人（Principal）。公共行政是一项具有特殊意义的道德事业，它的存在是为社会提供意义重大的价值支持，并致力于为社会提供公共利益和福利。这些利益和福利是社会公认十分重要并证明集体资源的花费是正当的。"因此，公共行政，通过（这个）定义，是内在道德的，公共行政人员，同样依据这个定义，是道德代理者。"② 也就是说，公共行政是具有内在道德本质的，而从事公共行政工作的人员必然是道德的代理人。

"Agent"来自拉丁语"Agere"，意思是"to do"。这样一个一般性的定义有助于我们在最低限度上理解道德代理人——作为一个代表其他人（根据当前公共行政文献中的时尚，称呼这些人为委托人）利益行动的人，一个具有正义美德的代理人因此应该以一种正义道德的方式服务于他的或她的委托人。这样一个代理人一定要在

---

① 张康之：《寻找公共行政的伦理视角》，中国人民大学出版社 2002 年版，第 261 页。
② Charles Garofalo and Dean Geuras, *Common Ground, Common Future: Moral Agency in Public Administration Professions, and Citizenship*, CRC Press Taylor & Francis Group, 2006, Preface.

道德上追求委托人的目标，但在这样做的时候不能侵犯任何其他人的权利或做任何不道德的事情。① 一般来说，当代理人有多种委托人时问题会很复杂，会出现由委托人的多样性引起的冲突和在他们间优先排序的要求。当某些抽象的事物成为一个代表的委托人时问题则会更加复杂。一个代理人可能被认为是为了一个国家，一个社会和一项事业而行动。除了这种抽象，不同的委托人种类将使得解决这些义务冲突的任务更加复杂。然而道德本身是存在于这些抽象的委托人之中的，如果一个人相信他或她是在某种道德义务之下的，独立的或除了任何对于个体的或群体的义务之外，道德成为他或她的委托人。但是道德作为委托人，有着与其他委托人不同的地位——既是抽象的又是人性的——可能形成了一个人义务的复杂结构。正如 Charles Garofalo 和 Dean Geuras 所说，当多样化的委托人义务需要平衡的时候，道德不仅仅是他们许多委托人中的一个，而且是对其他委托人的一种平衡。当一个人评估竞争性义务的相对强度时，评价本身应该以道德考虑为基础。②

通常代理人能在两种理解上服从道德。第一种理解，每个人在所有的追求中都是服从道德的，因为他们必须以某种道德方式行动。第二种理解，人应该以追求道德本身作为目的，他的行动以促进道德为目的，因此作为道德的代理人行使职责。道德代理人应该是在第二种意义上理解道德，即道德应该成为他们追求的目的，他们在实践中应该服从道德并以道德的方式而行动。Stan van Hooft 说得好，"一个诚实的人当为了寻求真理而行动时，他表现并促进了他成为一个诚实的人"③，也就是说，他通过说出真理表达了成为一

---

① Charles Garofalo and Dean Geuras, *Common Ground, Common Future: Moral Agency in Public Administration Professions, and Citizenship*, CRC Press Taylor & Francis Group, 2006, Preface, pp. 1 – 2.

② Ibid., p. 2.

③ Stan van Hooft, *Understanding Virtue Ethics*, Chesham Bucks: Acumen Acumen Publishing limited 15a, 2006, p. 11.

个诚实的人的愿望,并在这样做的同时促进了他自己成为一个诚实的人,但是他这么做的原因或动机是他认为真理本身是最重要的,他承认真理的价值,对真理的热爱与追求是他行为选择的真正动机——这将激励他去面对更加困难和有道德的事情,而不仅仅是成为一个诚实的人的愿望。只有在这种意义上,"道德代理人"才真正体现了德性伦理的精髓。根据 Charles Garofalo 和 Dean Geuras 的"道德代理人"理论,我们不难理解作为从事一项正义事业的公共行政人员,他们必然是正义的道德代理人,他们应该以一种表达关注正义道德价值作为最终目的的方式行动,正义道德是他们行动的最高委托人。这样的道德代理人在行政实践中常常是反对利己主义而行动的人,也是不局限于组织和权威的利益而行动的人,他们只会从事促进他们认为正义的事情。

那么德性正义作为一种获得性品质,在行政实践中如何才能获得?哈特认为"有德性的公共行政人员将总是意识到提升德性的道德义务——在他们自己和他们的下属之中。他们永远不会试图将德性强加给其他人,也不会训练任何程度的强制(COMPULSION)——美德必须是自愿的。应该提倡早期的德性教育,并继以提升德性的政策、计划和实践,最后,他们必须有意识地努力成为能够指导所有其他人的道德楷模"[①]。哈特的观点十分准确地揭示了公共行政人员德性正义培养和提升的途径,以及公共行政实践中道德楷模的重要性。

首先,公共行政人员的正义德性不是外部强加的,而是在一个有道德的环境中通过教育获得的,而且公共行政人员早期所受的正义美德教育尤其重要。正如休谟所言,普遍的美德与优良的道德是一个国家人民的幸福所要求的。这种美德永远不能从最纯粹的哲学

[①] David K. Hart, "Administration and the Ethics of Virtue", *Handbook of Administrative Ethics*, *Second Edition Revised and Expanded*, edited by Terry L. Cooper, Marcel Dekker, Inc., 2001, p.146.

原则中得到，也不能从最严格的宗教训诫中得到。美德的获得完全来自人们年轻时所受到的美德教育，来自严明的法律和制度的结果。① 古希腊时期，城邦正义是执政者正义的先决条件。在柏拉图的正义理论系统中，城邦正义是与个体正义相对应的。他之所以先谈城邦的正义性，是为了"以大观小"。如果找到一个具有正义的大东西（即城邦）并在其中看到了正义，便能比较容易地看出正义在个人身上是个什么样子了。在一个正义的环境中，包括社会的和行政组织的，行政人员所受到的良好的早期道德熏陶和教育对于他们从事一项正义的事业是至关重要的。

其次，公共行政人员正义美德的形成离不开严明的法律与制度。道德教育不是万能的，德性的养成必须辅以制度和法律的施行。按照罗尔斯的理解，正义也是社会制度的首要美德，正像真理是思想体系的首要美德一样。虽然麦金太尔的观点与他相反，在他看来，正义的规则只有对那些具备正义美德的人来说才是有意义的。也就是说，作为人格美德的正义是社会制度正义美德的前提，没有前者，后者既不可能，也无实际意义。笔者在此无意卷入这两位学者的争端之中，只是想从另一方面说明，正义无论对于个体还是对于社会制度都是最重要的美德，两者是密切相关的。公共行政人员正义美德的形成离不开正义的社会规范与法律，同样，一个正义的制度与法律的执行也离不开具备正义德性的公共行政人员，对于公共行政的尊重、道德美德必然是所有目的、政策和实践的基础。然而，这并不是说，仅有美德对于行政是足够的，相反，人类需要备份好的制度设计。良好制度德性与正义有利于培育出崇尚公平、公正的政治文化，从而熏陶和感化公共行政人员，使其自觉地做出正确的行为选择。

---

① Miller E. F. （ed.）, *David Hume, Essays: Moral, Political, and Literary*, Indiana: Liberty Classics, Indianapolis, 1985, p. 97.

最后，公共行政人员正义美德形成的另一个途径是榜样的力量。美德不是天生的品质特征，需要通过反思和行动而获得。这比理性反思和分析要复杂得多，因为美德是涉及对思想和情感进行整合的方式表现出来的行为特征，德性不能被强迫，有德性的人的优良品质必须是自愿获得的。在自愿获得美德的过程中，道德榜样的力量是巨大的，作为榜样的真实的个体道德生活具有生动性和强烈的感染力，是其他个体学习与超越的极好的典范。Terry L. Cooper 在他的《模范的公共行政人员：政府中的领导与品质》的开篇写道，这本书是为那些希望了解成为一个有德性的公共行政人员意味着什么的学生和实践者写的。[①] 因此，Cooper 在这本著作中列举了十一位在公共行政实践的各个不同岗位上的道德楷模，目的就是为其他公共行政人员树立榜样，为其他人提供道德的行为模式。哈特也曾明确指出，"道德楷模是一个有道德的社会不可缺少的，现代性并没有减少我们对道德榜样的需要……而在当代美国，道德榜样的消失已经成为一个严峻的问题"[②]。哈特提倡，作为公共行政学者和实践者，我们有义务成为道德榜样。尤其是，我们必须关注合乎道德的工作的可能性和必需性，只有这样道德楷模才能体现其价值并发挥其作用，我们才能获得有道德的生活。如果我们能够成功地在日常工作的所有活动中都以道德楷模为榜样，体现美德正义，那么公共行政正义实现的可能性将大大增加。

公共行政人员正义美德体现为"道德代理人"这一目标实践和完善的过程。道德代理人并不是一个单纯的概念分析，也不是一个一蹴而就便能实现的目标，它需要公共行政人员倾其一生不断地按照正义的目标努力践履，是一个不断践行德性正义的过程。正像哈

---

① Terry L. Cooper, *Exemplary Public Administrators: Character and Leadership in Government*, San Francisco: The Jossey-Bass Publishers, 1992, p. XI.

② Ibid., p. 11.

特所说，当德性命令作为我们内在的存在时，它的实现需要巨大的努力，在思想、情感和行动上。因为没有人能够获得完全的德性，这种要求便永远没有终结、道德进步永远不能停止。因为这个原因，美德伦理使得幸福来自学会爱有德性生活的过程，而不是对成就的狂想（Chimera）。[①] 也就是，公共行政人员道德代理人理想人格的实现是一个在行政实践中不断践行正义美德、不断完善的过程。

---

① David. K. Hart, "Administration and the Ethics of Virtue", *Handbook of Administrative Ethics*, *Second Edition Revised and Expanded*, edited by Terry L. Cooper and Marcel Dekker, Inc., 2001, pp. 139 – 140.

第五章

公共行政核心价值的实现论

　　公共行政价值实现是指公共行政价值客体（行政）满足价值主体（个人或社会）需要的过程。公共行政正义核心价值是人们对于行政的目的与理想的追求，是公共行政历史演进中核心价值的必然反映，正义核心价值体系的构建正是为了促进公共资源有效分配，向公共行政终极价值积极靠近的有益探索。人类社会的行政实践活动不仅包含着对公共行政核心价值的认识，而且包含着为实现公共行政核心价值所采取的一切努力。公共行政正义核心价值如何得以实现，不完全是政府的事情，还需要社会公众的认同与参与，需要通过与民众的对话与交流，得到民众的理解与支持，并在达成一致的基础上共同努力才能实现。因此，正确认识和把握现实的人类社会，是我们理解公共行政组织与民众的关键，在理解公共行政组织与民众的基础上，创建一种通过参与、对话、分享利益等的民主进程，即公共行政的社会建构过程，并由此获得比政府独自行动多得多的解决问题的途径，从而促进正义核心价值的实现。社会建构理论为公共行政核心价值实现提供了一种思路、一个框架、一种路径、一种方法。其中，行政伦理责任的履行是核心价值实现的关键，是公共行政正义实现的根本保障。

第一节　公共行政价值实现的内涵与特征

一　公共行政价值实现的内涵

公共行政价值实现是建立在人们行政实践活动的基础上，公共行政价值目标的现实化，是公共行政价值选择、价值评价和价值享用等过程和结果的总概括。公共行政价值实现的内涵包含三个方面的内容：

首先，公共行政价值实现是指公共行政价值目标的现实化。所谓公共行政价值目标的现实化是指人们确定价值目标、实施价值目标以及完成价值目标所采取的一切现实努力过程。公共行政价值目标是一个有机的系统，包括行政的工具性价值和目的性价值，这些价值都表达了行政的目的与方向以及行政的期望与理想。公共行政价值目标的实现，就是公共行政价值目标的现实化，也就是人类行政期望和理想的现实化，包括公共行政价值现实化的过程和能达到预计目标的结果。公共行政价值目标具有阶段性和终极追求、归宿的意味，公共行政价值目标的现实化永远只是阶段性地完成，而阶段性公共行政价值目标的现实化构成了公共行政价值实现的历史链条。如一定时期的效率追求、公共行政正义核心价值的实现都是为了促进社会发展和人的发展的最终实现。

其次，公共行政价值实现意味着行政必须通过感性的行政实践活动来进行。价值是反映价值主客体之间的需要满足关系，而需要总是同某种对象联系起来，没有对象的需要就不成为需要。人类实践活动正是公共行政价值实现的中介，它是联结公共行政价值客体和主体的中心环节。公共行政价值作为人类实践中行政活动满足人和社会需要的反映，实际上反映着公共行政价值主体和客体、主观和客观的矛盾，而且也反映着现实的公共行政价值对自身的肯定和否定的矛盾。如对于效率价值的过度追求导致社会贫富差距的拉大、造成社会发展的不稳定因素，这一社会现实需要公共行政价值做出及时调整，凸显公平的公共行政价值便成为行政实践活动的重要价值追求。再如公共行政正义核心价值的实现也必须结合公共行政具体的实践活动，价值的理性构建必须在现实的行政实践中才能得以转换，必须在一定历史阶段的行政实践中，创造价值实现所必需的行政生态，促进核心价值由理想变为现实。

最后，公共行政价值的实现是行政活动满足价值主体需要与遵循行政活动规律的统一。价值实现是公共行政价值主客体相互作用的过程，所以对于公共行政价值实现的评价也必然涉及公共行政价值主体与客体，总是要以一定的标准作为尺度进行评价。公共行政价值关系中，公共行政价值的主体是人与社会，只有当公共行政行为和活动满足了人与社会的需要，才能够为其主体所肯定和认同，才能体现为一定价值的实现。然而公共行政价值主体的需要既有性质上的合理与非合理之分，也有层次上的高低之别。从价值主体需要的性质上来看，只有价值主体的需要既不超越现实条件，又能够有利于并促进主体的生存和发展时，这一需要才是合理的，才能够作为对公共行政价值实现进行评价的尺度和标准。在公共行政价值主体中，由于"社会主体的价值评价标准，是最根本的标准"①。公共行政价值实现必须以社会主体需要作为最根本的标准，也就是要以符合整体社会发展的要求才是合理的。

遵循行政活动自身的规律性，是对公共行政价值实现进行评价所应把握的另外一个尺度和标准。因为任何一种价值客体都有其自身运行的规律，这种规律具有客观性，是一种客观存在。例如社会公众对政府行政存有过高的预期，希望短时间内快速发展生产力实

---

① 王玉樑：《价值哲学新探》，陕西人民教育出版社 1993 年版，第 304 页。

现社会财富的极大丰富，从而忽视社会发展与行政活动的运行规律，这样的价值目标就不可能得到实现。因此，公共行政价值实现必须基于公共行政价值主体在对公共行政价值客体的属性、本质和运行规律的全面和深刻的认识基础之上，以自身的合理需要为目的和前提，使公共行政价值主体的合理需要与公共行政价值客体的规律性统一起来，才能促进公共行政价值的实现。

二 公共行政价值实现的特征

公共行政价值实现具有主体性、层次性、社会历史性和动态性的特征。

（一）公共行政价值实现的主体性

价值实现的主体性是指某种价值因主体不同体现出不同的价值特性。对不同主体而言，价值实现的内容、要求和方式都不一样。因此，公共行政价值实现因主体不同而呈现较大的主体性差异。不同主体由于其所经历的客观环境都是独特的，因而价值实现的意义对处于不同环境下的主体则有着不同的内涵。例如，计划经济条件下，公共行政价值主体所追求的价值实现更多地体现为一种政治价值的实现，而市场经济时代公共行政价值主体所追求的则是一种全方位的价值实现。由于价值主体这种不同的价值实现需要，也就决定了价值实现内容以及价值实现方式的不同，并在此基础上形成了特定的价值实现活动。价值实现的主体性不同于主观性。因为价值的实现是现实的主体和客体相互作用的客观产物，它不是由主体的主观意志所决定的，而是同主体的客观需要和能力有关。

现代公共行政价值的理性建构，本质上是忽略人的主体性存在的，无论是价值主体中的人，还是价值客体中的公共行政人员。非人格化的理性官僚体系设计意欲将整个世界置之于理性的、按部就班的程序之中，而人在程序中成为手段而非目的。官僚制所追求的客观化、形式理性或工具理性背后暗含着对人的否定。另外，在与民众的关系上，以自我为中心的官僚体系更习惯于用安抚取代参与的方式来回应民众的诉求，将公民参与视为对他们利益的威胁而限制公民参与力量的形成，忽视公民作为价值主体的存在，与公众之间的对话与互动缺失，官僚体系作为权威通行的是一种政策独白性的体制，剥夺了公众参与的机会，而政府提供的各种参与机会，如听证会、"民主化"的政策分析等又是不真实的，"它实际上是在市民直接参与到精英政策制定者中制造距离"[①]，更遑论满足公众公共行政价值实现了。显然，公共行政理性建构忽略价值的主体性，价值主体的需要难以通过民主的方式得以表达与呈现，公共行政价值的实现有赖于行政理论与范式的后现代性转换，由公共行政理性建构向公共行政的社会建构推进，通过对官僚权威的消解，人被解放并重新获得了自由，行政的价值才能在根本意义上得以实现。

（二）公共行政价值实现的层次性

公共行政价值的实现，是一个层次化推进的过程。公共行政价值是一个有机的系统，包括行政的目的性价值和工具性价值，行政的工具性价值是目的性价值实现的前提和条件，是为目的性价值实现服务的。行政的目的性价值是行政的终极价值，其实现必须以行政的工具性价值的实现为条件。公共行政价值的实现是经由工具性价值的实现进而达至目的性价值实现的层次化推进的过程。其中工具性价值的实现是一种现实的公共行政价值实现过程，在不同的行政生态中会有所侧重或有不同的排序，具有阶段性。行政的目的性价值是对现实行政的一种超越，是人类社会对政府行政的一种理想，行政目的性价值的最终实现标志着政府行政的终结，在此意义上，可以说，行政目的性价值的实现具有终极性。

---

① [美]查尔斯·J.福克斯、休·T.米勒：《后现代公共行政——话语指向》，楚艳红等译，中国人民大学出版社2002年版，第130页。

在公共行政的工具性价值体系中，正义居于核心地位，对于所有其他工具性价值具有统领作用，而其他工具性价值则处于从属价值的地位。公共行政管理的目的就在于以行政权力这种权威的方式实现正义，同时正义的要求也应在一个国家政府行政的具体运行中得到广泛的实现。一方面，居于核心地位的正义价值，代表着工具性价值体系的总方向和总特征，对于其他处于从属地位的价值起着统率的作用，它既约束从属地位的价值，又为这些价值提供方向和根据，从而为工具性价值体系的统一和稳定起着保护作用，并共同为实现行政的终极价值而努力。另一方面，正义核心价值也离不开从属的多样性价值的支撑与烘托，是对其他工具性价值的均衡状态的体现。因为正义反映了人们对于自身全面发展的更高要求，即人们追求一个良好的、民主的、自由的、平等的社会状态，在现代民主社会里，这种要求不仅仅是追求经济上的富足，而且是表现为人们需要行使自身的民主权利，实现自身的价值的愿望。

（三）公共行政价值实现的社会历史性

公共行政价值实现的社会性来自行政活动满足人们需要的社会性，公共行政价值实现本质上是一种社会现象。公共行政价值实现的社会性主要表现在以下两个方面：一是公共行政价值主体及其需要产生的社会性。公共行政价值主体的社会存在及其需要产生的社会性，决定了其需要及其需要满足方式的社会性，进而决定公共行政价值实现的社会性。二是指公共行政价值活动和实现内容的社会性。人们总是在一定的社会环境、社会生产方式和一定的社会关系中进行价值活动的，公共行政价值主体的价值目标及其实现都与一定社会生活的内容和条件相关，每一种公共行政价值的实现都是通过客体对一定主体产生作用而具有社会的意义，都要受到社会的评价和检验。

公共行政价值实现的社会性决定了价值实现的历史性。社会本身是发展变化的，社会发展的历程就是历史。首先，公共行政价值主体的历史性决定了公共行政价值实现的历史性。因为任何价值主体的人都是一定历史阶段的人，都是一定社会生产力发展水平所决定的特定的价值实现主体。随着社会的发展，人的主体因素也要发生相应的发展与变化，公共行政价值实现的内容和方式也就发生了根本性的变化。其次，公共行政价值客体的行政活动的历史性决定了公共行政价值实现的历史性。人类的行政实践活动不是固定不变的，随着人类实践的日益深入、科技的日益发展，人们改造主观世界和客观世界的能力日益增强，都使得公共行政价值客体发生着变化，行政客体的价值实践也会不断地发展、变化，因此公共行政价值实现的内涵也完全不同。因此，考察公共行政价值实现不能脱离现实社会及其历史。正如正义核心价值一样，"正义"在不同的社会历史形态中有着不同的含义与体现。从原始社会后期开始到近代社会出现以前的整个历史阶段，这一时期公共权力行使的正义性就是实现对社会的统治与控制。近代以来的公共权力作为国家和社会治理的工具仍然具有政治色彩和强制性特征，但这一时期已具有了一定的公共性。现代政府行政是政府根据公共意志运用公共权力、维护公共利益的行政，公共性是这一时期行政正义的本质特征和具体体现。但这一基于理性建构的行政价值，其行政的目的是以促进人类社会的发展为其最终目标，并以此有效地约束、引导社会各行政主体，在公共领域内通过规范化、秩序化、道德化的活动为社会提供公共产品，增进公共利益。如何实现，还必须用发展的眼光在后现代的视域中加以考察，并为其得以实现创设条件。

（四）公共行政价值实现的动态性

公共行政价值实现表现为一种价值目标完成的动态性发展，它是在行政实践中一系列动态目标完成的过程。一方面，公共行政价值实现过程中，公共行政价值体系的外在环境始终处于不断的演变过程中，与之相适应，公共行政价值的实现过程也需发生相应的变化，从而处在一种不断调适以适应外部环境的动态过程之中；另一方面，随着环境的变化，公共行政价值体系的各个要素也会发生相应的变化，例如，在不同的行政生态环境中，由于利益的不同分化，公共行政价值主体会发生一定的变化，公共行政价值客体为了适应主体的变化也会有所调整与改变，从而使得公共行政价值体系呈现出一种动态性。另外，公共行政价值实现的动态性还表现为行政目标的动态性，即不同时期、不同阶段有着不同的行政侧重点。公共行政是要服务于尽可能地解决组织和社会中的各种矛盾和冲突的需要，矛盾存在的客观性也就决定了行政的永恒性。在发现矛盾、认识矛盾的动态过程中不断解决矛盾实现公共行政价值。公共行政核心价值的实现也是一个动态的过程，由于公共行政价值主体及其需要的变化，以及公共行政价值主客体之间的矛盾运动，正义核心价值实现要不断适应不断变化的行政价值生态，正义义务论维度与目的论维度在不同行政生态中会发生相应的变化，在动态的发展中使两者达到一种均衡并统一于公共行政正义的德性论维度，并最终有效促进对社会和公众主体需要的满足。

第二节　反思与批判

一　三个小孩与一支长笛

早在 1971 年，罗尔斯《正义论》问世，就曾引发了一场关于正义的大讨论，政治、经济、哲学、法学等领域的学者纷纷加入，相关讨论持续至今。1998 年诺贝尔经济学奖得主、现为英国剑桥大学三一学院院长的阿马蒂亚·森在其新著《正义的理念》中指出，罗尔斯著名的"作为公平的正义"理论产生出一套独特的"正义原则",其所关注的仅仅是建立"正义制度",同时要求人们的行为完全符合这些制度的要求,但"过于关注制度方面(假定行为处于从属地位),而忽略人们的实际生活,是有严重缺陷的"。在对罗尔斯正义理论进行质疑与批判的基础上,与大多数当代正义理论关注"公正社会"不同的是,阿马蒂亚·森的"正义"理论研究力图考察基于社会现实的比较,以此研究正义的进步或倒退,实际上也就是在现实层面研究正义的实现,以及实现的程度问题。

阿马蒂亚·森的研究没有沿袭启蒙运动时期先验制度主义的哲学传统(源于霍布斯,后由洛克、卢梭、康德等人进一步发展),而是遵循同期或稍晚一点形成的另一种传统(由斯密、孔多塞、沃斯通克拉夫特、边沁、马克思和穆勒等人采用),即关注实际的社会现实,而不是什么才是完美的社会制度和规则。阿马蒂亚·森的研究视角无疑是一种正义实现的视角,而不是正义理论体系构建的视角。其研究虽是在对罗尔斯正义理论的理性建构进行批判的基础上建立起来的,但实际上是在一定程度上探究罗尔斯建立的正义制度如何才能转变为现实,如何在社会实践中成为真实形态的正义。

在《正义的理念》中,阿马蒂亚·森讲述了一个"三个小孩与一支长笛"的故事。究竟哪个小孩——安妮、鲍勃还是卡拉——应该得到那支他们争来抢去的长笛呢?

> 安妮说,她应该得到长笛,因为三个人中只有她会吹奏,而唯一会吹奏的人却得不到长笛是非常不公正的。如果只听到这里,那么将长笛给安妮无疑具有十分充足的理由。
>
> 设想另一个场景,此时由鲍勃发言。鲍勃是三个人中最贫穷的,没有玩具,而长笛恰能成为他玩的东西。如果你只听到鲍勃的这番话,那么将长笛给鲍勃的理由也是很充分的。
>
> 在第三个场景中,卡拉开口了。她争辩说,她辛苦了好几

个月才制作了这管长笛,"就在那时,这些掠夺者就要从我手里抢走它"。如果只听到卡拉的这番话,你极有可能认为,长笛这件由她自己制作的物件,给她才是合情合理的。①

在阿马蒂亚·森看来,关于绝对公正社会的中立制度设计的唯一性,其根本问题在于,多种各不相同但都具有中立性的正义理由均站得住脚。三个小孩的不同理由,并不代表他们在对于何为个人利益的理解上存在分歧,而只是在关于资源分配的原则上存在分歧。他们的不同理由也涉及应该如何进行社会安排,应该选择哪些社会制度,以及通过这些将会得到什么样的社会结果等问题。总之,这并不仅仅是三人既得利益的差异,而是这三种观点各自都指向一种不同的中立与合理的缘由。致力于缩小经济收入差距的经济平等主义者往往会选择支持最穷的鲍勃,而长笛的制造者卡拉会得到自由主义者的同情。享乐主义功利论者可能会面临最难的抉择,但会比自由主义者和经济平等主义者更看重安妮的愉悦,因为这是唯一会吹奏长笛的人。然而功利主义者也可能会看到,鲍勃相对贫穷的状况会使他从得到长笛中获得更大的喜悦。卡拉获得自己劳动成果的"权利"也许不会立即得到效用论者的支持,但沿着这一思路进一步反思也许会发现,工作激励是必不可少的,因为需要通过让人们拥有自己独立创造的东西,来建设一个可不断维持和鼓励效用产生的社会。其实,不同学派的理论家各自都可能认为存在一种显而易见的、直截了当的公正解决方案,但他们会为彼此不同的解决方案而争执不休。事实上,并不存在能使所有人都认为中立且表示赞同的绝对公正的社会安排。

公共行政领域制度设计的正义性是毋庸置疑的,一个缺乏公共

---

① [印度]阿马蒂亚·森:《正义的理念》,王磊、李航译,中国人民大学出版社2012年版,第10—11页。

理性、不正义的制度必然是反正义的。但正如森所言，一味地专注于正确的判断和寻求完美方案并不能一定到达正义的彼岸，况且不可能有绝对中立的制度设计，即使是在罗尔斯"无知之幕"背后拟定的正义原则，也会出现偏向社会最少受惠者的不公正，当然这种不公正在罗尔斯的正义框架中是正义的体现。公共行政正义核心价值的实现如同以上三个小孩一样，义务论者会认为在追求公共行政正义的过程中，客观责任与义务的实现是最为重要的，因为政府与公共行政人员作为行政价值的客体，其存在的意义就在于不断满足价值主体的需要而履行自己的职责；目的论者则站在社会利益最大化的立场追求公共行政正义的实现；德性论者会考量行政主体在行政过程中主观责任的履行与伦理精神的体现。正义的哪一个维度在实现过程中是最重要的？决策者和理论建构者的回答很明确：三个维度都很重要。因为，公共行政正义核心价值本就是其三重维度的有机统一，是三重维度在实践中所达至的一种均衡状态。然而，均衡状态并不等于是一种对等与平均分配，实践中正义核心价值的义务论维度与目的论维度不可能在任何时候都是绝对对等、均衡分配的，而是根据公共行政的生态与社会发展要求在满足社会公众需要方面达至的一种动态的平衡。那么，又由谁来确定三重维度在其实现过程中的动态平衡呢？在具体的行政决策过程中，是义务论维度还是目的论维度将成为价值分配中的中心问题？如果仅由决策制定者来言说与采取行动，会不会出现"三个小孩与一支长笛"中"公说公有理、婆说婆有理"那样的局面，而不能真正反映社会公众的需要，在实现正义的过程中反倒是制造了社会不公正，从而制约了公共行政正义核心价值的实现甚至背离了正义核心价值的要求。

阿马蒂亚·森提出：我们需要超越，不能只是停留在对于不公正的直观感受上；我们需要寻找的并非绝对的正义，而是致力于减少明显的非正义；正义需要关注生活现实，而不只是停留在抽象的制度和规则上。在此基础上，阿马蒂亚·森进一步提出了他所主张的社会选择理论。社会选择程序采取的形式是：从某种"社会视角"出发，根据相关主体的评价，比较不同的社会状态。因此，社会选择理论关注事物之间的比较，而不是先验的制度；允许存在不完整的排序，而并非寻求面面俱到的完美方案；认识到存在多种合理的，而不是唯一正确的判断原则；强调公共理性和反思，而不是一成不变的公理性答案。这与霍布斯、罗尔斯以及诺齐克等人基于契约方法的正义理论具有根本的区别。但又是对罗尔斯正义理论如何实现问题上的进一步深化。森在他的主张中，既肯定了罗尔斯在构建正义理论中赋予公平概念以基础性地位的意义，发挥了罗尔斯理论中对弱者（最少受惠者）的关注与扶持；但同时又修正了罗尔斯把自由放在绝对优先地位的观点，认为他并未在把理想原则转化为美好生活这一点上考虑充分。这实际上表征了正义理论正在由传统的理论化和教义化，走向参与化和协商化。理论在实现过程中需要转型，要由关注概念，到关注现实。

事实上整个人文社会科学的发展，都在由 20 世纪 50 年代以来基于抽象概念、模型、计算的理性主义传统，走向面向社会公众、面向全球化的参与范式。这表明，理性的模型需要在一个更大的框架内来解释现实。公共行政正义核心价值的实现同样需要在一个更为广泛的视域中加以说明，应该在反思现代公共行政理性建构的基础上，聚焦于社会实践，将关注点建立在如何理解并解释民众的感受上，通过分享"主体间的意图"来形成彼此互动的感知能力。在尊重理性的同时，不断反思现存的假设、理论价值观和方法，在不忽视行政管理理性知识和"技术利益"的同时，努力倡导民主性和社会性的重要性。经由公共行政价值主客体之间的互动与对话来获得彼此的理解，努力达成对正义价值共同的观点。只有这样，正义核心价值的实现才会滋生不竭的动力，才有保障，才会越来越接近公共行政终极的价值目标。

二 公共行政核心价值实现何以可能？

当今社会，人类正生活在一个"悖论的时代"，无论在工业国家还是在后工业国家，经济进步都给人们带来了个人物质的丰裕，但经济进步的同时也给国家和世界带来了大量的负面结果，例如不平等、过度消费、社会分裂和人与人之间关系的疏离等，而且这种"悖论"的出现正在世界范围内持续不断地蔓延着。因此，工业国家、后工业国家，尤其是那些正处在由工业化向后工业化转型过程中的发展中国家，为了应对目前这个充满悖论、含混不清和持续变化的现实世界，纷纷寻找良策以强化社会和各类组织机构的管理，以解决社会动荡、变化带来的各种问题。人们普遍认为，设定组织目标是社会有序的关键，人类需要采用全新的思维框架来处理这个日益复杂多样的社会现实问题。正如全钟燮教授所指出的："无论是东方国家还是西方国家，都处在伟大的变革之中，这个进程即是治理过程的民主化。"[①] 全钟燮教授提出了一套概念性的研究框架，希望依靠这个框架，帮助人们能够更加深刻、更加有效地理解和把握我们所面对的现实的人类世界。例如，人类的环境状况、现实问题、组织努力、社会设计、行动与行为、自我和伦理精神等。在全钟燮教授看来，正确认识和把握现实的人类社会，是我们理解公共组织与民众的关键，在理解公共组织与民众的基础上，创建一种通过参与、对话、分享利益等的民主进程，即公共行政的社会建构过程，并由此获得比政府独自行动多得多的解决问题的途径。全钟燮教授不遗余力地想表达一种观点，即"公共行政主流所强调的管理

---

① ［美］全钟燮：《公共行政的社会建构：解释与批判》，孙柏瑛等译，北京大学出版社2008年版，前言。

主义取向总体上已经不能适应现实社会了"。因此，要"尝试着将公共行政看作是社会、政治和民主实践的一部分，以此重新建构公共行政的研究，以替代原有的主流倾向"。① 而要实现这一目标，必须将对公共行政理性建构的批判作为逻辑起点，以破解公共行政理性建构的话语体系，为公共行政的社会建构奠定基础。

以全钟燮为代表的学者并不否认公共行政中管理主义、理性主义取向的重要性和技术的必需性，但认为有效率的管理和技术的实施都需要依赖于与那些受到管理影响的民众的合作。公共行政的演进与发展不仅是人类解决公共问题、改善普遍福祉的实践行动过程，更确切地说，是人类社会不断探索公共资源有效分配智慧、构建社会发展终极价值的心灵漫旅。从西方公共行政产生以来，公共行政理论和范式不断发生改变，并不断凸显其价值特征，体现对伦理精神的诉求。新公共服务理论承续新公共行政的民主价值，认为人的尊严、信任、归属感、关心他人、服务以及基于共同理想和公共利益的公民意识等应该处于公共行政的核心地位，倡导一种以公民为中心的，以公共服务为宗旨的全新的公共行政范式。它并不排斥传统公共行政和新公共管理理论对效率价值的追求，而是将公共利益、公正、公平、回应性、尊重和承诺等价值置于效率之上。主张通过广泛的对话和公民参与来追求共同的价值观和公共利益，在一个多层次、复杂的民主体系中，公共行政必须以与此相应的职责、伦理和责任的方式来为公民服务，最大限度地实现社会公共利益。应该说，新公共服务理论和范式适应现代公共行政的伦理要求，最为充分地凸显了公共行政正义的三重伦理维度，即新公共服务理论体现了公共行政的民主价值追求和实现公共利益的现实目标，并在强调行政主体伦理责任的道德要求下实现公共行政，是一

---

① ［美］全钟燮：《公共行政的社会建构：解释与批判》，孙柏瑛等译，北京大学出版社2008年版，前言。

种人类历史上最接近公共行政本质、体现公共行政正义核心价值的行政模式。

　　公共行政正义价值是公共行政历史演进中核心价值的必然反映，正义核心价值体系的构建正是为了促进公共资源有效分配，向公共行政终极价值积极靠近的有益探索。理论的构建如此完美，但其实现的道路却是漫长的。公共行政正义核心价值如何得以实现，不完全是政府的事情，需要社会公众的认同与参与，需要通过与民众的对话与交流、理解与支持，并在达成一致的基础上共同努力才能实现。在某种程度上，公共行政正义价值的实现是公共行政民主价值与程序的体现，是公共行政正义合法性的必然要求，而且公共行政正义的义务论维度本身就内含了公共行政对民主政治的要求、体现了对民主价值的回应，要求以自由、平等的价值追求为目的。具体体现在为社会提供公共服务上，政府公共服务职能的履行都是为了人、服务人，以人的自由、平等的实现作为终极目标。另外，公共行政正义还体现为政府在行使公共权力时应尊重公民参与公共事务治理的意愿和能力，保障公民参政议政的基本权利，保护公民对公共事务治理的主动性和积极性，并通过一系列正义的规范来实现公民平等、自由地参与社会事务的管理。但正义核心价值的实现涉及价值理性的实践转换，要使理论的建构得以实现，不能因循理性建构的方法，而必须改变我们思考的角度，努力拓展社会实践的视域，因为正义价值是在现实的社会文化和政治环境中产生的，正义的实现与社会公众的利益休戚相关，必须依赖于社会民众的理解、支持与广泛的合作。

　　公共行政正义核心价值何以实现是一个需要在实践中不断探索的过程，但反思公共行政的理性建构及其局限性是寻找与探索核心价值实现路径的基础，只有厘清了公共行政理性构建与存在的局限性，才能避免在实践中将公共行政核心价值当作僵化的定律与衡准的标准，才能避免在追寻正义过程中的主观臆断与盲从，才能在不断的反思与互动中有效推进正义价值的实现。

三 公共行政的理性建构及其局限性

在公共行政的产生与发展过程中，官僚制起着非常重要的作用，其所建构的一整套以理性建构为中心的思维模式，奠定了整个公共行政的理论基础和话语体系，支配了公共行政研究和实践者的行动逻辑，引导着人们认识行政世界的价值。公共行政理性在建构过程中，"体现为一系列的假设、直觉、观念、方法、担忧和希望。正是这些东西形成了公共行政的认识，指导着公共行政的作为"①。一方面，理性建构背后所暗含着的是化约主义与通则化、理性计算与预期性、非人格化形式规章与规则的控制力等基本预设或价值评判，人们在认识论上倾向于将复杂多变的现实世界简约为超越时空的同质或相类似的物化形态，以此为前提，力图探求公共行政普适的准则与通用价值；另一方面，人们以效用最大化为目标，运用理性计算，选择偏好及其决策方案，以满足收益，回避损害；同时，人们崇尚非人格化形式规章与规则的控制力，倡导外在非人格的形式化法律与规章对于组织成员行为约束的作用，主张以组织规章制度维系组织命令指挥与服从系统的运作及其行政责任的传递过程。理性建构的公共行政宣扬的是物理主义或机械主义的世界观，这种世界观认为，存在于人类思维之外的物质的本体世界是客观、独立存在的，主体与客体是相互分离或对立的；在这个物质世界之间存在普适的准则或绝对的真理，并支配、控制着整个世界；这个物质世界可以化约为可以拆分和拼装，并按照其规律的排列组合方式连接和运转的一部机器；存在的"宰制"的科学观念，不仅主宰着人

---

① ［美］法默尔：《公共行政的语言：官僚制、现代性与后现代性》，吴琼译，中国人民大学出版社2005年版，第2页。

们的研究方法，而且还主宰着人们对自然操纵、控制、开发和使用的实践活动。①

实践证明，公共行政理性建构的思维模式和价值观推动了政府管理的功能分化以及科学化和规范化，确立了公共行政组织运作的基本制度规范。然而，理性建构的思维也同时将人们的认识局限在一个机械化的外部世界与主客体分离的框架里，倾向于将我们的思维方式与关系限制在实证主义和科层制的视域内，因而阻碍了我们理解社会现实、使用社会知识与发展民主的可能性，给人类的思维和知识发展带来了困境，这些困境主要体现在以下几个方面：

（1）物化的官僚体系和非人格化的公职人员。在公共行政理性建构中，官僚制组织被当作客观现象而存在，体现为对物化工具的追求，忽视其主体性意义，官僚体系被理解为由一系列职位、角色、层级、规则构成的体系。伴随着官僚组织的物化，担当履行组织任务角色的公职人员也在同步物化。在专业化分工、层级节制、向上负责、角色绩效、技术功能的规则世界里，公职人员是规则的遵从者、承载者和执行者，他们被物化为规则的工具和机器，丧失了自主伦理的关怀和意义的判断。全钟燮教授将官僚制所显示的被动因应问题、被动变迁和学习的特质看成是其组织制度化不可抵御的内在状态。②

（2）单向度的思考与单向度的人。理性建构的公共行政思维偏重于科学、分析和工具理性的立场取向，它将组织世界看作机械结构的连接体，将所有事务用理性分析工具进行分析、衡量和宰制，忽视默认的知识，扼制了人类直觉、情感、道德等主体因素的影响及其作用的发挥。因而，仅限于工具理性的单向度思考只能使人类

---

① 孙柏瑛：《反思公共行政的行动逻辑：理性建构与社会建构》，《江苏行政学院学报》2010年第3期。
② ［美］全钟燮：《公共行政：设计与问题解决》，黄曙曜译，台北：五南图书公司1994年版，第73页。

失去独立思考、自我反省和批判的能力，充满无力感，接受现状安排，服从于一体化的控制。其结果导致的是"单向度的人"的产生，正如马尔库塞所论及，当代工业社会是一个新型的集权主义社会，因为它成功地压制了这个社会中的反对派和反对意见，压制了人们内心中的否定性、批判性和超越性的向度，从而使这个社会成为一个单向度的社会，使生活其中的人成了单向度的人。马尔库塞认为这种社会管理是一种抑制性的社会管理，这种社会愈是合理、愈是有效、愈是技术性强、愈是全面，受管理的个人用以打破这种状态并获得自由的手段与方法愈是不可想象。① 因为对于个体而言，这样的需要是一种抑制性需要，这些需要取决于个人所无法控制的外力，这些需要的发展与满足受外界的支配，人们在满足自己需要的同时，独立思考、意志自由等批判功能在逐渐被剥夺。

（3）价值理性与人文关怀的缺失。政治与行政的二分彻底地剔除了公共行政的价值因素，公共行政也变成了一个纯粹的技术领域。公共行政理性建构关注效率以及达成效率的工具，将手段置换成为目的本身，"政府的活动仅限于行政上可以解决的技术问题"②。官僚体系作为一个"理性模型"，身在其中的公职人员只是一个个没有感情、简单机械地服从的"组织人"，行政人员作为主体性存在所具有的愿望、动机、情感与态度不受关注。囿于技术理性的公共行政管理丧失了人类诸如直觉、情感、沟通、理解等知识所提供的灵感，忽视了人类生活追求的终极需求，漠视对人们核心价值关怀的追问，使得公民权利、社会公正、公共利益、社会责任等价值理性被边缘化。其结果就是公职人员主体性和独立判断精神逐步丧失，加剧了惧怕问题，推诿责任的现象，降低了公职人员对公共政策人文精神实质内涵的敏感程度。

---

① ［美］马尔库塞：《单向度的人》，刘继译，上海译文出版社2006年版，第8页。
② Harbermas, *Knowledge and Human Interests*, Heinemann Educational Book Ltd., 1972, p. 103.

(4) 公共行政的合法性与抚慰民众的悖论。理性建构的公共行政将外部世界反客为主，而将人物化为工具，人的独立判断和批判能力大为降低，官僚制层级节制的制度设计，更强化了人在组织中的附属性。理性建构这一内在的性质从另一个方面论证了其使用控制、统治手段的合法性与合理性。在与民众的关系上，以自我为中心的官僚体系更习惯于用安抚取代参与的方式来回应民众的诉求，将公民参与视为异己力量，视为对他们利益的威胁而限制公民参与力量的形成，将民众界定在受抚慰者、公共服务消费者、公共事务麻木不仁者等角色上，缺少甚至拒绝对公民体验的感知和认同，强化官僚体系的封闭性与回应滞后性。① 然而，现实的公共行政在工具理性的导引下却逐渐出现了种种难以逾越的障碍，公共行政的合法性遭遇到空前的挑战。现代公共行政"对事不对人"和原子化的价值理念对人性的歪曲导致公众对政府的认同度降低，公众参与需求的日益提高与独白式政策对话之间的张力也加剧了公共行政合法性的丧失危机。随着公众素质的提高，其参与行政的需求也在提高，由于现代公共行政中存在的政策独白性的体制要素剥夺了公众参与的机会，而政府提供的各种参与机会，如听证会、"民主化"的政策分析等又是不真实的，"它实际上是在市民直接参与到精英政策制定者中制造距离"②，这使得公众参与与政策独白之间产生了巨大的张力，进而导致了公众对政府认同感的降低，公共行政的合法性面临着危机。另外，由于政府所提供的各类政策服务难以满足公众需求，以及屡见不鲜的政治丑闻、权力腐败与贪污渎职使人们对于政府公共行政的信心逐渐丧失，从而导致了公共行政的合法性危机。

---

① 孙柏瑛：《反思公共行政的行动逻辑：理性建构与社会建构》，《江苏行政学院学报》2010 年第 3 期。
② ［美］查尔斯·J. 福克斯、休·T. 米勒：《后现代公共行政——话语指向》，楚艳红等译，中国人民大学出版社 2002 年版，第 130 页。

不仅如此，行政组织或官员过分强调公共行政理性的工具性或技术性，忽视行政理性所内涵的价值理性，其结果还导致了"行政之恶"的普遍出现。行政之恶作为一种技术理性文化的现象，不仅仅局限于公共部门之中，而且在各种社会组织中也普遍地存在。美国的公共行政学者艾赅博和百里枫对"行政之恶"的界定是：第一，当今时代因其科学—分析心理定式以及解决社会政治问题的技术—理性方法，产生了行政之恶。行政之恶由于戴上了众多的面具，从而让普通大众可以心安理得地作恶，即使这不是他们的本意。第二，由于道德错位和行政之恶戴上了面具，人们会将行政之恶当作是善的和有价值的事情去做。第三，现代组织、社会与公共政策是最容易产生行政之恶的两种伪装面具，由于排除了伦理的要素而追求单一的工具性或技术性目标，使得公共组织和政策目标追求上出现错位。第四，公共服务伦理和职业伦理由于停留在科学—分析心理上，停留在解决行政与社会问题的技术—理性方法与职业本身上，因而面对行政之恶却无能为力。由于行政之恶的伪装，人们甚至有可能在坚持公共服务原则和职业伦理时，参与到更大的邪恶之中。面临行政之恶的同时，要想为公共服务伦理和职业伦理寻求一种道德基础是非常困难的。[①] 而在公共行政理性建构的话语体系中，人们难以反思或者根本不反思纯粹依靠技术理性来解决社会问题所可能带来的"行政之恶"。

从以上分析可以发现，传统公共行政理性建构带来的诸多困境和"行政之恶"，已无法适应当今多变的风险社会，使得公共行政理性建构成为被批判的主要原因。正如全钟燮教授指出，传统公共行政的理性建构体现了垂直管理、职业专家支配、物化的官僚制、安抚公众以及非此即彼的二元思维模式特征，这种体系显然适用于

[①] [美]艾赅博、百里枫：《揭开行政之恶》，白锐译，中央编译出版社2009年版，第21—22页。

一个稳定、连续、程序化、无例外与可预测的环境中。但是，在全球化推进与社会不可预期程度提高的今天，理性建构的公共行政无论是作为一种思维方式还是国家控制公共事务的管理方式，都无法解释当今社会现实，也无法提供适应公众需求的回应性的治理途径。① 福克斯与米勒也对传统公共行政提出了批评，认为传统公共行政是一个缺乏沟通的体系或话语霸权体系。在这个体系内，自上而下的指示、指令必须逐级执行，不容许有任何讨价还价，更不允许提出怀疑和表示异议。②

这种适应于稳定的组织环境，不需要太多创新，忽视主体间性，以自我为中心的理性建构话语体系在解释今天现实的行政世界与行政现象，驾驭并引导行政管理行动的方向时已显得力不从心，与动荡的、复杂的、高度不确定性的社会环境格格不入，也无法回应和有效解决社会公共问题。而要解决这个问题，需要培养一种对于公共机构、权力运用以及普遍文化的批判与反思的态度。正如艾赅博和百里枫所指出的："防止未来行政之恶的发生的责任，部分地在于理论家和实践家们，他们理解自己的角色和身份，能够抵制那些源于道德错位的充满吸引力的诡异诱惑，不至于为了解决目前公共生活中的众多难题而采取功利性或者意识形态味浓厚的办法。"③ 显然，如何避免或消除公共行政工具理性的局限性及其"行政之恶"，提高公共治理能力，需要我们全面深入地认识公共行政理性，将公共行政理性置于公共领域的监督和批判之下，以公共利益为旨归，其行政决策和行政管理才能在更大程度上体现公共

---

① [美] 全钟燮：《公共行政的社会建构：解释与批判》，孙柏瑛等译，北京大学出版社 2008 年版，译者前言。
② [美] 查尔斯·J. 福克斯、休·T. 米勒：《后现代公共行政——话语指向》，楚艳红等译，中国人民大学出版社 2003 年版，第 39 页。
③ [美] 艾赅博、百里枫：《揭开行政之恶》，白锐译，中央编译出版社 2009 年版，第 20 页。

性。这就迫切需要行政管理者通过与民众的互动、对话和信息分享，促成新的思维方式以及与民众的广泛合作，建构具有前瞻性与回应性、参与性与民主性并存，勇于承担责任的公共行政。为此，福克斯与米勒在对哈贝马斯交往行动理论和商议政治吸收和扬弃的基础上，提出了公共行政中的话语民主理论；法默尔提出了用想象替代理性的大胆设想；全钟燮教授则在批判理性官僚制的基础上，提出了公共行政的社会建构理论。

第三节　公共行政核心价值实现的后现代性超越

一　后现代视域下的公共行政

20世纪60—70年代以来，伴随着西方国家在经济、科技、社会、政治、文化诸方面的新变化，形成了一种新的社会文化思潮和思维方式，这就是后现代主义。虽然它脱胎于西方现代主义，但却具有反叛和批判现代主义的鲜明倾向，它将批判的矛头直指自启蒙运动以来直到20世纪现代主义的思想文化成果，倡导与现代性理论、话语和价值观相决裂。波林·罗思诺曾说过，"后现代主义像幽灵一样时常缠绕着当今的社会科学，在许多方面，几分可信几分荒诞的后现代方法对最近三十多年来的主流社会科学的基本假定及其研究成果提出诘难。后现代主义提出的挑战似乎无穷无尽"[①]，90年代，后现代主义思潮延伸到公共行政领域，产生了以法默尔、福克斯、米勒等为代表的后现代公共行政理论流派，他们对传统公共行政理论尤其是理性官僚制进行了较为全面深入的质疑和批判，在许多方面又继承和发扬了现代公共行政

---

① ［美］波林·玛丽·罗思诺：《后现代主义与社会科学》，张国清译，上海译文出版社1998年版，第1页。

的民主精神，是一种以强调否定性、非中心化、破碎性、反正统性、不确定性、非连续性和多样性为特征的思维方式。这些理论使得对公共行政学理论及其实践的研究拓展到了一个新的视域，公共行政核心价值的实现必须正视这一社会思潮和思维方式，并且还必须立足于这一研究视域，有效推进正义核心价值的实现。

后现代公共行政理论认为，传统公共行政模式已经无法适应以碎片化、多元论和相对主义等为特征的后现代的语境需要。后现代公共行政要走出这种理论困境，就必须构建新的理论框架，而且这个理论框架还必须背负起双重历史使命：一是能承受后现代的状况；二是能提出与民主理想相一致的主张，而后现代公共行政学者提出的话语理论就是这两者的结合。

（一）法默尔的探寻

作为后现代公共行政的代表人物，法默尔认为所谓公共行政理论，从某种意义上说，就是一种语言。语言不仅仅是用来表达和交流思想的思维工具，它还是观念、方法、直觉、假定和强烈欲望的加工厂，所有这一切构成了我们的世界观，塑造着我们的形态和人格。公共行政理论作为一种语言，不仅可以反映形成对公共行政的认识并指导公共行政实践的假定、直觉、方法及愿望，而且还可以通过重新整理和安排这种重要解释活动的可能性来为恢复公共行政理论的活力寻找发展机会。

在法默尔看来，现代主义和后现代主义是我们看待公共行政的两个基本视角或基本的语言范式。在现代主义的视角中，公共行政被建构为一种科学，一种技术，一种阐释，公共行政就是现代性的一个典型范例。现代公共行政理论关于公共官僚机构的语言范式不能很好地认识和解释官僚体制下的诸多问题，因为，现代性过于强调和依赖"科学""技术理性""唯一性"，这就很容易陷入"特殊主义""科学主义""技术主义"以及"企业逻辑"等的局限所形成的泥淖中，使得传统公共行政官僚体制和机构的弊端无法得到有效的革除。而在后现代主义的视角中，后现代公共行政被视为"是对现代性之核心思想的否定"，公共行政欲通过对"想象""解构""非领地化"和"变样"引导我们对公共行政理论进行后现代重建。法默尔主张采取一种反思性的研究方法，透过后现代主义的透镜，从特殊主义、科学主义、技术主义、企业精神以及解释学等方面对现代公共行政理论的局限性进行阐释，帮助人们超越现代公共行政理论的局限，使得未来公共官僚体制、机构能成为一种更加积极有力的力量，进而推动公共服务的有效改善。例如，法默尔认为，现代主义的语言范式下，公共行政及其他事实意味着工业化背景下的一种独特的交流方式（如私营与公共、政治与行政等的分离），当学者们运用这一视角来观察和分析行政，事实上是将行政的讨论范围局限在了一个很小的范围内。在法默尔看来，行政是一个多方面的概念，涉及的范围包括了公共部门和私人部门，当人们转换公共行政语言的范式，传统公共行政理论的局限性和短视的缺陷就能够得到一定程度的克服。

经过对现代性与后现代性这两种视角的反复对比，法默尔提出了"反行政"的理论主张。法默尔认为，"在现代性的心灵模式内思考公共行政，被认为就是去寻找可靠的知识，坐收已经牢固的理性思考之利。而在后现代性的心灵模式内思考公共行政，则被认为就是清理因抛弃被视作现代性的虚假认识和其他幻觉而来的根本后果"。因此，"后现代性意味着公共行政的所有谋划都应改变。这些改变是源自这样一个事实，即所有后现代行政都应把目标瞄准其职能的实施，且是以我们称作反行政的方式"[①]。法默尔这种反思性的

[①] ［美］法默尔：《公共行政的语言——官僚制、现代性和后现代性》，吴琼译，中国人民大学出版社2005年版，第372页。

语言范式是一种就公共官僚机构语言的潜在内容进行宽松协调的对话过程,将"重新整理和安排"对官僚体制的思考。

(二) 福克斯和米勒的分析

查尔斯·J. 福克斯和休·T. 米勒的《后现代公共行政——话语指向》从后现代的视角对现有公共行政模式即官僚制以及其替代模式进行了全面的观察和分析,指出了现有的公共行政理论的局限和问题,他们批评传统公共行政所主张的实证研究方法;挑战传统公共行政所认为的绝对权威;批判传统公共行政独白式的对话,致力于建构一种全新的公共行政的话语理论。福克斯和米勒在对传统治理模式成功解构的基础上,从公共能量场、话语的正当性和真实的话语形式等方面建构了自己的话语理论。

福克斯和米勒对传统的公共行政理论模式和实证主义研究方法提出了质疑,认为传统公共行政将民主、公正等价值因素排除在了公共行政的研究范畴之外,使得公共行政中的规则运行常常陷入失调从而不能有效地服务于民众的主权,使民主的愿望落空。他们主张运用知识获得的解释方法来进行分析和研究,认为分析者本身的立场对研究结果的影响至关重要,价值而非事实应当得到研究者的高度关注,本着这一认识,公共行政问题的解决就必须仰仗对话交谈,而不是所谓实证分析方法所运用的"客观"测量或者理性分析。

在福克斯和米勒看来,传统公共行政在实际运行过程中,其公共政策的达成和运行,主动权和控制权基本被掌握在官僚们的手中。政府及其官僚对公共政策话语权形成了独占权,使得公民为其所支配,无法参与到公共政策形成和运行的过程中,更无法对公共政策发挥实质性的影响,如此一来,公共政策只得幻变成为政府和官僚"少数精英人物"们偏爱的令人迷惑不解的符号,沦丧成为政府和官僚们的绝对权威和意识形态,最终,传统公共行政在实践运行中成为一种"独白式的对话",无法形成与民主理想相一致的主张。福克斯和米勒提出了一种概念体系——公共能量场作为话语理论的核心概念,以试图超越和包容现存的体制、组织和官僚制度。它和建立在层级控制模式基础上的官僚组织显著不同,后者对于诸如官僚制、组织化等概念所意指的结构的关注,可以看作是对非规则、存在于外部的、可能的骚乱力量的排斥。[1] 公共能量场是进行社会话语的场域,是公共政策得以制定和修订的场所。这一制定和修改的过程同时也是各种话语进行对抗性交流的过程,具有不同意向性的政策话语为获取意义和认同,不断在某一重复性的实践的语境中相互斗争。"在所有的谈判中,话语越好,政策就越好。真诚、切合情境、自主参与和实质性参与比说谎、自高自大、不赞同却又默认和妨碍议程要好得多。"[2] 因此,真实的话语是由交谈者的真诚、表达的清晰、表达内容的准确以及言论与讨论语境的相关性而严格限定的,这种理想交谈和交流能力避免了陷入后现代话语的无政府主义,从而能够有效地制定出政策。

在实际运作上,后现代公共行政认为传统公共行政理论中公共政策的达成,基本上是官僚们自说自话的过程,即使有公民的参与,这种参与也无法对公共政策发挥实质性影响。因为在传统的公共行政模式中,政府及其官僚垄断了话语霸权,他们用一些令人迷惑不解的符号取代它们源自的"现实",并且构成社会所共享的唯一的文化,公民基本上被这种话语所支配,因而不可能提出与政府政策不一致的对抗性政策建议,即使有这种建议,也没有正常表达的渠道,因而也就进入不了政策的对话过程中。后现代公共行政把这种对话称为"独白式的对话",显然,在这种独白式的对话基础

---

[1] [美]福克斯、米勒:《后现代公共行政——话语指向》,楚艳红等译,中国人民大学出版社2002年版,第9—10页。

[2] David John Farmer, *The Language of Public Administration Bureaucracy, Modernity, and Postmode-rnity*, University Alabama Press, 1995, pp. 1–157.

上产生的公共政策，只能是政府和官僚精英的政策偏好，而不是公民的政策偏好。针对"独白性的对话"，福克斯、米勒在对传统的公共行政模式以及替代模式进行全面的批判和解构的基础上，提出话语理论，并将话语形式归类为：少数人的对话、多数人的对话和一些人的对话。他们以真诚、切合情境的意向性、自主参与、具有实质意义的贡献为根据，认定只有一些人的对话才是真正的话语。

二 社会建构及其基本特征

"社会建构"一词是于20世纪70年代在S&TS（science and technology studies）中流行开来的。S&TS最初从彼得·伯杰（P. Berger）和托马斯·吕克曼（T. Luckmann）的一篇有关知识社会学的论文中引入该词："知识社会学热衷于对实在的社会建构进行分析。"[①] 伯杰和吕克曼在此所指称的"实在"是诸如制度与结构等因人的行动和态度而存在的社会实在，后社会建构所涉及的范围扩展到各个领域，事实、知识、理论、现象、科学、技术甚至社会本身都被宣称是建构起来的，并被认为是一种与后现代社会相适应的全新的哲学方式。社会建构论的基本观点是，某些领域的知识是我们的社会实践和社会制度的产物，或者说是我们建构起来的。其本质是一种社会批判，其中包括进步、反诘、揭露改良、反叛和革命等多种思想内涵。社会建构的方法论依据于认识论的解释主义，其基本理论预设体现为以下几个方面：[②] 第一，外在世界并不隔绝于主观世界。与理性建构根本不同的是，社会建构不承认存在着主客体完全隔绝的、非此即彼的二元世界。第二，外在世界被人类赋予了观念和意义。生活在历史和社会中的人赋予世界以"事实"，也

---

① P. Berger, T. Luckmann, *The Social Construction of Reality: A Treatise in the Sociology of Knowledge*, New York: Doubleday, 1966.
② 孙柏瑛：《反思公共行政的行动逻辑：理性建构与社会建构》，《江苏行政学院学报》2010年第3期。

赋予了现象、事实、图像、符号乃至观念以意义。第三，人们对现象与事实的认知、理解是有差异的，是多元的。每个人是在具体的历史、地域、情景和个人经验中体验、感受到"事实"。第四，主张怀疑、批判、自主判断和自我反省。人们基于主体性的观点不可能是绝对的。基于不同的体验，人们会得到不同的观点。概括地说，社会建构主义方法拒绝把一种思维逻辑强加于他人，反对理所当然的控制，而倡导人类主体间彼此认识和关怀。它认为，必须充分读取和理解个体（他人）的行动及其内在信念，关注产生个体行动的社会实践背景，才能建立人际交流、相互体验、感知需求和互动合作的基础。

社会建构具有以下基本特征：

（1）建构性。建构性是社会建构理论的最大特征和核心内容。人是人的生活世界的建构主体，主体是一个积极的行动者，人的生活世界是人的社会建构物，人的生活世界也建构着人自身。按照现象学的理解，公共行政的实践只有通过和发挥人的主观能动性才能现实存在，人们在互动中形成共识，并在这些共识的基础上形成更为广泛的共识。因此，公共行政的实践内容是有意识的，是主观建构的，并由此形成了社会建构者与事物之间的建构性的往复循环关系——相互建构。

（2）社会性。建构的"社会性"主要包括三个方面：建构的主体是社会性的；建构的过程不仅仅是一个心理活动，更是一个社会性活动，其中包括合作、争论、妥协等复杂的社会过程；建构的产物是集体智慧的分享与生成。在社会建构理论看来，大部分的社会"现实"都是"社会建构"的产物，区别于实证主义者认为的客观实在性，社会世界不能被理解为一系列可测量的客观物体，事实上是通过规范的建构而形成的"有组织的意义世界"。人们通过社会互动建构了世界的意义，有了社会互动和意义分享，一个新的行动含义便形成了。

（3）开放性。开放性的特征主要表现在通过对公共生活场域中行动的主体、主体体验及其赋予现实的意义，主要强调了主体间关系的价值。"人生产了实在并在生产实在中也生产了自身"，人在社会性地建构他物，也在社会性地建构自己。他物被建构的同时也被赋予了人的价值和目的，同时也是体现建构者的自我超越和主体性的过程。

（4）互动性。当我们愿意彼此交流的时候，就意味着我们在建构我们生活的这个世界。现象学表明，人们的认识产生于人们之间的互动，是互为主体的认识论，不同类型的知识都是人们外显、内隐的结合与统一。诠释学同样指出，功能学派简单地从客观的角度来理解社会现象是不全面的，它认为社会现象是感知到的社会现象，社会现象本身包含有主观性的成分，它不是纯粹的客观存在，人们倾向于根据自己的背景、经验和理解来认识社会现实，人们彼此之间能够通过社会互动来分享相同的观点和感受。于是，社会现实就被创造出来。因此，知识只有在人与人之间不断的持续互动中才能够产生和增长。

（5）反思性。社会建构不承认存在着主客体完全隔绝的、非此即彼的二元世界。社会建构主张采用反思、怀疑、批判、自主判断和自我省察的方式来认识世界。强调"个人知识"与"公共知识"的辩证融合，既是关于行动者的世界，也是一个反思的世界，搭建了认识世界的桥梁和通道。

三　后现代公共行政价值的社会建构

在人类科学思想史上，还从来没有一种思想和理论能像后现代主义那样具有如此强烈的批判精神和解构欲望，以至于当代主流学术领域，哲学、社会学、政治学、心理学，还有公共行政学等无不受到其冲击与挑战。然而，后现代主义在具备解构特性的同时，还具有明显的建构性。如果说"解构"在于批判和破解现代主义的话，而在破解过程中彰显出来的后现代思维碎片还需通过"立"来实现自我整合以获得合法性，这个自我整合的过程就是建构，准确地讲是社会建构，建构的主要内容是体系、范式与价值，其中又以价值为轴心。

公共行政经过数百年的变化与发展，其思想内容也发生着变化。以工业文明为背景的传统主流公共行政的理性价值及其话语体系，已经难以完全解释和反映当今现实公共行政的现象及其本质。因而，如何在汲取公共行政理性价值优势，修正其局限性的基础上，建立适应社会快速变化的公共行政社会建构理念，成为公共行政研究者和实践者关注的重大问题。现代公共行政由于其内在的固化思维，使得其自身缺乏内在的动力去寻求改变。公共行政的社会建构与理性建构不同，社会建构作为对现代公共行政的反思，通过多种建构途径，引入多治理主体，并在社会认识的知识基础上，将视野投向公共生活场域中行动的主体，注重主体体验并赋予现实以意义，强调主体间关系的价值，从而打破了官僚体系自我话语建构的模式，为公共行政组织与公众关系的重塑提供了方向，也为公共行政价值的实现提供了现实的依据与动力。

（一）后现代价值观的重建

马克斯·韦伯指出，我们的时代，是一个理性化、理智化，尤其是将世界之魅加以祛除的时代，我们这个时代的宿命，便是一切终极而最崇高的价值，已在社会生活中隐没；在这个祛魅的时代里，鼓荡心灵的诗和宗教化为虚空，但科学又不足以解决生命的根本问题，许多人在无法调适精神以应对现代世界的变迁之余，变得毫无生气而对生命无所担当。

实际上，现代科学从一开始就着手于"为自然祛魅"，二元论在使上帝的作用降低到除了作为世界的第一推动力以外别无他用的最低限度的同时,导致了自然神论的产生;而启蒙主义则将这种自然神论变成了无神论。这样,原先存在于世界中的魔力被祛除了。与此同时,"为自然祛魅"却带来了人类精神的丧失,人类的理想、目的、经验和价值也随着世界的祛魅而消失了,整个世界充满了冷酷的理性。然而,随着过去几十年现代科学的迅猛发展,它的负面效应也日益暴露出来了,"价值无涉"的现代科学不再被认为是万能的了。实际上,科学不能解决价值问题,更不能祛除价值问题。人类的许多价值关怀根本无法与客观世界划分绝对的界限,价值不是科学研究的任务并不能成为科学躲避价值问题的借口,任何科学研究的成果只要在实践中被运用,都会不可避免地遭遇到价值问题,即对社会主体有益还是有害的问题。而且随着现代社会的发展,尤其是后现代社会的来临,一方面人类旧的价值体系正处于崩塌的边缘,可能局部已经崩塌;而另一方面由于科学的祛魅特性要求价值上的无涉使得新的价值体系难以建构起来,人类面临着价值真空,而这种真空状态则使人类文明危机四伏。人类必须解决这一问题,除此之外别无选择。当然,可以肯定的是,将这一问题置于现代主义框架下是解决不了的,于是大卫·格里芬提出了一个解决办法,即让科学"返魅"。与现代主义的科学祛魅相反,后现代主义者认为科学与祛魅之间没有必然的因果联系,科学并不是一定要祛魅的,科学与价值之间也并不是水火不兼容的,这就是后现代主义价值观。①

(二) 后现代公共行政价值关系的重构

丹尼尔·贝尔认为,同前工业社会对付自然(game against nature)和工业社会对付制作的世界(game against fabricated nature)

---

① 参见章伟《解构与重构:后现代公共行政的价值考量》,《复旦学报》(社会科学版) 2005 年第 1 期。

不同,"后工业化社会的中心是服务——人的服务、职业和技术的服务,因而它的首要目标是处理人际关系(game between person)"①。不同于现代公共行政活动中的原子化的个人主义认知,在现代性语境中,公共行政活动中的人一般是全然独立的,人们各自根据理性自利的动机而行为,几乎不必考虑个体对于整体社会的道德责任,个人之间以及个人与组织之间的互动是纯粹的利益交换关系。在社会建构的公共行政视野里,人类对世界的认知是心物一体的,人类在认识客观世界并获取经验知识的过程中,也能够以其隐喻、价值观念和人格改变现实的世界,赋予世界以特定的意义。行动者不是被动的,而是积极、自主、主动和交互影响的,人们在交往、沟通中认识到主体间个体的意识,获得对交往情景的理解和彼此需求的判断。在公共行政管理领域,政府行政官员拥有完整的人格,拥有精神世界与伦理思考,因此,强调认识政府组织内外的主体间关系,强调发挥行政官员追求实质理性和人文关怀的主体责任,是社会建构的公共行政大厦的话语基础,也是公共行政价值关系在后现代视域中的重构,其主要特征表现在:

1. 后现代公共组织交往互动的行动场景

全钟燮在其《公共行政的社会建构》一书中,描绘了一幅公共组织的行动场景,在这一场景中,"一个公共组织成员通过交往互动、对话和话语体系创造了组织的现实,他们在认知自己以及认知周围日常互动环境的基础上持续工作,他们也可以在理解的基础上建构公众可供选择的问题解决方案。社会和组织的现实被建构或者被创造,这取决于作为人类的我们如何去定义、理解和解释这个我们生活的世界"②。公共行政的社会建构思想支持组织成员的自我治

---

① [美]丹尼尔·贝尔:《资本主义文化矛盾》,赵一凡等译,生活·读书·新知三联书店1989年版,第198页。
② [美]全钟燮:《公共行政的社会建构》,孙柏瑛等译,北京大学出版社2008年版,第44页。

理能力，即通过互动来维持社会（和组织）秩序的能力。我们无法独自在混乱的环境下理解现实，也不能独自重建组织秩序，我们需要在介入与他人交往的活动时，找到处理无序和紧张局面的方法。通过与他人发生联系，对他人做出回应，我们就能发现新的道路，创造新的可能性和新的办法，以此处理世界的无序和差异。作为人，通过我们的共同努力，通过我们的思想和知识，通过我们与他人的互动，我们创造着我们生活的这个世界，并在此休养生息。全钟燮教授认为，公共行政的社会建构本身很少关注政策制定者和管理者怎样做出决定和怎样控制机构中的人，它更多地关注人们是怎样建构和赋予他们的经验以特定的意义的，它关注这些意义又是怎样成为公共行政客观化的要素的，包括规则和规章、职位、角色、制度、组织简称、符号、分类和专业任务。社会建构本身就是一个学习的过程，在这个过程中，组织成员持续参与着思想和经验的共享，这样，他们就能更好地理解他人的观点。组织成员在社会学习的过程中，了解参与者多样的价值观与信仰，并且重新解释发生在过去和现在的各种事件。社会建构本身就是一个学习的过程，当个体批判性地反思和解释他人的经验和思想时，他就可能获得一种对他人世界的新的理解，正是"创造可供选择的价值和信仰体系来平衡他自己的价值观和信仰"[1]。

社会建构力图重塑人们对公共行政场景的认知方式，并促使行政管理者更加注重主体间的关系以及这些关系对于公共政策制定和执行所具有的意涵，发展行政管理者与政策利益相关者之间的相互体验、彼此理解，形成共同合作解决问题的机制。由此，公共组织的行动便成为其组织成员共同建构并赋予意义的过程。我们怎样与

---

[1] May L., *The Socially Respensive Self: Social Theory and Professional Ethics*, Chicago: University of Chicago Press, 1996, p.20. [美] 全钟燮：《公共行政的社会建构》，孙柏瑛等译，北京大学出版社 2008 年版，第 47 页。

他人发生联系,我们就会怎样建构我们的社会秩序,就会怎样建构这个将要生活在其中的未来世界。

2. 公共行政价值主客体的能动性与多元化参与

丹尼尔·贝尔指出,后工业化社会是一个群体社会,政府官员与公民之间的关系准则是合作和互惠,而不是协调与等级,因而"决议必须通过某种政治组织——不仅有政府,还有私人组织之间的集体磋商——而不是通过市场做出结论"[①]。后现代社会建构理论所呈现的是人类世界客观内容的互为主体性,无论是公共行政组织、行政官员还是社会公众,都拥有自己的价值观和判断公共政策是非的标准,拥有在一定社会环境中识别、判断公众需求以及转化成政策话语的能力。在社会建构的框架下,行政人员能够十分敏锐地建立正确的角色认知,并理解社会对其角色期待的变迁,作为人民的受托者,以追求公共利益为天职,能有意识地了解自己决策的价值体系与假设,并增强其他行动者和一般公众对公共事务性质的理解,辅助其建立对公共利益的正确概念。行政价值主体与客体能动性与后现代社会的分散化要求相适应,强调多元共生性,主张消解对立面,并通过对立面间的互参性和差异性而互释其意义,其后果便是行政权力日益分化,现代社会的集中化统治与权力的一元化独占态势被打破,取而代之的是多元化参与。

(三) 后现代公共政策的共同体价值取向

公共政策是公共行政价值取向的具体体现,是价值实现的重要组成部分。启蒙以来的人类社会秉持国家主义的价值导向,其公共政策必然体现为国家主义的特征。美国学者科布认为,这种国家主义具有两大特征:首先,它从政治组织的等级制中选择了某一特定的等级,赋予它全部统治权利。其次,它力图让所有其他社会集团

---

① [美] O.C.麦克斯怀特:《公共行政的合法性——一种话语分析》,吴琼译,中国人民大学出版社2002年版,第199页。

都服从并效忠于国家。① 然而，现实中的国家主义目标并没有取得完全成功，一方面，地方性和区域性的忠诚弱化了国家对任何更高权威的否定；另一方面，几乎所有国家宪法都允许公民享有结社自由，由此，"使权力集中于国家"的目标只在理论上具有意义。

后现代社会的公共政策价值取向发生了根本转变，即国家主义取向被共同体取向所替代。公共政策的共同体取向是以后现代社会新的个人与社会关系为理论基础的：第一，人类参与的社会并不仅仅是由人类组成的；第二，尽管我们（包括非人类的生命）是社会的产物，但我们并不只是产物。② 在此理论基础之上的后现代公共政策不再单纯以人类为中心，不再鼓励不惜一切代价来自私地发展人类自身，不再囿于单一模式发展，而是从人类所处的共同体整体出发，以实现全面、多赢的生态型发展。具体表现为：在经济政策上，人类必须从整个生产要素系统出发，来寻求土地可以承受并且各方面都能获得最大限度发展的生物区经济政策，科布称之为"共同体经济学"；在政治政策上，政府权力日益相对化，政府决策权力日益分割或分化，社会、市场、第三部门等开始分享政府权力，国家不再仅仅服从于某一特殊利益，而且政府权力相对化还需另外一种形式，即全球化，当然这只存在于跨国界事务方面。概括而言，后现代公共政策的共同体价值取向就是以共同体的所有成员最大限度的参与为起点，以共同体所有成员的利益共赢为落脚点的一种价值取向。③

---

① ［美］大卫·雷·格里芬：《后现代精神》，王成兵译，中央编译出版社1998年版，第152页。
② 同上书，第156页。
③ 章伟：《解构与重构：后现代公共行政的价值考量》，《复旦学报》（社会科学版）2005年第1期。

（四）后现代公共行政价值社会建构的途径

后现代公共行政的社会建构就是对公共行政进行解读，找到其内在的公共性方向，然后通过不同的主体参与到行政过程中来，实现对公共行政及其价值的重新构建，使公共行政能够更好地服务于其对象，从而也更好地促进公共行政价值的实现。公共行政的社会建构主要通过以下几种途径来实现：

分权与权力分享。理论上政府只是权力机关的执行机构，但是在实际操作中，政府拥有的权力是十分大的。公共行政的社会构建是一种民主参与和治理的过程，如果没有权力的下放和权力分享，民主的社会构建就不可能实现。分权与权力分享包含了两个层面的含义：中央政府层面，政府要把权力下放到地方政府层面，但是在权力下放的过程中，中央政府将职能委派给地方权威机构却没有提供足够的资源，地方权威机构完全受到中央政府的支配和掌控，这就使得地方政府失去自主性，分权就丧失了民主含义。合理的分权能够充分调动地方政府的积极性。对于地方政府而言，获得分权后，要知道如何培养自己的民众，创造合适的条件让其参与到行政过程中来。

强化非主题讨论的实践。由政府发起的变革项目大多具有外在的要素，此类要素为参与者提供了某些主题性的经验。但是，政府层面发起的主题性要素经常受到民众的抵制与不理解，其原因是这些主题性的要素缺乏沟通和理解。民主的社会建构依赖一个过程，这一过程促进持续的互动和连续的关系，倡导批判和反思行动，强调包容姑息反对声音的真正对话与话语。非主题的讨论能够使得民众更好地说出其心声，表达其利益。在社会建构的过程中，主题性的体验和非主题性的体验都应被纳入到治理过程民主化的进程中来。①

---

① ［美］全钟燮：《公共行政的社会建构》，孙柏瑛等译，北京大学出版社 2008 年版，第 185 页。

促进信心和信任。现代公共行政之所以遇到那么多的问题,一个重要的原因是复杂的官僚制把民众排除在行政过程之外,民众对政府丧失了信任和信心。但是,在组织成员之间、组织成员和公民之间相互信任的关系,对组织的生存有着极其重要的作用。缺乏信任,成员之间的合作共事就会产生问题。现代公共行政,由于政府官员的一些伦理失范,导致公民对其信任的丧失,这对行政过程来说是有害的。后现代公共行政的社会建构,就是重塑官员的伦理和道德标准,加强对其行为的约束。社会建构使得行政过程变得更加开放,它让民众参与到行政过程中来,重新树立民众对政府的信任和信心。

四 公共行政社会建构与核心价值实现

公共行政价值的制定与实现过程不仅仅是工具理性的分析和运用过程,更是一个社会建构的过程。其实质在于,价值目标及其各种替代方案确立是基于不同体验和实践的人们意义建构和意义塑造的结果。持续的主体间交互作用构成了公共行政价值实现的基础,促进了公共行政价值实现的互动和交互影响,并在参与者的对话和民主协商中推进公共行政价值实现的历程。对于正义,一般来说,人们倾向于接受一个一般性的正义理论的推理框架,并调动所有的思想资源结合实践论证来证明这一理论框架的科学性与完备性。如何实现其正义理论往往在其理论构建中缺乏相应的审视,而正义的实现及其路径选择不仅是正义理论构建的重要内容,也是正义理论在实践中得以矫正和完善的必然通道。由于价值的实现过程涉及多元的利益相关人,而价值的参与者持有各自的利益、知识、经历、资源和权力,因此,核心价值的建构和确立过程必然充满着政治性和利益博弈,沟通协商、利益斡旋、冲突化解成为公共行政核心价值制定与实现过程的必然路径选择。在这样的设计中,无论是行政管理者，还是公共管理参与者都需要具有更加明确的社会责任，更加高超的公共伦理精神和公共治理技能，发展行政管理者与政策利益相关者之间的相互体验、彼此理解，形成共同合作解决问题的机制。即行政人员的角色要求学习理解和解释社会关系和行动环境，学习提升彼此体验和共享的能力，学习以长期互惠（前瞻性）的思维方式化解行政过程中的问题困局，正义核心价值的实现才有可能。概括来说，社会建构理论为公共行政核心价值实现提供了一种思路，一个框架，一种路径，一种方法。

（1）社会建构为核心价值实现提供了一种思路。传统公共行政主流所强调的管理主义取向总体上已经不能适应现实社会，公共行政中有效率的管理以及技术的实施虽然必要，但还必须运用不同于以往的解释性、批判性和定性的思考途径，同时还必须充分理解现实的社会、文化和政治环境。解释性实质推理和批判性实质推理对公共行政的贡献，表现在它们为公共行政问题的解决提供了可供选择的思考与推理路径，为公共行政人员得到更为合适的解决公共行政问题的答案提供了新的、可行的方法。即使在公共行政决策与行动中不可能达到批判性综合的目标，但至少可以超越单一的工具性思维，获得对价值多元、充满差异性的社会现实的更好的理解，从而制定更能彰显公共行政正义价值的行政决策。

（2）社会建构为公共行政核心价值的实现提供了一个框架。社会建构作为一个框架，它不仅仅是为现代公共行政提供一种思路，也为现代公共行政核心价值的实现提供了完整的框架。社会建构的最突出特点就是寻求对话和协商，行政不再单纯的是政府部门的事情，民众也不仅仅是行政管理的对象，公共行政核心价值的实现，既是政府的事情也是民众的事情。社会建构为正义核心价值的实现提供了一个框架，在这个框架下，价值实现是一种多主体互动的过程。

（3）社会建构为核心价值实现提供了一种路径，承诺通过民主过程来实现变革和解决价值冲突，通过公民参与互动共同追求核心价值的实现。现代公共行政的一个局限就是丧失了其民主的内涵。物化和复杂的官僚制导致一般的民众和治理主体难以进入到行政过程中来，这就导致了公共行政的不民主。公共行政的社会建构，旨在将社会力量纳入到行政过程中来，给公民充分表达自己观点的机会，使行政更具有民主的倾向，从而更为充分地表达民众对于公共行政的价值诉求，更有效地推动核心价值的实现。

（4）社会建构为核心价值实现提供了一种方法。公共行政伦理责任的履行是核心价值实现的关键，如何确立公共行政伦理责任，如何消解公共行政伦理责任冲突，是现代性理论及公共行政工具理性难以克服的顽症。社会建构理论鼓励人们的参与和奉献，强调无论是行政管理者还是公共管理参与者都需要具有明确的公共伦理责任和公共伦理精神，内在的信念、价值与个性特征组成的内在动力将促进行政管理者与政策利益相关者之间的相互体验、彼此理解，促进彼此主观伦理责任的履行，更为自觉地将正义的实现作为责任选择时的首要考虑因素。公共行政伦理责任的社会建构为公共行政核心价值的实现提供了一种具体的、可操作性的方法与途径。在与他人的交往与互动中公共行政人员的伦理责任得以塑造和确立，从而促进行政正义核心价值的实现。

第四节　公共行政伦理责任及其社会建构

现代民主社会强调民主政治，而民主政治既是法治政治，也是责任政治。因此，建立一个负责任的政府是现代民主政治国家责任政治的产物。一般认为，责任政府的责任是以政治责任、法律责任、行政责任和伦理责任的形式来体现政府对人民负责和对法律负责的根本要求的。其中，行政伦理责任及其实现则成为行政伦理的基本问题，也是公共行政正义实现的根本保障。行政实践中，行政伦理主体不仅经常要在善恶之间、是非之间做出道德选择，而且还常常面临着在是与是之间、善与善之间进行一种非此即彼的选择，这种情形被称为"伦理困境"。行政伦理主体身处"困境"和常常在困境中做出"悲剧性抉择"是当今公共行政的主要特征之一，也是阻碍公共行政正义核心价值实现的主要表现。

基于伦理冲突的深刻性和普遍性，西方的行政伦理研究试图厘清社会体系中复杂的行政伦理关系，并对由此产生的责任与道德的冲突进行沟通与调解。这种研究所呈现的是一种异质文化与制度下解决行政伦理冲突的理论思路与对策，为我国的行政伦理研究与建设提供了可借鉴的伦理冲突救治模式。对此，国内不少学者呼吁要加强伦理冲突问题的研究，认为行政伦理学就应该研究这些冲突的表现形式、冲突发生的背景，并为冲突的缓和与最终解决提供伦理的指导与有道德感的归属。还有学者把伦理责任冲突问题确定为中国行政伦理的实质问题，"真正的行政伦理问题是如何处理现实行政伦理关系中必然发生的矛盾和冲突，如何走出行政主体的行为选择所面临的伦理取向的两难境地"[①]。在面临行政伦理困境时，行政伦理主体能否做出合理的伦理抉择，选择负责任的伦理行为，直接关系到公共政策的公共性和有效性，关系到公共利益的实现，进而关系到公共行政核心价值的实现。因此，研究伦理责任困境以及如何化解这种伦理困境，对于促使行政人员做出负责任的行政行为选择，实现公共行政正义核心价值具有重大现实意义。

一 公共行政伦理责任的内涵

作为政府责任的一种形式，公共行政伦理责任的内涵如同其他

---

① 刘可风：《论中国行政伦理问题及其实质》，《武汉大学学报》2003年第3期。

政治理念一样，人们对它的阐释没有一个完全一致的定论。崇尚实证研究的西方伦理学家对于公共行政伦理责任从不同的视角进行了探讨，其探究视角及其研究成果对于同样面临着公共行政伦理责任履行这一基本问题的中国，极具参考和借鉴意义。

费里茨·马克思（Marx F.）通过对行政责任的解释揭示了行政责任所具有的伦理要素："行政责任的核心是一个统一的义务观念。它由意识形态的和专业的规则构成；是行政官员自主做出的牺牲个人偏好以贯彻法规政策的一种决断；是对人民及其根据利益的一种觉醒的遵从意识。行政责任发自一种忠诚的服务态度。对于这种态度的形塑，官员的伦理观念是唯一的且十分重要的要素。"[①] 美国行政学者哈特（David K. Hart）对政府公共行政人员的行政伦理责任进行了论证，指出行政伦理责任依据的原则是：（1）重视道德。必须站在道德立场，坚守立国精神与公众所委托的责任。（2）关爱公民。应尽量克服困难，真心关爱所服务的公民。并与公民之间建立信任关系。（3）道德企业主义。应建立官民之间的信任关系。如果公民与政府之间缺乏信任感，要保护的自由与培养公民的公德实有困难。（4）权责并重。享有权利者应尽义务乃是最起码的道德作风。[②]

美国公共行政学会于1985年发表十二条伦理法典，也揭示了公务人员的行政伦理责任的内容：（1）公务员执行公务，应表现出最高标准的清廉、真诚、正直、刚毅等特质，激发其民众对政府的信任。（2）公务员个人不能运用不当的方式，去执行职务而获得利益。（3）公务员不应有抵触职务行为的利益或实际行为。（4）公务员要支持、执行凭业绩提升并向弱势倾斜的用人计划，

---

① Marx F., *Public Management in the New Democracy*, New York: Harper & Brothers, 1940, p. 251.

② David K. Hart, "The Virtuous Citizen, The Honorable Bureaucrat, and 'Public' Administration", *Public Administration Review*, Vol. 44, Special Issue, 1984.

确保社会各阶层适合人士均能获得服务公职的平等任用和升迁机会。(5) 公务员要消除所有歧视,欺诈,公款管理不善行为,并负责对主管此事的同人,在困难时予以肯定支持。(6) 公务员要以尊敬、关怀、谦恭、回应的态度,为民服务,树立公共服务要高于为自己服务的意识。(7) 公务员要努力充实个人的专业卓越,并鼓励各类公务员的专业发展和服务公职的意愿。(8) 公务员要用积极的态度及建设性的具有开放、创造、奉献、仁慈等精神,履行行政组织及其运作的职责。(9) 公务员要自尊并保守公务机密。(10) 公务员在法律授权内进行行政裁量,增进公共利益。(11) 公务员要有随时处理新问题、以专业能力公正无私、高效管理公共事务的能力。(12) 公务员要支持、研究有关行政机关、公务员、服务对象、全国民众四者之间关系的联邦和各州的宪法和法律。①

行政伦理学者库珀则从主观责任和客观责任两个方面对行政伦理责任进行了分析。客观责任是与行政主体职责相关的责任,来源于法律、组织机构、社会对于行政管理活动主体的合理期待,这是一种具有强制性的外部强加于个人的责任。客观责任是由行政主体所处的特定的行政管理角色地位决定的,是其特定角色所应履行的义务。主观责任是一个人出于良知信念而对于自己职业责任所形成的一种责任意识。主观责任来源于从事行政管理活动者的信仰、信念,根植于个人的良知,它是个人职业道德与个人良知的具体体现。主观责任包括行政主体的价值观、信念和态度,其是价值观、信念和态度的外在表现。②

上述学者们对行政责任及行政伦理责任内涵的论证分析,表明

---

① Appendix, "American Society for Public Administration Code of Ethic", *International Journal of Public Administration*, Vol. 12, No. 6, 1989, pp. 971 – 972.
② [美] 特里·L. 库珀:《行政伦理学:实现行政责任的途径》,张秀琴译,中国人民大学出版社 2001 年版,第 63—84 页。

责任是一个内涵极其丰富的范畴，而对责任范畴的使用都离不开其内在的伦理意蕴。从某种意义上看，责任本身就与伦理的义务范畴存在着某种规定与被规定的关系，责任与伦理之间有着天然的不可分割的联系。在现代社会中，责任是指应该做好自己分内的事，并为自己失职的行为承担后果，接受谴责和惩罚。责任具有职责、使命之意，既包含了必然，也体现了应然。在此意义上，所谓公共行政伦理责任，是指行政主体依法行使行政权力、从事公共事务管理时必须承担的道德意义上的责任。公共行政伦理责任表现为行政主体对责任的自觉认识和行为上的主动选择，主要通过行政主体在增强工作责任心和职业道德水平的基础上，不断对自身进行反省悔过和自我责备，表现为一种内在的约束机制。

二 公共行政伦理责任冲突及其表现形式

伦理冲突是行政伦理学领域中的一种特殊现象，是行政伦理主体在行政行为选择时面临的伦理价值观念、伦理规范准则相互矛盾或冲突时所处的一种两难境地。行政行为中的伦理冲突并非简单的是非对错选择，也不是合法与否的判断，而是多重价值、规范相互纠结、冲突的结果，当行政人员面对多元的、复杂的、相互冲突的多重价值时，往往要面临为了实现某一价值而放弃另一价值的选择，这种时候就会出现行政伦理冲突的困境。例如，行政人员在效忠组织的义务与维护公众利益的职责之间，在遵守法律的规定和执行上级的指示之间，在履行多重义务或兑现责任之间，经常会出现尖锐的冲突与张力。在这种张力下，往往顾及了组织就放弃了公众，服从了上级的命令就牺牲了法律的精神。这种"顾此失彼"的两难境地，使得行政人员的伦理选择趋向复杂化。

一般而言，公共行政伦理责任冲突可大体分为两类：价值选择冲突与行为选择冲突。而价值选择冲突是行为选择冲突的基础，行为选择冲突是价值选择冲突的表现。下面是几种常见的行为选择冲突表现形式。

(一) 对公共利益负责与对公共组织负责的冲突

对公共行政来讲，公共利益是目标而非副产品。公共行政人员必须致力于实现共享的公共利益。在社会分工之后，之所以保留了公共行政这个领域，就预示着其有着特定的功能。这个特定的功能就是公共行政人员要摆脱公民集体行动的困境，实现共同的公共利益。但是行政人员作为公共组织的成员，承担着组织的任务，他势必要忠于职守，严格纪律，服从命令等，这些既是公共行政人员的基本职业要求，也是其基本的职业美德。在一般意义上，对公共利益负责和对公共组织负责在根本上是一致的。但由于公共利益较特定的公共组织利益更多样，这样就可能产生冲突。因此，这种冲突实际上是公共利益的某一方面和其他方面的冲突。当公共行政人员所在的公共组织做出的决策不合时宜时，公共行政人员就存在着这样的两难选择：执行政策将损害公共利益，不执行政策就意味着对组织的不忠诚。

(二) 履行本位职责和履行社会职责的冲突

本位职责是与公共行政人员在科层制中所处的位置相匹配的责任和义务，而社会职责则是每个社会成员都应承担的社会职责和义务。通常地，公共行政人员的本位职责和社会职责的指向是相一致的，因为本位职责是社会职责分配到各个角色中的具体职责，只有每个人本位职责的践履，最终才能保证社会职责得以履行。但是由于本位职责和社会职责在现实生活中往往表现为局部利益与整体利益，眼前利益与长远利益之间的关系，以致公共行政人员在认知能力和意志力出现偏差时出现二者之间的抵牾。加之在我国现行的公务员绩效考核体系中，本位职责的表现通常直接与个人的绩效评估结果相挂钩，更激化了人们在行政管理过程中以本位职责替代、取代社会职责的可能，导致二者之间的矛盾加剧。因此，如何处理本位职责和社会职责之间的冲突，考验着每个公共行政人员的觉悟和价值定位。

(三) 追求个人正当权益和追求公共利益的冲突

公共行政人员之所以会出现个人正当利益和公共利益的冲突，原因并不能归结为公共行政人员在利益取向上的个人中心主义，而是与现代社会的结构息息相关。一方面，现代社会使个体获得了极大的解放，使其能够真实地感受并追求自己的存在意义；另一方面，现代社会是一个高度相关和相互依赖的社会，在这种社会结构中的个体都会感受到社会对其的要求，而且这种要求常常置于个人之上。当个体进入公共行政领域时，这种感觉就更强烈。因为他们手中掌有公共权力，所以比普通社会成员面临着更多的权利自我扩展的诱惑。作为现代社会的一员，公共行政人员有权追求自己的正当利益。维护自己正当的基本权益，在现代社会即使不能说是充分善的，至少也是合法正当的。但是作为行政管理的主体，他们首要的职责应该是为公众谋福利。这样，公共行政人员作为普通社会成员和公职人员的利益就会发生冲突，尽管他们追求的个人利益是正当的。也就是说公共行政人员的个人利益必须无条件地服从公共利益。对此，国内有学者提出了"公共行政拒绝权利"的思路来解决这个矛盾，这是一种全新的措施，但实施起来难度极大。

(四) 无条件地执行规章与适应现实情况灵活变通的冲突

政府的一切权力来自明确的法律授权，即通过法律一一予以列举，没有法律授权的行使权力均属违法，因而严格地、无条件地执行法律、规章应当是行政人员恪守的义务。但行政管理的对象常常会有各种情况发生，有些从没有出现过，有些情况又涉及种种复杂关系，也就是说，法律法规一旦制定出来就是既定的，而现实却是始终变化的，一定情况下适应现实的灵活变通更有利于增进公共利益，不过允许这种灵活的变通，也极有可能被滥用，反而损害公共利益。类似的情形还有对自由裁量权的行使，自由裁量权是现代公共行政不可缺少的组成部分，有其存在的必然性与合理性，但它又是一把"双刃剑"，不可避免地存在着权力被滥用、行政自由裁量权道德异化的风险。

（五）任期制的困境

政府官员的权力是公权，因而不能允许任何人终身完全垄断，将其私有化，所以必须实行任期的限制。任期制的问题是任期过短，则必然导致短期行为，突击性、掠夺性、不计成本、不计税费负担地搞政绩工程、形象工程，同时也使得真正希望有所作为的人没有所为，因为一要调查研究、了解情况，二要制定方案、说服他人接受，三要具体实施，最后才能有成效，任期短则不可能圆满地完成这些。任期较长又有可能导致惰性增长、组织僵化、网罗亲信，甚至有些弄权者结党营私、为非作歹、称霸一方。制度上可以对这种情况采取一定的防范措施，然而，由于任期长，权力拥有者人事网络较齐整，其信息掌握更完全、更及时、更快捷、更方便，从而使得机会主义与败德违法行为难以及时矫正。

三 救治公共行政伦理责任冲突的伦理方法

当发生伦理冲突时，行政伦理主体在经过了伦理思考阶段并进行伦理选择时还必须辅以必要的伦理选择方法，如果行政伦理主体缺乏对伦理冲突方法的了解与把握，行政伦理行为就不能得到切实的实现，也就难以实现对行政伦理冲突的消解与救治。因而，伦理选择的真正获得就有赖于伦理冲突的合理解决。那么，应该如何化解公共行政伦理冲突呢？

除了必须正确看待行政行为选择中的功利价值、正确处理行政选择中的目的与手段的关系、正确把握伦理妥协问题外，国内还有学者认为，认识和克服伦理冲突最基本的方法是要坚持从具体的伦理境遇出发，坚持比较选择的原则，坚持优先选择的原则，来做出相应的伦理选择。美国行政学者库珀沿用西方行政学传统，将应对伦理冲突、实现负责任的伦理行为分为两个维度，即改革外部控制资源（法律、组织制度和规章等）和培养内部控制资源（个人的价值观、信仰等）。这些观点确定了处理各类冲突的标准或者说是准则，并为分析当代行政世界缤纷复杂的伦理困境和伦理冲突问题提供了极具参考性的指导框架。然而，随着社会的全球化、多元化和动态化，这些准则将遇到挑战，如果硬性照搬套用，结果难免削足适履。库珀的内外部控制论被称为是一种"负责任的行政模式"，因为，此类模式给予了法律程序、组织制度建设方面的保障和行政人员个体伦理自主性的支持。可问题在于有了内部和外部的途径保证，行政主体并不一定能适时有效地解决各种伦理冲突。该模式未能指向冲突解决的核心层面——方法论层面。库珀也一再强调，他无意于并事实上也不可能提供一种终极的体系式的方法，这样的"模式"旨在提醒人们，在面临具体的伦理冲突时，要尽可能多地发挥自己的道德想象力，设想出更多的与具体情境相关的道德问题及其可供选择的决策方案，以便最终找到最合适的决策方法。

所以，分析和解决伦理冲突的关键，是在确立一些程序指导原则、实施制度建设和个体伦理建设的基础之上，还要深入全面地研究和探讨具体的方法，使各方的争论能够在同一话语空间和对话平台上展开。公共行政的过程，就是分析伦理争议和解决伦理冲突，达成伦理共识的过程。从实践的角度看，解决伦理问题需要一个基本的伦理方法模式，这种模式是程序和方法的统一体。

构建完整的消解行政伦理冲突的方法论模式不是唯一的。正如库珀所指出的,"没有一种模式(包括此模式在内)能够给你提供一个可能最'准确'的决策,但它却能提供一个样板,该样板有助于具体的个体在具体的情况中(即具有不确定因素和时间限制的现实的行政事务)创造性地设计最好的决策。就像在任何一种设计过程中一样,该决策设计中,应该具有应急的行动过程、提供几种可替代的同步的或连续的方案,直至能较为清楚地表达出结论。伦理问题和交通运输问题、建筑问题及外科手术问题等其他问题一样具有本质上的动态性,因此,你必须准备随时间和事件的变化而改变你的处理办法"①。

伦理分析方法的应用是一个过程。针对不同的具体伦理冲突场景,具有各不相同的应用方法、步骤和技巧。但不同冲突场景的伦理分析方法和分析过程在操作上总是存在着某些共同性,一般说来,基本方法和操作步骤包括以下方五个面。②

第一,认识和描述伦理冲突问题。主要是对伦理冲突进行质与量上的考量和把握:真实的冲突还是虚假的冲突?是属于公共行政全局性的问题,还是哪一个方面的具体问题,是制度还是行为,是决策过程还是执行过程,等等。分析总是从具体的对象开始的,而公共行政活动中的冲突总是错综复杂的各种事项的结合体,只有把分析对象的事实确定,进行聚焦、分析,才是准确的、深入的,从而为解决冲突提供认识论上的科学依据。

第二,利益分析方法。伦理分析本质上是利益关系分析,公共行政维护和调整的是公共利益。但是,这种公共利益体现在诸多方面,形成多种利益关系,涉及诸多利益相关方面,会带来多

---

① [美]特里·L. 库珀:《行政伦理学:实现行政责任的途径》(第4版),张秀琴译,中国人民大学出版社2001年版,第19页。
② 丁秋玲:《行政伦理价值冲突及其消解》,《江西社会科学》2009年第9期。

方面的利益冲突。有总体利益和部门利益的冲突，有公共部门利益和公民利益的对立，部门之间、部门内部的人员也存在利益差别。利益关系分析就是要明确公共行政活动中的各种具体伦理冲突涉及哪些层次利益主体，将采取何种方法和措施协调利益争端，以及对利益关系的调整是否公平和公正，是否是维护和坚持公共利益。利益分析的具体方法是多种多样的，需要根据分析对象的性质和特征确定。

第三，进行道德判断。在正确分析利益关系的基础上，就要对各种伦理冲突的属性做出道德判断，确定其伦理化程度和水平高低。公共行政和行政伦理不是凝固的，而是一个不断发展的动态过程。各种具体的实际的伦理冲突总是存在于一定的公共行政和伦理发展阶段，也总要表现出不同时代阶段的道德属性和特质。因而，要对其进行准确的判断和定位。

第四，确定可供选择的方法，就是要采取发散型思维，要尽可能多地发挥自己的道德想象力，设想出更多的与具体冲突情境相关的道德问题及可供选择的决策方案，这些方法都应当是解决该伦理问题的适用方法，但是，是否是最佳方案还需要对方法进行比较、评价。

第五，层级量化和兼容互利方法。在解决公共行政伦理困境时，关键是要判别公共行政中伦理冲突双方的价值的大小。即是要正确地规定这些公共行政伦理价值的等级次序，以便在伦理价值之间发生冲突的情形下，人们能够优先选择某一或某些法则，从而顺利而又合乎伦理地解决冲突。寻求兼容互利的做法，是寻求不同利益之间的交换和替代关系，寻求高于有关利益冲突之上的更高利益（最高利益），寻找各种利益协调和平衡的可能。我们认为，在公共行政的现实条件下，要合理地解决公共行政伦理冲突，必须兼顾整体利益与个体利益、全局利益与局部利益、长远利益与眼前利益，力求冲突双方两利。长期以来，人们的观念中有一个重大的误区，似乎整体与个体、全局与局部、长远与近期是完全对立、不可兼顾的。实际上，除极少数极端情况外，在大多数情况下两者是相互促进、相得益彰的。

提出行政行为的伦理责任选择模式，是从理性的角度证明行政行为伦理选择的可能性。当然这种选择模式的实践意义同样也存在，正如库珀教授所指出的，"通过使用这一模式，我们获得了更高的伦理自主性，因为我们变得对自己的价值观更为清楚，也更能清楚地意识到外部（我们在其中活动）的义务。一旦我们培养成了直觉技巧，就有可能在需要的时候将我们的行为理由上升为有意识的思考"[1]。总之，明确行政伦理冲突思考的层次及其伦理选择，进而寻求适当的伦理责任冲突处理方法和技巧，将行政伦理境界的升华与伦理能力的提升结合起来，是有效处理行政伦理冲突问题不可缺少的一个环节。然而，公共行政人员如何保持自己的伦理自主性，他们如何判定自己通过以上方法获得的结论是正确可行的，其冲突解决方案是否真正体现了社会公众的需要，并体现了正义核心价值的要求？这些解决方案能否最终得以实现？对这些问题的回答又意味着仅有自主的伦理思考与选择是不够的，还需要有一种在实践中可操作的方法与途径促进伦理责任的实现。

一般来说，伦理选择是个体自主选择的结果，但伦理责任是个体在与他人的社会交往中确立起来的。阿伦·沃尔夫（Alan Wolfe）在关于社会伦理构建的论点中指出："个人通过与其他人的社会交往而产生了他们自己的道德准则。"[2] 这表明，公共行政人员伦理责

---

[1] ［美］特里·L. 库珀：《行政伦理学：实现行政责任的途径》（第4版），张秀琴译，中国人民大学出版社2001年版，第27页。

[2] Alan Wolfe, *Whose, Keeper? Social Science and Moral Obligation*, Berkerley: University of California Press, 1989, p. 212.

任的确立离不开与他人的交往与互动，正如全钟燮教授所言："这样，个体通过在冲突环境中做正确的事情，或者个体通过与其他与他们观点相同或不同的人们之间的相互交流或者沟通，伦理责任的意义才能塑造起来。"① 也就是说，伦理责任的选择与实现是通过个人动态、持续不断的自我培养和自我规范的一个反思过程，而这一过程是在全社会中构建起来的。

四 公共行政伦理责任的社会建构

公共行政人员承担的行政责任基本上都与伦理有关，伦理判断是公共行政内在固有的特征。在公共行政人员参与的所有需要解决的问题中，例如价值冲突、行为冲突中，最终都需要回复到一个原点：负责任的伦理选择与实现。"公共行政的伦理方面需要个人和集体在行政管理的所有角色方面都具有负责任的表现。这必定会成为一个固定不变的职业承诺，它远不是仅仅简单应用已有的准则和规定的伦理操守。"② 伦理责任的确立与实现是解决所有伦理问题的关键。

（一）伦理责任实现的三种途径

法律和伦理准则一般用"普遍的语言"来规定，它假定了职业责任的普遍品质，被视为完成伦理责任行为过程的手段，但人们并不总是依据现行法律、道德准则以及行政管理程序行动。一个具有伦理责任感的行政管理者关心自己的行动是否符合正义，因此，要实现正义，他需要与各种问题做斗争，而不是仅仅记住组织所规定的伦理准则和章程，抑或是来自外界的法律规定。在多元的工作环境中，在涉及有疑问或相互冲突的论点时，行政管

---

① ［美］全钟燮：《公共行政的社会建构》，孙柏瑛等译，北京大学出版社 2008 年版，第 138—139 页。

② 同上书，第 138 页。

理者必须做出适当的行为，必须对他们所服务的公众负责任。虽然客观责任使一个人认识到自己的行动必须与法律、组织的要求相一致，但由信念、价值与个性特征组成的一个人的内在动力迫使他或她以一定的方式行动。那么，是怎样的一种力量使得公共行政人员在面对伦理责任的冲突时，能够自主做出符合正义要求的选择呢？在客观责任与主观责任之间是否存在一个通道，能够连接客观伦理责任与主观伦理责任，并使得两者之间能够顺畅地流动，当组织中行政管理者在组织的客观责任和自己该如何行动的主观解释之间进行选择时，搭建一个桥梁？全钟燮教授将伦理责任的实现途径分为宏观途径、中观途径和微观途径，其中客观责任是宏观途径，主观责任是微观途径，连接客观责任与主观责任的中观策略是伦理责任的社会建构（见表5—1）。

表5—1　　　　　　　　透视伦理责任①

责任	强调的层次	伦理构成	人性假设
客观责任	宏观策略：强调社群主义；忠诚和责任	法律和制度的需要：法律、条例、伦理准则；角色执行；对权威的义务	随机应变的自我；被动的和反应性；按照组织利益行动；不会挑战规则；功能性责任的自我意识
责任的社会建构	中观策略：强调自我超越、美德和关系	社会交互作用；沟通行动；对话和话语；致力于主体间关系；文化对道德特征的影响；文化背景下的社会实践	社会的自我：致力于人与人之间的关系；通过对道德的关注而重塑未来的可能性；与其他人一起参与社会进程的自我

① ［美］全钟燮：《公共行政的社会建构》，孙柏瑛等译，北京大学出版社2008年版，第146页。

续表

责任	强调的层次	伦理构成	人性假设
主观责任	微观策略：强调个人主义、自我自治和裁量	解释和理解伦理问题：自我反省意识；个体实践；完整性与自我培养；道德实践的相对性	道德的自我：道德意识；主动构建自我认同感；省察和解释的能力；反对道德普遍化

客观责任的重点在于对伦理责任的实现采取宏观途径。这一途径基于这样一种假设，即人类天性中存在的随机应变的自我：被动的和反应性；按照组织利益行动；不会挑战规则；功能性责任的自我意识。这样的自我要求个体对于已有规章的尊崇，个体行为与已经建立起来的法律和规则的要求相一致是个体的责任。显然，基于宏观途径建立起来的客观责任作为一种"外部控制"是缺乏伦理基础的，组织中的个体仅仅遵循已有的规章行动而不是考虑建设性的可替代方案，只会导致行政决策的失误和对公共行政核心价值的偏离。

主观伦理责任是伦理责任实现的微观途径。这一途径基于人类道德自我的天性：道德意识；主动构建自我认同感；省察和解释的能力；反对道德普遍化和思辨性。这一途径有别于从宏观维度对于伦理责任的理解，行政组织成员并不一定总是按照现行的法律、道德准则和行政管理的程序而行动，一个具有伦理责任感的公共行政人员会关注自己的行动是否公正，是否符合正义的核心价值取向。为了实现一个好的、客观的决策，行政人员需要解释和理解伦理问题，并通过自我反省，系统地思考孕育在选择行动中的价值观，并努力保持道德的完整性。根据汉斯·乔纳斯的观点，对伦理责任进行选择的障碍主要来自对行动者的主观或者精神真实性进行否定的科学唯物论，这就要求我们从本体论意识的主观性与思想的可能性出发，关注经验与对个体感知，通过"创造感知"而使伦理具有主观意义。韦伯认为，社会现实依赖于官僚机构中公共行政人员的主观理解与行动。斯库兹对现实世界认知的现象学观点也表明，组织中的行政人员做出伦理选择时最重要的是对伦理意识的主观理解。

伦理责任的社会构建被认为是中观层次的途径。这一途径基于人类具有的社会自我的天性：致力于人与人之间的关系；通过对道德的关注而重塑未来的可能性；与其他人一起参与社会进程的自我。伦理责任社会构建对于人性社会自我的假设，确立了人们行动、解释和实践省察的能力，即个体有能力做出伦理选择。社会自我的人性观暗示了个体能够通过沟通来从事社会实践，并且培育他或她的伦理判断能力。这其实是一个社会化的过程，因为个体的社会观和判断力的形成是在与社会的互动中逐渐形成的。"伦理判断始于个体对伦理情况的主观理解，并且发展至人际关系和群体关系。这并不是一个找平衡的方法，即试图调和客观责任与主观责任这两个相互对立的观点，它是建设性和协商性的战略。他通过自己与他人之间的对话和话语方式而达成一个伦理决策。"① 在这个过程中，公共行政人员必须明白自己的主观责任和客观责任，在遇到伦理冲突不知该如何选择的时候，他们可以通过对话、参与、共享等与其他人一起讨论自己的道德焦虑从而"使得道德秩序成为可能"②。通过社会建构途径，人们也可以团结起来发出自己的声音去抵御强大的利益集团，而不至于做出不道德或不人道的决定。

（二）伦理责任社会建构的实质及其局限

全钟燮教授对于伦理责任社会建构的论述涉及以下几个方面：

---

① [美] 全钟燮：《公共行政的社会建构》，孙柏瑛等译，北京大学出版社 2008 年版，第 149 页。

② Wolfe, *Whose Keeper? Social science and Moral Obligation*, Berkeley: University of California Press, 1989, p.213.

一是由于伦理的自主性，伦理责任的含义可以通过行政管理者自我认同与反省来形成；二是伦理责任的含义也可以通过行政管理者与他人的沟通与交流的过程而形成，无论他们是否存在共同的观点；三是伦理责任的形成过程，不同于一般意义上人们所理解的，个体的道德意识与伦理选择来自宏观的、外在的客观要求，是客观责任的内化与形塑。在具体的情形中，行政管理者的伦理责任也可能是通过辩证的和反省的伦理建构（或是分享共同利益），即从微观层次向中观层次转变形成的。当然这样的转变主要针对行政管理者而言，因为他们作为管理者是在已经完成了个体初步社会化过程，并且已经具备从事社会公共管理的基本品质要求之后，而不是初涉社会。对于具备微观层次的行政管理者，宏观层面的伦理准则、法律规范也必然会对其伦理行为产生相应的影响，但最为根本的是，行政管理者最终的伦理选择是在其对自我和自我实现的理解和认识的基础上，通过其主动地参与活动并建立起与他人之间联系做出的。

然而伦理责任的社会构建也存在局限性，其局限性来自两个方面：

一是文化传统的影响压制了个人批判性思维。行政管理者的伦理选择受文化的影响，在做出伦理选择时，既定的伦理文化传统和组织固有的伦理准则与文化（包括潜在的文化），都会左右其伦理判断与行为，从而忽略具体情形的特殊性。结果往往是行政管理者"通过放弃个体自主权以及对文化因素或外部需求的反省解释，个体会遵循大多数人的意见或受到其同事的引导，从而违背自己的道德信仰"①。

二是要避免伦理相对性难题，即相信一个人的伦理判断与另外

---

① ［美］全钟燮：《公共行政的社会建构》，孙柏瑛等译，北京大学出版社 2008 年版，第 150—151 页。

一个人的一样好。"一个行政管理者的伦理行为很大程度上依赖于其个体对什么是应该做的或什么是必须要做的认识。因为个体的伦理行为需要对价值和道德信仰做出反省判断，在这个意义上，个体也许会成为相对主义者，他或她坚持自己的判断。这种倾向使分享或与他人达成伦理一致性变得十分困难。"① 全钟燮教授认为克服这一局限性的一个重要因素是个人诚信（以及公民诚信）。当涉及道德责任时，诚信可以使个人的诚实和诚挚变得持久。因此，当公共行政人员需要做出选择时，其所选择要做的事情必然与他（或她）认为是正确的原则相一致。因为行政管理者有"做正确事情"的内在愿望，希望看到变化，希望这种变化将有助于他们自身的成长和自我价值的实现。

行政管理者在对他人进行评判或做出选择时，可能就反映了他们自身的情感与认知和在特定文化背景中他们被期待的行为选择取向。在现代官僚体制中，大量存在着行政管理者由于缺乏自治和自我意识而丧失了批判意识和对他人的道德责任，他们只关心自己的工作安全与利益，从而更多地倾向于对组织的忠诚，从而违背公共行政核心价值，甚至做出非人道的行为。因此，为成为公民社会中一个好的行政管理者和一个好的公民，个体需要清醒地了解自我，而了解自我来自对自己权利、义务以及道德责任的批判性省察。同时也必须获得公民的支持，而为获得公民的支持并获得公民对公共善的关注，必须将行政管理者与公民联结起来。如果一个行政管理者想具有公民意识，他必须创造性地在他或她的伦理责任与良好的公民美德之间进行平衡，例如正义感，积极和真诚地参与公共话语，庄重并富有同情心，以及认同他人的意愿。② 从这个意义上讲，

---

① ［美］全钟燮：《公共行政的社会建构》，孙柏瑛等译，北京大学出版社2008年版，第151页。

② 同上书，第153—157页。

对别人的省察是与公民互动和社会实践的基础，为了使个体变得关心组织和社区利益，他或她就必须一起经由正义意识、积极参与公开的话语、开启关注和同情心并尊重他人，以此来达成共同的正义意识。公共行政正义核心价值也正是在公共行政伦理责任这样的互动和建构中得到认同，并最终形成行政管理者、组织与社会公众的合力共同促进正义核心价值的实现。

公共行政正义核心价值的实现与公共行政人员伦理责任的选择与实现两者之间达到高度的契合与统一，正义作为个体道德生活中最基本也是首要的品德，本就是公共行政正义核心价值的德性论维度的体现，正义的公共行政人员会在其伦理责任的社会建构中推进公共行政正义价值的实现。同时，正义的核心价值追求也成为公共行政人员选择实现伦理责任的根本动力。

任何一门科学都还是不完善的，经常处于建构的过程之中。公共行政正义核心价值的建构立足于现实的公共行政权力运作框架，但其核心价值作为一种价值理想又必须超越现有的理性模式。公共行政核心价值的实现，要在克服公共行政理性建构局限性的同时，选择社会建构的思维方法和模式，在打破结构主义的二元对立的思维模式的同时，学习和运用实质性推理与辩证性思维，理解并认同主体间关系对于公共行政的价值，由单方主导的官僚制统治转向互惠共享的合作型治理；明确行政管理者不再是政治中立、去价值的技术官僚，而是具有公共责任和公民精神的道德个体，应该在行政组织中展开民主化管理和公共性伦理关系的建构，提升行政管理者的主体性意识、道德能力，增强其行政伦理责任；打破官僚制内部结构的封闭性，将建构重点置于政府与公民社会对话、沟通、辩论、协商的机制层面，致力于扩展公共空间，推进公民在社会治理中扮演更加积极的角色；同时，应面向动态发展社会现象本身，体验彼此经验，加强自我反思，诠释社会事实的多样化意义，寻求民主建构的多元化途径。

公共行政的社会构建的本质是将公共行政看作是政府行政官员与社会公众共同的实践行动，而不应将其局限在封闭环境中行政学者或行政官员的自我描述与自我建构，它体现着对人类基于实践行动而形成的话语的尊重，对人们在分享、互动基础上达成共识的尊重。这既是公共行政伦理责任确立与实现的重要环节，也是公共行政核心价值实现的必然选择。

结　语

我国服务型政府的核心价值取向

　　自20世纪80年代起，在西方新公共管理和新公共服务浪潮的推动下，世界各国（特别是发达国家）进行了持续不断的行政改革，目标是建立服务型政府，即从单纯的管理型政府行政向以满足公民和社会需求为宗旨的服务型政府行政转变。至21世纪初，建设服务型政府的理论探索与实践在一些发达国家已经取得初步成效，我国的"服务型政府"建设也在不断走向深入，2004年2月温家宝总理在中央党校省部级主要领导干部班上第一次明确提出"建设服务型政府"的要求，2006年10月《中共中央关于构建社会主义和谐社会若干重大问题的决定》中再次确立了"建设服务型政府，强化社会管理和公共服务职能"的决定，我国理论界和学术界从各自不同的视角对服务型政府建设进行了探讨，如服务型政府的内涵与特征、服务型政府的正当合理性、服务型政府的伦理精神与价值基础等。然而作为一种全新的政府行政模式，对于其核心价值的确立则显得尤为重要与紧迫，因为无论是何种公共行政理论与范式都需要一种能够统领政府行政决策与行动的核心价值，以整合行政价值的不同取向。目前，我国公共行政面临着发展官僚制与超越官僚制的双重任务，建设服务型政府作为一种崭新的政府理论和范式，公共行政正义是我国服务型政府的核心价值，正义的三重伦理维度体现了服务型政府的依宪治理价值追求，体现了服务型政府实现公共利益的价值诉求，体现了服务型政府对行政主体的内在道德要求。以正义为核心价值的服务型政府建设是实现社会公平正义、促进社会和谐的关键和根本保证。

第一节　我国政府公共行政的"双重任务"

公共行政是国家政治体系运行的一个重要方面，如果没有一个以这种或者那种形式存在的"现代"政府官僚机构，那么一个政治系统就不可能培育出一套高水平的内部规则、权力分配方式或者人员选拔办法。① 尼古拉斯·亨利也指出，公共官僚制是值得研究的，不管是将它作为一种学术事业（这样我们可以了解国家的运行机制），作为一种利他行为（这样我们可以学会怎样更有效地促进公共利益），还是作为一种个人投资（这样我们可以更加胜任政府的职位）。②

在西方国家"摈弃官僚制""超越官僚制"的公共行政改革的浪潮中，中国公共行政变革的方向与路径该如何选择，成为人们广泛关注的问题，这也是巩固和发展中国社会变革成果的关键。罗伯特·达尔在《公共行政科学：三个问题》中指出："对某一民族国家环境中的公共行政管理的作用做出的概括，不能普遍化并运用于不同环境中的公共行政管理。一种原则有可能适用于不同的框架，但是，原则的适用性只有在对那种特殊框架进行研究之后才能确定。"③ 一方面，中国行政官僚制的发展并不成熟；另一方面，公务

---

① Gabriel A. Almond and G. Bingham Powell, *Comparative Politics: A Developmental Approach*, Boston: Little, Brown and Company, 1966, p. 258.
② ［美］尼古拉斯·亨利：《公共行政与公共事务》，项龙译，华夏出版社2002年版，第19页。
③ 彭和平、竹立家编译：《国外公共行政理论精选》，中共中央党校出版社1997年版，第165页。

员制度、预算制度、宏观调控制度等现代官僚制度存在一定局限。这样一来，中国的行政体制改革，其实面临着既要发展官僚制又要超越官僚制的双重任务：一方面，由于中国行政体制改革是在官僚制发展不足的前提下进行的，所以它需要吸收和借鉴官僚制的一切积极因素；另一方面，中国行政体制改革所处的阶段又决定了它不能在官僚制充分发展起来后再实现对它的超越。中国的行政体制改革必须把学习和超越的任务放在一个统一的进程之中。[①] 也就是说，我们在进一步完善公共行政的组织结构，健全规章制度，明确职权职责，完善法律法规，以建设一个科学高效的公共行政管理体系的同时，还要超越官僚制的形式合理性和工具理性特征，把伦理精神和道德价值引入到公共行政中来，以实现公共行政的"双重超越"。

一 超越传统行政，充分发展理性官僚制

中国公共行政理性化不足的现实决定了我国公共行政的首要任务是要弥补传统公共行政的不足，应充分发展理性官僚制。理性官僚制是适应工业社会的最有效率、最为理性的行政模式，对于仍处于由农业社会向工业社会转型阶段的中国来说，理性官僚制的充分发展是一个不可逾越的阶段和历程。具体来说，发展理性官僚制应注重以下几个方面的问题：（1）从国家行政转向公共行政。国家行政源于全能政府的理念，主张社会公共事务应由政府全权管理，结果造成政府规模大、事务多、成本高、效能低。以公共行政取代国家行政意味着国家要在许多领域中退出，公共事务在国家和社会间合理分配，同时，要促进"第三部门"的发展，给"第三部门"宽松、平等的竞争环境，优化政府职能，建立有限政府。（2）从经

[①] 张康之：《寻找公共行政的伦理视角》，中国人民大学出版社2002年版，第165—166页。

验行政转向理性行政。这是现代官僚制的内在要求。理性的行政体制要求符合管理的原理和规律，合理界定政府的职能，合理配置政府的权力，合理设计政府结构和层次。理性行政不仅存在于制度的要求中，更需要行政人员理念的更新，将理性行政内化为一种自觉行动。①（3）从权力行政转向责任行政。责任行政是以公民的权利为基础，政府的职能、权力范围取决于保障公民权益、促进公民发展的需要。我国行政人员的个人信念、主观动机应统一于"为人民服务"这一宗旨上来。他们不但需要承担法律制度内的客观责任，更需要承担道德价值体系内的主观责任。（4）实现"法治"行政。法治是现代国家中平衡国家与社会的一种制度保障，法治不同于法制之处就在于法治社会下的政府组织是在法律之下，同样也受到法律的约束。因此，我国政府必须明确建设法治政府的目标和任务，彻底根除中国古代专制官僚制传统的家长制、等级制、官本位思想的影响，实现从"世俗理性"向"工具理性"的转化，切实体现出科学行政、民主行政、依法行政的现代性要求。

二 超越理性官僚制，建设服务型政府

理性官僚制是以政治—行政二分法为理论基础形成的一种实现最理想的行政效率的行政模式。官僚制的本质特征就是理性化，是一种纯粹的技术性体系，它主要追求理性与效率。相对于传统的统治行政来说，官僚制避免了权力的滥用，抛弃了人治因素，体现了科学精神与法制精神，具有明确性、稳定性、可预测性、纪律的严格性。理性官僚制适应工业化大生产条件下行政日益复杂的要求，从而成为一种较有效的管理体制与控制模式，官僚制的最大功绩在

---

① 孙君芳：《官僚制：摒弃抑或完善》，《天水行政学院学报》2005年第3期。

于它以职业化和专业化的优势克服了资本主义初期"政党分肥制"所造成的政府动荡和低成效问题,适应了工业时代的社会化大生产对政府职能的要求。① 但是官僚制"非人格化"的要求,使行政组织变成了静态的、不受外界影响的实体,组织成了一种"机械的机器"。理性官僚制为摆脱困境而把追求行政效率放在首位,在很长一段时期内,官僚制的确成了政府效率的代名词,效率成为衡量政府组织绩效的唯一标尺,政府公共行政中的所有公务人员成了实现效率目标的工具,人的个性因素和事实上的客观因素被忽略。官僚制对技术理性的无上推崇使人的主观创造性受到压制,在充分张扬工具合理性的同时,带来了价值合理性的衰落,这必然使得官僚制的形式合理性与实质合理性之间的矛盾日益深化。追求单一的形式合理性不可避免地导致了官僚制在理论与实践中的诸多"悖论"以及公共行政实践中的困境。

20 世纪 60 年代末 70 年代初,以美国为代表的西方国家连续出现了一系列的社会、经济与政治危机,政府改革的呼声此起彼伏。对此西方行政学界做出了积极、有力的回应,他们反观传统官僚行政的固有缺陷,并开始用全新的视角和理念审视和研究公共行政的今天及未来发展。官僚行政的一些改造性理论模式,如新公共行政、新公共管理以及新公共服务等相继被提出,并引起了广泛的观注和探讨。其中,新公共服务(New Public Service)强调把公民权、公民参与和公共利益置于公共行政的优先地位。新公共服务强调政府的职能是服务,而不是掌舵,重视公民对公共行政参与与行政的回应性;重视人而不只是重视生产率,力图建立基于尊重人的合作过程与组织氛围,以便使公共雇员的言行更加符合公共服务的动机和价值;通过组织人本主义和对话机制力图塑造新型的公共组

---

① [德] 马克斯·韦伯:《经济与社会》上卷,林荣远译,商务印书馆 2004 年版,第 250 页。

织,使公共组织更少地受权威和等级的支配,更多地关注公共组织的内部雇员和外部人员(特别是委托人和公民)的需求和利益,通过公众对话恢复公共官僚机构的活力,重建公共行政领域的合法性观念。新公共服务从根本上改变了官僚行政的形式合理性,而是将其形式合理性与实质合理性结合起来。登哈特夫妇提出了新公共服务的七条原则:政府的职能是服务而非掌舵;追求公共利益,公共利益是目标而非副产品;战略地思考、民主地行动;服务于公民而非顾客;责任并不是单一的,不仅关注市场,还应该关注宪法法律、社区价值观、政治规范等;重视人而不仅是生产率;超越企业家身份,重视公民身份。这七条原则充分体现了新公共服务理论对于行政价值的追求,强调政府越来越重要的作用是帮助公民表达和实现公共利益,公共利益源于对共同价值准则的对话和协商,因此公共行政人员不仅要回应公民的需求,而且更要着力建设政府与公民之间、公民与公民之间的信任与合作关系。公共行政组织只有在尊重人的基础上通过合作和共同的领导来运作,公共行政人员和公民都致力于为社会做出有意义的贡献,公共利益才能够更好地实现。西方国家的行政改革是一个试图超越官僚制的公共行政发展运动,并不意味着官僚制的终结,而是以官僚制为整体背景寻求理论与方法上的创新,对官僚制进行修补以满足当代经济与社会发展的要求。虽然官僚制的具体形态多样,其职能结构上的革故鼎新不断,虽然官僚制的精神已经成为资本主义早期政治文化承诺的异在之物,但是官僚制的合理性内核却不但不会从现代工业文明社会中衰微,相反,官僚制还要伴随人类走得很远。①

新公共服务理论与范式对于转型中的中国行政体制改革具有极大的启发性。由于新公共服务理论是在对传统公共行政和新公共管

---

① 孔繁斌:《行政管理理性化的追求与困境——马克斯·韦伯的官僚制理论分析》,《南京大学学报》1998年第1期。

理理论进行批判反思的基础上提出和建立的，与以往的公共行政理论不同，新公共服务理论在本质上是对传统公共行政和新公共管理理论的一种扬弃和超越，并不是对传统官僚制行政的全盘否定，其所提出的更加关注民主价值和公共利益的主张并不排除传统行政模式中的效率追求，而是将效率价值置于民主、公共利益这一更广泛的框架体系之中。这对于肩负着实现官僚制与超越官僚制双重任务的中国公共行政来说，从公共服务这一全新的视角来审视公共行政的本质，致力于建设服务型政府，在对公共行政进行建构理性与反思理性相结合的路径中进一步完善我国的公共行政具有重要意义，这要求我们在模仿、继承、学习和超越的进程中处理好"补课"和创新的关系。

第二节 我国服务型政府核心价值要求

建设服务型政府，是要从单纯的管理型政府行政向以满足公民和社会需求为宗旨的服务型政府行政转变，即要从公民的利益和意愿出发，致力于提供公平公正的、优质高效的、多样化的公共服务。然而，目前中国服务型政府建设的困难很多，其中一个重要的问题就是建设服务型政府的理论准备不足。对于服务型政府的内涵与特征、服务型政府的正当合理性、服务型政府的价值与伦理精神等问题，理论界还没有完全一致的看法，从而难以为服务型政府实践提供具体的理论指导。服务型政府作为一种全新的政府模式需要有自己的理论基础，需要有明确的行政价值取向。因为行政价值是行政体系所内蕴的、本原性的精神性要素，是公共行政的灵魂所在。诚如行政学家沃尔多所言，"无论任何人，欲研究行政问题，皆要涉及价值之研究；任何从事行政事务的人，他实际上都在进行价值的分配"①。传统的统治行政以政治统治与社会秩序作为其核心价值，近代以后的管理行政体现的是以效率为核心的价值取向，服务型政府行政也必然有其适应时代与社会发展要求的核心价值要求。作为一种全新的政府行政模式，现代社会的价值多元性使得服务型政府不可避免地呈现出多元性特征，体现为一种多元价值并存的行政模式，如公平、平等、民主、效率、公共利益、责任等。而服务型政府的核心价值则显得尤为重要，因为无论是何种公共行政理论与范式都需要一种能够统领政府行政决策与行动的核心价值，以整合行政价值的不同取向。只有这样才能正确地理解和把握服务型政府的实质，才能有效地为现实的政府行政提供一种"规范性标准"。

公共行政权力是公共行政价值的客观依据。公共权力的产生与发展表明，为了避免权力的强制性、排他性、竞争性给社会带来危害，人类就一直在努力寻找一种价值，以此来协调和均衡各种不同的排他性权力，实现社会的稳定和发展。而在各种不同的价值观念中，"有一种东西，对于人类的福利要比任何其他东西都更重要，那就是正义"②。因此以公共行政权力作为价值基础的服务型政府必然要以公共行政正义作为其首要、核心价值。公共行政正义不仅体现了公共行政权力的合法性和有效性，也是对公共行政权力公共性的张扬和私人性的抑制；既体现了服务型政府民主行政的价值追求，也蕴含着服务型政府本身所具有的对公共利益的价值取向，同时也是公共行政人员德性的体现。从伦理学视角考量，公共行政正义的综合性品质体现为三重伦理维度——义务论维度、目的论维度、德性论维度，分别构成了服务型政府的依宪治理价值取向、服

---

① [美]乔治·弗雷德里克森：《公共行政的精神》，张成福等译，中国人民大学出版社2003年版，第142页。

② 周辅成：《西方伦理学选辑》下册，商务印书馆1987年版，第534页。

务型政府实现公共利益的价值诉求,以及服务型政府对行政主体的内在道德要求。这可以从三个方面进行理解:首先,公共行政正义体现了服务型政府民主行政的价值取向。其次,公共行政正义体现了服务型政府提供和维护社会公共利益的价值取向。最后,公共行政正义是服务型政府行政主体道德的体现。

正义是公共行政机构实现社会正义普遍要求的体现,是一个得到社会广泛赞同的价值,是公共行政权力的合法性、有效性以及公共性的具体体现,决定了正义在公共行政价值中的核心地位。不仅如此,正义还是一个具有综合性品质并能具体表现公共行政的其他重要价值,如民主、效率、社会平等和公共利益等价值的概念,并且正义对于公共行政实践来说也是有价值的,合理的和实用的(Worthy, Reasonable, and Practical),而且还是可以努力实现的。[①]

第三节 以正义为核心价值的服务型政府建设

面临着"双重任务"的我国公共行政如何在反思与构建中确立其核心价值追求,不仅是西方公共行政理论与实践给予我们的深刻启示,也是当下我国公共行政改革的内在要求。以公共行政正义为核心价值的服务型政府,是我国政府行政改革的内在要求,不仅为我国的公共行政改革提供了一种全新的行政范式,也为建设我国社会主义和谐社会提供了前提与保障。党的十八大报告提出,公平正义是中国特色社会主义的内在要求,"加紧建设对保障社会公平正义具有重大作用的制度,逐步建立以权利公平、机会公平、

[①] Gerald M. Pops and Thomas J. Pavlak, *The Case for Justice: Strengthening Decision Making and Policy in Public Administration*, San Francisco, California: Jossey-Bass Inc., 1991, p. 2.

规则公平为主要内容的社会公平保障体系，努力营造公平的社会环境，保证人民平等参与、平等发展权利"①。这是自十六届四中全会提出构建和谐社会目标以来，我们党把保障社会公平正义摆到了更加突出的位置，其目的是要使发展成果更多更公平惠及全体人民。而要实现这一目标，必须坚持服务型政府的核心价值取向，必须牢固树立为人民服务的理念。要把我们党为人民服务的宗旨贯穿到行政体制改革的各方面和全过程中，牢固树立以人为本的管理理念，尊重人民的主体地位，促进经济社会科学发展和人的全面发展；把维护好、实现好、发展好最广大人民根本利益作为政府一切工作的出发点和落脚点，最大限度改善人民生活、增进人民福祉；在经济发展的基础上，不断满足人民日益增长的物质文化需要，促进和维护社会公平正义，真正做到发展为了人民、发展依靠人民、发展成果由人民共享，最大限度地体现人民政府为人民的宗旨。以正义为核心价值的服务型政府建设是实现这一目标的关键和根本保证。

以正义为核心价值的服务型政府是构建和谐社会的前提。对于一个社会来说，政府公共服务体系的建立、健全和完善，是一个社会和谐的基本保障。公共行政正义是现代服务型政府的核心价值体现，同时也体现了我国和谐社会构建的价值定位，蕴含着衡量社会发展的内在价值尺度。当代公共行政是建立在民主体制基础上的，公共行政的权力来自人民，人民是一切国家权力及行政权力的本源，政府公共权力行使的目的是实现对人的尊严、人民的利益的维护。这不仅是公共行政正义价值的根源，也是和谐社会构建的根本目的。只有坚持服务型政府行政正义的民主价值追求，在服务行政中将对于人的尊严、人民利益的维护作为政府服务行政的一项最基

---

① 《坚定不移沿着中国特色社会主义道路前进　为全面建成小康社会而奋斗》，2012年11月8日。

本的义务，和谐社会才有可能实现。也就是说，只有体现正义的服务型政府行政才能促进和谐社会的实现。

体现正义价值的服务型政府是和谐社会构建的重要内容。构建社会主义和谐社会要求服务型政府在管理社会公共事务、调整社会关系的过程中必须坚持公共行政正义，确保社会公共利益居于支配地位，其所有的行政决策和活动必须能够有效地凝聚、表达和实现公共利益。服务型政府行政的这一目标与和谐社会对社会公共利益的追求是一致的，两者的高度契合使得具有正义取向的服务型政府必然能够有效地推进和谐社会建构的历史进程。具体来说，首先，坚持以正义为核心的服务行政，政府就必须通过科学、民主的决策制定来整合利益。应把最广大人民的根本利益作为制定政策的出发点和落脚点，保护弱势群体，缩小贫富差距，维护社会公平，最大限度地降低公共决策中的各种非理性和认识偏差，提高公共决策行为的有效性，更好地实现社会公共利益。其次，坚持体现正义的服务行政，政府就要遵循"利益均衡"的法律原则进行利益整合。以正义为核心价值的服务型政府行政就是要在不同的"公共利益"与私人利益之间进行权衡，在法制的框架内，避免行政过程中的人为因素，实现对行政自由裁量权的限制，从而促进和谐社会的发展。再次，坚持体现正义的服务行政，就要建立健全政府协调社会利益的机制。塞缪尔·亨廷顿指出，"一个拥有高度制度化的统治机构和程序的社会，能更好地阐明和实现其公共利益"[①]。通过制度化的政府与公众的利益沟通机制，政府与公众间才能取得协调一致，通过双方积极的协商、交流与对话，确保政府服务行政最大限度地反映民意与社会需求，更好地维护、实现和发展公共利益，实现社会和谐。

[①] [美]塞缪尔·亨廷顿：《变化社会中的政治秩序》，王冠华译，生活·读书·新知三联书店1989年版，第19页。

具有正义性的服务型政府为实现和谐社会提供了保障。责任行政是解决行政伦理问题的一种主体德性伦理模式，是公共行政正义的德性伦理维度在服务型政府实践中的具体体现。坚持公共行政正义，就必须坚持责任行政，这是我国构建服务型政府、实现和谐社会的内在保障。服务型政府的正义价值取向不仅是社会对行政主体合理的价值期待，也是对公共行政主体的道德责任要求。库珀认为，外部强加的义务只是责任的一个方面，它源自于法律、组织机构、社会对行政人员的角色期待，这是一种来自外部的客观责任。另一方面，与客观责任并列的是行政人员自己的情感和信仰的责任，是行政主体出于信念、良知而对于自己角色责任的主观认同，即主观责任。在我国和谐社会构建中，以公共行政正义为核心的服务行政表现为一种主观责任体系，体现为这样三个层次：第一，公共行政人员必须拥有正义价值观，这是服务型政府行政道德责任的核心所在。第二，树立维护公共利益、为民服务的行政信念。第三，负责任的行政态度，这是对服务型政府最基本的道德要求，是公共行政正义和为民服务信念的最外在的表现。

党的十八大报告指出，加强社会建设，是社会和谐稳定的重要保证。必须从维护最广大人民根本利益的高度，加快健全基本公共服务体系，加强和创新社会管理，推动社会主义和谐社会建设。党的十九大报告提出，中国特色社会主义已经进入了新时代，我国社会的主要矛盾也已经发生了转化，人民群众对美好生活的需要日益广泛，不仅对物质文化生活提出了更高要求，而且在民主、法治、公平、正义、安全、环境等方面的要求日益增长。为了有效回应这些新需要，解决社会的新矛盾，十九大报告在加强和创新社会治理领域，提出要建立共建共治共享的社会治理格局，要更加注重社会公平，更加强调利益协调，更加关注困难群体，更加重视共同富裕。这样的现实背景，无疑对建设人民满意的服务型政府提出了更高要求。同时，也明确了建设服务型政府必须坚持以人民为中心，坚持把人民是否满意作为衡量服务型政府建设成效的根本标准。要逐步建立以权利公平、机会公平、规则公平、分配公平为主要内容的社会保障体系，让全体人民共享改革和发展的成果。从而激发全社会的创造活力，让改革得到更加广泛的社会支持。因此，和谐社会所实施的一切社会决策，都应该是国家权力和公民权利互动的结果，建立国家权力和公民权利互动的新局面，使公民能够参与到决策中来，这是建立和谐社会的着力点，也是服务型政府核心价值实现的必由之路。

参考文献

一　中文著作

习近平：《习近平谈治国理政》，外文出版社 2014 年版。

蔡志良、蔡应妹：《道德能力论》，中国社会科学出版社 2008 年版。

陈周旺：《正义之善——论乌托邦的政治意义》，天津人民出版社 2003 年版。

成中英：《文化、伦理与管理》，贵州人民出版社 1991 年版。

戴木才：《政治文明的正当性：政治伦理与政治文明》，江西高校出版社 2004 年版。

丁煌：《西方行政学说史》，武汉大学出版社 2004 年版。

[法] 狄骥：《宪法论》，转引自《西方法律思想资料选编》，北京大学出版社 1983 年版。

[法] 让-马里·科特雷、克洛德·埃梅里：《选举制度》，商务印书馆 1996 年版。

高兆明：《伦理学理论与方法》，人民出版社 2005 年版。

韩庆祥：《能力本位》，中国发展出版社 1999 年版。

何怀宏：《契约伦理与社会正义》，中国人民大学出版社 1993 年版。

胡海波：《正义的追寻——人类发展的理想境界》，东北师范大学出版社 1997 年版。

麻宝斌：《十大基本政治观念》，社会科学文献出版社 2011 年版。

马晓燕:《多元时代的正义寻求: I. M. 扬的政治哲学研究》, 光明日报出版社2012年版。

［美］艾赅博、百里枫:《揭开行政之恶》, 中央编译出版社2009年版。

［美］丹尼尔·布尔斯廷:《美国人: 民主的历程》, 生活·读书·新知三联书店1993年版。

［美］古德诺:《政治与行政》, 华夏出版社1987年版。

［美］罗伯特·达尔:《现代政治分析》, 上海译文出版社1987年版。

［美］马克斯·舍勒:《知识社会学问题》, 华夏出版社2000年版。

牛京辉:《英国功用主义伦理思想研究》, 人民出版社2002年版。

彭定光:《社会的正义基础研究》, 湖南师范大学出版社2002年版。

彭和平、竹立家编译:《国外公共行政理论精选》, 中共中央党校出版社1997年版。

秦晖:《政府与企业以外的现代化——中西公益事业史比较研究》, 浙江人民出版社1999年版。

施惠玲:《制度伦理研究论纲》, 北京师范大学出版社2003年版。

施雪华:《政府权能理论》, 浙江人民出版社1998年版。

［苏］涅尔谢相茨:《古希腊政治学说》, 商务印书馆1991年版。

唐凯麟:《伦理学》, 高等教育出版社2001年版。

万俊人:《现代公共管理伦理导论》, 人民出版社2005年版。

王绍光、胡鞍钢:《中国国家能力报告》, 辽宁人民出版社1993年版。

王熙东:《政治文明视野中的权力问题研究》, 中国社会科学出版社2006年版。

王玉樑:《价值哲学新探》, 陕西人民教育出版社1993年版。

文长春:《逻辑在先的个人权利——诺齐克的政治哲学》, 中央编译出版社 2006 年版。

文长春:《正义:政治哲学的视界》,黑龙江大学出版社 2010 年版。

张康之:《公共行政中的哲学与伦理》,中国人民大学出版社 2004 年版。

张康之:《寻找公共行政的伦理视角》,中国人民大学出版社 2002 年版。

张玉堂:《利益论——关于利益冲突与协调问题的研究》,武汉大学出版社 2001 年版。

周辅成编:《西方伦理学名著选辑》上卷,商务印书馆 1996 年版。

周辅成:《西方伦理学选辑》下册,商务印书馆 1987 年版。

朱贻庭主编:《伦理学大辞典》,上海辞书出版社 2002 年版。

《马克思恩格斯全集》第 18 卷,人民出版社 1964 年版。

《马克思恩格斯全集》第 19 卷,人民出版社 1956 年版。

《马克思恩格斯全集》第 26 卷,人民出版社 1956 年版。

《马克思恩格斯全集》第 3 卷,人民出版社 1979 年版。

《马克思恩格斯选集》第 1 卷,人民出版社 1997 年版。

[德] 奥特弗利德·赫费:《政治的正义性——法和国家的批判哲学之基础》,庞学铨、李张林译,上海世纪出版集团 2005 年版。

[德] 康德:《法的形而上学原理》,沈叔平译,商务印书馆 1991 年版。

[德] 康德:《历史理性批判》,何兆武译,商务印书馆 1990 年版。

[德] 马克斯·韦伯:《经济与社会》(上、下卷),林荣远译,商务印书馆 1997 年版。

[德] 施路赫特:《理性化与官僚化:对韦伯之研究与诠释》,顾忠华译,广西师范大学出版 2004 年版。

[德] 尤尔根·哈贝马斯:《包容他者》,曹卫东译,上海人民出版社 2002 年版。

［德］尤尔根·哈贝马斯：《后民族结构》，曹卫东译，上海人民出版社 2002 年版。

［德］尤尔根·哈贝马斯：《交往与社会进化》，张博树译，重庆出版社 1989 年版。

［德］尤尔根·哈贝马斯：《在事实与规范之间》，童世骏译，生活·读书·新知三联书店 2003 年版。

［德］尤卡根·哈贝马斯：《公共领域的结构转型》，曹卫东等译，上海学林出版社 1999 年版。

［法］卢梭：《社会契约论》，何兆武译，商务印书馆 1996 年版。

［法］托克维尔：《旧制度与大革命》，冯棠译，商务印书馆 1992 年版。

［古希腊］柏拉图：《法律篇》，张智仁译，上海人民出版社 2001 年版。

［古希腊］柏拉图：《理想国》，郭斌、张竹明译，商务印书馆 1986 年版。

［古希腊］亚里士多德：《政治学》，吴寿彭译，商务印书馆 1965 年版。

［美］E. 博登海默：《法理学：法律哲学与法律方法》，邓正来译，中国政法大学出版社 2004 年版。

［美］O. C. 麦克斯怀特：《公共行政的合法性——一种话语分析》，吴琼译，中国人民大学出版社 2002 年版。

［美］R. J. 斯蒂尔曼：《公共行政学》，李方等译，中国社会科学出版社 1989 年版。

［美］阿拉斯戴尔·麦金太尔：《谁之正义？何种合理性？》，万俊人等译，当代中国出版社 1996 年版。

［美］阿拉斯戴尔·麦金太尔：《追寻美德》，宋缕杰译，译林出版社 2003 年版。

［美］艾森斯塔得：《帝国的政治体系》，阎步克译，贵州人民出版社1992年版。

［美］安东尼·唐斯：《官僚制内幕》，郭小聪等译，中国人民大学出版社2006年版。

［美］波林·玛丽·罗思诺：《后现代主义与社会科学》，张国清译，上海译文出版社1998年版。

［美］查尔斯·E.林布隆：《政策制定过程》，张国斌译，华夏出版社1988年版。

［美］查尔斯·J.福克斯、休·T.米勒：《后现代公共行政——话语指向》，楚艳红等译，中国人民大学出版社2002年版。

［美］大卫·雷·格里芬：《后现代精神》，王成兵译，中央编译出版社1998年版。

［美］丹尼尔·贝尔：《资本主义文化矛盾》，赵一凡等译，生活·读书·新知三联书店1989年版。

［美］丹尼斯·朗：《权力论》，陆震纶、郑明哲译，中国社会科学出版社2001年版。

［美］法默尔：《公共行政的语言：官僚制、现代性与后现代性》，吴琼译，中国人民大学出版社2005年版。

［美］费勒尔·海迪：《比较公共行政》（第6版），刘俊生译校，中国人民大学出版社2006年版。

［美］海尔·G.瑞尼：《理解和管理公共组织》（第2版），王孙禺、达飞译，清华大学出版社2002年版。

［美］海伦·英格兰姆、斯蒂文·R.史密斯：《新公共政策——民主制度下的公共政策》，钟振明等译，上海交通大学出版社2005年版。

［美］汉密尔顿、杰伊、麦迪逊：《联邦党人文集》，程逢如等译，商务印书馆1997年版。

［美］汉斯·J. 摩根索:《国家间的政治》,杨岐鸣等译,商务印书馆 1993 年版。

［美］亨廷顿:《第三波——20 世纪后期民主化浪潮》,刘军宁译,上海三联书店 1998 年版。

［美］怀特:《公共行政研究的叙事基础》,胡辉华译,中央编译出版社 2011 年版。

［美］霍尔姆斯·桑斯坦:《权利的成本——为什么自由依赖税》,毕竞悦译,北京大学出版社 2004 年版。

［美］卡尔·J. 弗里德里希:《超验正义——宪政的宗教之维》,周勇译,生活·读书·新知三联书店 1997 年版。

［美］理查德·J. 斯蒂尔曼二世编著:《公共行政学：概念与案例》（第 7 版）,竺乾威、扶松茂译,中国人民大学出版社 2004 年版。

［美］利普塞特:《政治人：政治的社会基础》,刘钢敏、聂蓉译,商务印书馆 1993 年版。

［美］罗伯特·D. 帕特南:《使民主运转起来》,王列等译,江西人民出版社 2001 年版。

［美］罗尔斯:《作为公平的正义：正义新论》,姚大志译,上海三联书店 2005 年版。

［美］马尔库塞:《单向度的人》,刘继译,上海译文出版社 2006 年版。

［美］迈克尔·桑德尔:《公正——该如何做是好?》,朱慧玲译,中信出版社 2011 年版。

［美］曼瑟尔·奥尔森:《国家的兴衰：经济增长、滞胀和社会僵化》,李增刚译,上海人民出版社 2007 年版。

［美］曼瑟尔·奥尔森:《集体行动的逻辑》,陈郁等译,上海人民出版社 1995 年版。

［美］莫蒂默·阿德勒:《六大观念》,陈德中译,重庆出版社 2005

年版。

［美］尼古拉斯·亨利：《公共行政与公共事务》，项龙译，华夏出版社 2002 年版。

［美］乔治·弗雷德里克森：《公共行政的精神》，张成福等译，中国人民大学出版社 2003 年版。

［美］全钟燮：《公共行政的社会建构：解释与批判》，孙柏瑛等译，北京大学出版社 2008 年版。

［美］全钟燮：《公共行政：设计与问题解决》，黄曙曜译，台北：五南图书公司 1994 年版。

［美］塞缪尔·P. 亨廷顿：《变化社会中的政治秩序》，王冠华译，生活·读书·新知三联书店 1989 年版。

［美］特里·L. 库珀：《行政伦理学：实行行政责任的途径》（第 4 版），张秀琴译，中国人民大学出版社 2010 年版。

［美］托马斯·戴伊：《自上而下的政策制定》，鞠方安译，中国人民大学出版社 2002 年版。

［美］威廉·F. 韦斯特：《控制官僚》，张定准、白锐译，重庆出版社 2001 年版。

［美］文森特·奥斯特洛姆：《美国公共行政的思想危机》，毛寿龙译，上海三联书店 1999 年版。

［美］熊彼特：《资本主义、社会主义与民主》，吴良健译，商务印书馆 1999 年版。

［美］伊安·夏皮罗：《政治的道德基础》，姚建华、宋国友译，上海三联书店 2006 年版。

［美］约翰·罗尔斯：《正义论》，何怀宏等译，中国社会科学出版社 2003 年版。

［美］詹姆斯·E. 安德森：《公共决策》，唐亮译，华夏出版社 1990 年版。

［美］詹姆斯·博曼：《公共协商：多元主义、复杂性与民主》，黄相怀译，中央编译出版社2006年版。

［美］詹姆斯·博曼、威廉·雷吉：《协商民主：论理性与政治》，陈家刚等译，中央编译出版社2006年版。

［美］珍妮特·登哈特、罗伯特·登哈特：《新公共服务：服务，而不是掌舵》，丁煌译，中国人民大学出版社2004年版。

［新西兰］罗莎琳德·赫斯特豪斯：《美德伦理学》，李义天译，译林出版社2016年版。

［匈牙利］阿格妮丝·赫勒：《超越正义》，文长春译，黑龙江大学出版社2011年版。

《亚里士多德全集》第8卷，苗力田译，中国人民大学出版社1994年版。

［印度］阿马蒂亚·森：《正义的理念》，王磊、李航译，中国人民大学出版社2012年版。

［英］埃德蒙·柏克：《自由与传统——柏克政治论文选》，蒋庆等译，商务印书馆2001年版。

［英］奥诺拉·奥尼尔：《迈向正义与美德：实践推理的建构性解释》，应奇等译，东方出版社2009年版。

［英］伯特兰·罗素：《权力论——一个新的社会分析》，靳建国译，东方出版社1988年版。

［英］戴维·米勒：《布莱克维尔政治学百科全书》，邓正来等译，中国政法大学出版社1992年版。

［英］罗素：《西方哲学史》，何兆武、李约瑟译，商务印书馆2005年版。

［英］洛克：《政府论》上篇，叶启芳、瞿菊农译，商务印书馆1964年版。

［英］诺曼·巴里：《福利》，储建国译，吉林人民出版社2005

年版。

［英］威廉·葛德文:《政治正义论》第1、2、3卷,何慕李译,商务印书馆1980年版。

［英］休谟:《道德原则研究》,曾晓平译,商务印书馆2006年版。

［英］亚当·斯密:《道德情操论》,余涌译,中国社会科学出版社2003年版。

［英］亚当·斯威夫特:《政治哲学导论》,萧韶译,江苏人民出版社2006年版。

二 中文论文

习近平:《加快建设社会主义法治国家》,《求是》2015年第1期。

莫纪宏:《习近平依宪治理思想的形成及其特征》,《法学杂志》2016年第5期。

梁鹰:《认清我国依宪治国、依宪执政与西方宪政的本质区别》,《求是》2015年第1期。

曹刚:《从权利能力到道德能力》,《中国人民大学学报》2007年第2期。

曹刚:《论道德能力》,《哲学动态》2006年第7期。

曹刚:《论道德能力》,《哲学动态》2006年第7期。

陈文申:《政府有效性:理论涵义与现实途径》,《北京行政学院学报》2000年第3期。

黄显中:《公正作为德性——亚里士多德公正德性探析》,《中国人民大学学报》2006年第2期。

郎友兴:《精英与民主:西方精英主义民主理论述评》,《浙江学刊》2003年第6期。

李强:《从现代国家构建的视角看行政管理体制改革》,《中共中央党校学报》2008年第3期。

李文良:《西方行政伦理的正义论》,《中国行政管理》2000年第10期。

廖申白:《论西方主流正义概念发展中的嬗变与综合》(上),《伦理学研究》2002年第11期。

刘可风:《论中国行政伦理问题及其实质》,《武汉大学学报》2003年第3期。

刘圣中:《从私人性到公共性——论公共权力的属性和归宿》,《东方论坛》2003年第1期。

刘亚平:《公共行政学与美好社会》,《广西民族大学学报》(哲学社会科学版)2011年第4期。

吕耀怀:《规范伦理、德性伦理及其关联》,《哲学动态》2009年第5期。

麻宝斌:《政治正义的历史演进与现实要求》,《江苏社会科学》2003年第1期。

马德普:《公共利益、政治制度化与政治文明》,《教学与研究》2004年第8期。

[美] 戴维·K.哈特:《善良的公民,光荣的官僚与"公共的"行政》,《公共行政评论》1984年第44卷第8期。

[美] 康特妮、马克·霍哲、张梦中:《新公共行政:寻求社会公平与民主价值》,《中国行政管理》2001年第2期。

[美] 威尔逊:《行政学研究》(中译本),《国外政治学》1988年第1期。

孙柏瑛:《反思公共行政的行动逻辑:理性建构与社会建构》,《江苏行政学院学报》2010年第3期。

孙柏瑛:《走向民主治理:公共行政精神再思考》,《公共行政评论》2008年第5期。

万俊人:《关于美德伦理学研究的几个理论问题》,《道德与文明》

2008 年第 3 期。

万俊人：《论正义之为社会制度的第一美德》，《哲学研究》2009 年第 2 期。

王南湜：《实践哲学视野中的社会正义问题——一种复合正义论论纲》，《求是学刊》2006 年第 3 期。

王晓升：《正义制度建构中道德因素的作用——罗尔斯和哈贝马斯方案剖析》，《社会科学辑刊》2008 年第 1 期。

谢治菊：《论公共行政伦理责任的理性建构与社会建构》，《广东行政学院学报》2011 年第 6 期。

颜昌武：《沃尔多行政思想述评》，《公共管理研究》2008 年第 6 期。

颜佳华、王敬宇：《论公共行政学的叙事模式》，《河南师范大学学报》（哲学社会科学版）2012 年第 7 期。

颜佳华、王敬宇：《行政学理论是如何生成的——社会建构论视角》，《中国行政管理》2012 年第 9 期。

叶青春：《当代中国政府的伦理责任》，《社会科学研究》2005 年第 4 期。

张康之：《探索公共行政的民主化——读〈后现代公共行政：话语指向〉》，《国家行政学院学报》2007 年第 12 期。

章伟：《解构与重构：后现代公共行政的价值考量》，《复旦学报》（社会科学版）2005 年第 1 期。

周文华：《正义：给每个人以其所应得》，《哲学动态》2005 年第 11 期。

三　英文著作

Barnard, C. I., *The Functions of the Executive*, Cambridge, Mass: Harvard University Press, 1964.

Bernstein, Richard J., *The Restructuring of Social and Political Theory*, Orlando, FL: Harcourt Brace Jovanovich, 1976.

Carles Boix, *Democracy and Redistribution*, Cambridge University Press, 2003.

Charles Garofalo and Dean Geuras, *Common Ground, Common Future: Moral agency in Public Administration Professions, and Citizenship*, CRC Press Taylor & Francis Group, 2006.

Christopher Pollitt, *The Essential Public Manager*, Maidenhead: Open University Press, 2003.

Daniel Statman, *Virtue Ethics*, Edinburgh: Edinburgh University Press, 1997.

David C. Thomasma, David N. weisstub (eds.), *The Variables of Moral Capacity*, Klumer Aeademic Publishers, 2004.

David K. Hart, *Administration and the Ethics of Virtue. Handbook of Administrative Ethics, Second Edition Revised and Expanded*, edited by Terry L. Cooper, Marcel Dekker, Inc., 2001.

Dean Geuras Charles Garofalo, *Practical Ethics in Public Administration*, Management Concepts, Inc., 2002.

D. Easten, *The Public System*, New York: Knopf, 1953.

Denhardt, K., *Unearthing the Moral Foundations of Public Administration*, San Francisco: Jossey Bass, 1991.

Dwight Waldo, *The Study of Public Administration*, New York: Random House, Inc., 1967.

Garofalo, C., and D., Geuras, *Ethics in the Public Service: The Moral Mind at Work*, Washington DC: Georgetown University Press, 1999.

Gerald M., Pops and Thomas, Pavlak, *The Case for Justice: Strengthening Decision Making and Policy in Public Administration*, San Francisco, California: Jossey-Bass Inc. , 1991.

Guy Peter, *Is Democracy a Substitute for Ethics? Administrative Reform and Accountability Ethics in Public Service for the New Millennium*, edited by Richard A, Chapman, England: Ashgate Publishing Ltd. Gower House, 2000.

Harbermas, *Knowledge and Human Interests*, Heinemann Educational Books, Ltd. , 1972.

H. George Frederickson, *New Public Administration*, The University of Alabama Press, 1980.

Ian Shapiro, *Democratic Justice*, Yale University Press, 1999.

James Jakob Liszk, *Moral Competence: An Integrated Approach to the Study of Ethics* (2th ed.), Newjersey: Prentice Holl, 2002.

John H. , Hallowell, *The Moral Foundation of Democracy*, The University of Chicago Press, 1954.

K. C. Davis, *Discretionary Justice: A Preliminary Inquiry*, University of Illionois Press, 1971.

Keith Dowding ed. , *Justice and Democracy*, Cambridge University Press, Cambridge, 2004.

Kohlberg, L. , *Essays on Moral Development*, Volume 1, New York: Harper and Row, 1981.

Miller, E. F. David Hume (ed.), *Essays: Moral, Political, and Literary*, Indiana: Liberty Classics, Indianapolis, 1985.

Richard Dien Winfield, *Reason and Justice*, Albany, New York: State University of New York Press, 1988.

Richard Kraut, *Aristotle*, Oxford: Oxford University Press, 2002.

Richard Mackeon, *The Development and the Significance of the Concept of Responsibility*, Revue Internationale de Philosophie, 1957.

Robert A. Dahl, "The Science of Public Administration: Three Problems", Jay M. Shafritz and Albert C. Hyde (eds.), *Classics of Public Administration*, Moore Publishing Company, Inc. Oak Park: Illinois, 1978.

Rohr, John A., *In Whose Name They Govern* (2nd edn). *Ethics of Bureaucrats*, New York: Dekker, 1989.

Samuel Freeman, *The Cambridge Companion to Rawls*, Cambridge University Press, 2003.

Stan Van Hooft, *Understanding Virtue Ethics*, Chesham Bucks: Acumen Acumen Publishing limited 15a, 2006.

Terry L. Cooper, *Exemplary Public Administrators: Character and Leadership in Government*, San Francisco: The Jossey-Bass Publishers, 1992.

Terry L. Cooper, *The Responsible Administrator: An Approach to Ethics for the Administrative Role*, 5th edition, San Francisco: Jossey-Bass, 2006.

William K., Frankena, *Ethics (second edition)*, New Jersey: Prentice-Hall, Inc., Englewood Cliffs, 1973.

Woodrow Wilson, *The Study of Administration*, in *Selected Classic Readings of Public Administration*, edited by Du Qaunwei, Fudan University Press, 2001.

四 英文论文

Appendix, "American Society for Public Administration Code of Ethics", *International Journal of Public Administration*, Vol. 12, No. 6, 1989.

Charles E. Lindblom, "Who Needs What Social Research for Policymaking?", *Knowledge: Creation, Diffusion, Utilization*, 1986.

Codd, "The Construction and Deconstruction of Educational Policy Documents", *Journal of Education Policy*, Vol. 3, No. 5, 1988.

Hart, David K., "A Partnership in Virtue Among All Citizens: The Public Service and Civic Humanism", *Public Adiministration Review*, Vol. 49, March/April 1989.

Hart, David K., "The Virtuous Citizen, The Honorable Bureaucrat, and Public Administration", *Public Administration Review*, Vol. 44, Special Issue, 1984.

Howard Frant, "Useful to Whom?", *Public Management Research, Social Science and the Standpoint Problem, Inter national Public Management Journa*l, Vol. 2, No. 2, 1999.

R. B. Denhardt, J. V. Denhardt, "The Public Service: Serving Rather than Steering", *Public Administration Review*, Vol. 60, No. 6, 2000, Nov/Dec.

Theodore Lowi, "Four Systems of Policy, Politics, and Choice", *Publics Administration Review*, Vol. 33, July-August 1974.

Udaya Wagle, "The Policy Science of Democracy: The Issues of Methodology and Citizen Participation", *Policy Sciences*, 2000.